U0527200

本书出版受浙江省高校重大人文社科攻关计划项目（18136165-F）、浙江理工大学学术著作出版资金（2020年度）资助

民国初年
救国储金运动研究

Research on the National Salvation
Movement by Saving Deposit in the Early Years of
the Republic of China

贺俊杰 ◎ 著

浙江大学出版社

·杭州·

图书在版编目（CIP）数据

民国初年救国储金运动研究 / 贺俊杰著. -- 杭州：浙江大学出版社，2025.1. -- ISBN 978-7-308-25804-3

Ⅰ. K258

中国国家版本馆 CIP 数据核字第 2025XC6285 号

民国初年救国储金运动研究

贺俊杰　著

策划编辑	吴伟伟
责任编辑	陈　翩
文字编辑	刘婧雯
责任校对	丁沛岚
封面设计	雷建军
出版发行	浙江大学出版社 （杭州市天目山路 148 号　邮政编码 310007） （网址：http://www.zjupress.com）
排　　版	浙江大千时代文化传媒有限公司
印　　刷	杭州高腾印务有限公司
开　　本	710mm×1000mm　1/16
印　　张	18
字　　数	234 千
版 印 次	2025 年 1 月第 1 版　2025 年 1 月第 1 次印刷
书　　号	ISBN 978-7-308-25804-3
定　　价	88.00 元

版权所有　侵权必究　印装差错　负责调换

浙江大学出版社市场运营中心联系方式：（0571）88925591；http://zjdxcbs.tmall.com

序

  1915年中日"二十一条"交涉，引发了民众强烈的民族主义情绪。由上海绅商阶层发起，旨在以民力为政府后盾的救国储金运动，得到社会各界的认同和参与，并在短时间内迅速发展，全国各地救国储金团分事务所广泛建立。以《申报》《大公报》为首的各大媒体对这场运动给予了热切关注并积极支持，运动很快发展到全国20多个省份，甚至波及海外。运动引起了北洋政府的高度关注，并赢得了审慎支持。官民合作态势下，储金运动一度高涨。但随着"二十一条"的签订，尤其是袁世凯帝制自为，储金运动深受影响。至次年8月，各地储金相继发还，救国储金运动宣告结束。

  本书运用社会运动理论考察民国初年救国储金运动的生成、演化机制，解释这场运动"为何"发生，并进一步探究其"凭何""如何"发生、发展，以及"因何"衰落，全面地展现这场运动的演进过程及其中的官民互动，从政府层面、社会层面、参与者层面多维度评价这场运动的历史影响，力求拓展救国储金运动研究的视角，丰富和发展社会运动研究领域。

  民国初年社会上掀起的这场声势浩大的救国储金运动具有特定的时空背景，表现在民国初年资本主义经济发展、民主思想的广泛传播、民主共和政体的建立以及中日民族矛盾的激化等方面。

从社会动员的角度来看,这场运动有其独特之处。"储金以救国"的理念得到了人们的广泛认同。以救国储金团为代表的组织体系,构成了救国储金运动在全国开展的组织资源,并以其公益性质及良好的运作机制、绩效,赢得了人们的信任与支持。以《申报》《时报》《大公报》《盛京时报》等为代表的报刊媒体,在议程设置、宣传策略方面精心安排与选择,营造了良好的舆论氛围。

这场运动在社会参与方面具有广泛性的特点。各阶级阶层、职业、团体、家庭、个体等都以各种形式参与到运动中来。绅商阶层在运动参与中起到了组织领导作用,以"月薪储金"形式参与的公务人员在运动中起到了表率作用。以教员、学生等为代表的新式知识分子群体,虽以小额储蓄为主,但在运动中起到了思想启蒙的作用。贩夫走卒等底层民众,以小额储金、一次性存储为主要形式,对于运动声势的壮大起到了推动作用。运动参与过程体现了理性参与、献身参与、被动卷入等多种形态。

救国储金运动中的官民互动经历了一个动态过程。先是官方对这场运动的疑惧,担心会影响到中日交涉大局;后经运动组织者的解释与说服,官方开始有限度的支持。"二十一条"签订后,为安抚社会舆论,官方公开支持运动的发展,民间在"知耻后勇"的认知框架下积极推进运动发展,形成了官民同仇敌忾一致对日的局面。袁世凯帝制自为的消息传出后,民间消极应对,要求索回储金,抵制、反对运动的活动相继展开。面对返还储金的诉求,官方与组织者虽有所犹疑,但最终尊重储户诉求,陆续返还储金,运动宣告结束。

救国储金运动是一场自强爱国运动,其生成、发展、衰落都与政治形势变迁有着密切关系。因此,政治机会结构的转变会深刻影响社会心理,进而影响运动的发展轨迹。这场运动与晚清的昭信股票、民国初年的国民捐及民国时期的国货运动,在发生机制、社会动员、社会参与、结局等方面,以及在领导阶层、社会动员理念、组织网络体系严密性、社会影响力等方面都有着显著差异。救国储金运动的兴衰是民众民主观念转变过程中的一个界标,为此后民主运动的开展奠定了基础。

目 录

绪 论 …………………………………………………………… 1

第一章 救国储金运动的历史生成 ………………………… 7

    第一节 救国储金运动发生的历史背景 ………………… 7

    第二节 救国储金运动的兴起与发展 …………………… 18

第二章 救国储金运动中的社会动员 ……………………… 42

    第一节 "储金以救国"认知框架构建 …………………… 43

    第二节 救国储金运动中的组织动员 …………………… 54

    第三节 救国储金运动中的宣传动员 …………………… 68

第三章 救国储金运动中的社会参与 ……………………… 77

    第一节 社会阶层变动及运动参与 ……………………… 77

    第二节 绅商阶层的社会参与 …………………………… 89

    第三节 知识分子阶层的社会参与 ……………………… 96

    第四节 底层民众的社会参与 …………………………… 106

第四章　救国储金运动中的官民互动 ············ 113

第一节　运动初期官民间的磨合 ············ 114
第二节　运动中的官民合作 ············ 119

第五章　救国储金运动的衰落 ············ 130

第一节　全国储金团联合会的召开 ············ 130
第二节　中华救国储金团总事务所的困境与储金发还风波 ··· 136
第三节　天津、北京等地的努力与运动结束 ············ 145

第六章　救国储金运动的回顾与反思 ············ 161

第一节　运动走向衰落的原因 ············ 161
第二节　运动的历史特征及影响 ············ 185

参考文献 ············ 195

附　录 ············ 214

附录一　中华救国储金团暂行简章 ············ 214
附录二　上海日收储金数目 ············ 216
附录三　各省储金团事务所纪要一览 ············ 224
附录四　广募救国储金致友人书 ············ 247
附录五　在天津救国储金团第二次会上演说词 ············ 249
附录六　对于救国储金之感言 ············ 250
附录七　直隶救国储金团第一区演说员钱葆清所至地点及活动情况 ············ 254

附录八　直隶救国储金团第四区演说员王士铭所至地点及
　　　　活动情况 ………………………………………… 257

附录九　直隶救国储金团第六区演说员王恩荣所至地点及
　　　　活动情况 ………………………………………… 260

附录十　直隶救国储金团第七区演说员杨生池所至地点及
　　　　活动情况 ………………………………………… 263

附录十一　直隶救国储金团第九区演说员周毓朴所至地点及
　　　　　活动情况 ……………………………………… 266

附录十二　直隶救国储金团第十区演说员程锡铎所至地点及
　　　　　活动情况 ……………………………………… 269

附录十三　直隶救国储金团第十一区演说员杜瑾所至地点及
　　　　　活动情况 ……………………………………… 271

附录十四　直隶救国储金团第十二区演说员朱丹所至地点及
　　　　　活动情况 ……………………………………… 273

附录十五　直隶救国储金团第十三区演说员杜瑾所至地点及
　　　　　活动情况 ……………………………………… 277

绪　论

甲午中日战争后,中国民众反日情绪不断酝酿、积聚、激化,各类反日运动此起彼伏,民国初年的救国储金运动就是其一。救国储金运动是一场中国民众为抗议日本提出"二十一条"而掀起的全国性"经济自强"运动,是反日爱国运动的重要形式之一。中日"二十一条"交涉期间,北洋政府出于谈判策略的需要,将相关消息透露给报界,经报界广泛报道后引发了民众强烈的民族主义情绪。由上海总商会发起,旨在以民力为政府后盾的储金运动,得到社会各界认同和参与,并在短时间内得到迅速发展。民众积极储金,各地银行收储数额日趋增长。以《申报》《大公报》为首的各大媒体对这场运动给予热切关注并积极支持。为推进运动发展,上海成立中华救国储金团总事务所,各地纷纷成立储金团分事务所。事务所制定章程,发动民众储蓄。运动很快遍及全国20多个省份,甚至波及海外,一时声势浩大,如火如荼。运动引起了北洋政府的高度关注,并赢得其审慎支持。在官民合作态势下,救国储金运动一度高涨,在中日交涉中给予政府有力支持。但这未能阻止"二十一条"的最终签订。条约的签订及袁世凯帝制自为使运动深受影响,并逐渐走向衰落。在民众的呼吁下,中华救国储金团总事务所率先发还储金,随后各地储金团也陆续发还储金。救国储金运动最终趋于沉寂。

这场运动具有重要历史价值与时代意义。正如有学者所指出的，"不论从地缘分布的广度，还是参加人数、阶层的众多，这样举国一致的群众活动在中国历史上都是前所未有的"[①]。回望这场规模空前的反日爱国运动，在中国近代政治史、经济史、社会史，尤其是在中国民众反日运动史上，都占有十分重要的地位。它是中国民众反日运动的重要组成部分，是近代中国民主运动中的重要环节，推动了中国民主国家建构的进程。

然而，长期以来学界对这场社会运动关注较少，相关记载零星散乱，甚至还存在着一些舛误[②]，无法与同时期抵制日货运动研究相提并论。随着学术研究的深入发展，关于救国储金运动的相关研究有所增加，具体表现如下。

近年来，学界在从社会思潮、民族主义及国民外交等角度，探究中日"二十一条"交涉期间民众情绪、国民思潮时，会涉及救国储金运动的相关内容。罗志田在对"二十一条"交涉期间的反日运动进行考察时，从宏观上对救国储金运动的兴起、发展进程做了论述。[③] 这是较早涉及救国储金运动的研究。印少云从国民外交的视角，对救国储金运动中的集会、演讲及其政治启蒙进行了探究。[④] 陈廷湘从政府顺应民意、文化人反对采取过激行动、商界采取平稳的方式等因素，分析了抗

---

① 罗志田.乱世潜流：民族主义与民国政治[M].上海：上海古籍出版社，2001.
② 鲁迅先生在《真假堂吉诃德》一文中这样解释救国储金运动："'反日'爱国储金，增加了讨伐当时革命军的军需。"出于对储金用途的不同看法，张謇曾写过《对于救国储金之感言》一文。张謇的儿子张孝若在编写《张季子九录》时，认为该文成文于"宣统二年庚戌"，即1910年；以《张季子九录》为基础编写的《张謇全集》在收录此文时也认为其成文于宣统二年（1910）。以上所举两例，前者对储金最终处理理解错误，后者对储金运动的发起时间记录错误，这反映出时人对救国储金运动的陌生与隔阂。
③ 罗志田.乱世潜流：民族主义与民国政治[M].上海：上海古籍出版社，2001.
④ 印少云.清末民初的国民外交运动研究[M].长春：吉林人民出版社，2004.

议"二十一条"运动中民众情绪从激愤到平静的发展过程。[1] 邓文初在关于中国近代民族主义的研究中,探讨了救国储金运动的相关内容。[2] 李辉毅梳理了救国储金运动的兴起及发展,对救国储金运动的参与阶层进行了初步分析,并对国民思潮、新文化运动与救国储金运动的关系进行了探讨。[3] 周晨探讨了中日"二十一条"交涉期间的国民外交,指出在国民爱国行为方式中包括救国储金运动。[4] 苏全有、李伊波在分析北洋政府时期竞存观念时谈到了这一运动,指出"救国储金运动具有鲜明的救亡图存色彩……民众以己力为政府后盾,希冀实现国家、民族竞存于世界的目标"[5]。以上研究成果仅仅涉及救国储金运动,尚未对这场运动进行全面深入系统的研究。

笔者曾以"救国储金运动"为硕士学位论文选题,对这场运动的兴起、发展过程及结局进行过初步探究。[6] 刘宇聪的硕士学位论文也以此为选题,对救国储金运动的历程、失败做了探讨。[7] 丁希宇探究了虞洽卿在救国储金运动中的作用[8],但论述较为简略。以上成果为本书提供参考借鉴,奠定了本书的研究基础。但既有研究多着眼于政治史研究,存在脸谱化、模式化的特点,研究视角较单一,学理性分析有待加强。如不能深入探究运动发生的政治机会、社会动员、社会参与、政府行为及其对运动的影响等问题,尚不足以深入全面解释这一复杂的历史现象。

---

[1] 陈廷湘.民众情绪变化与抗议二十一条运动[J].社会科学研究,2005(4):135-141.
[2] 邓文初.民族主义之旗——革命与中国现代政治的兴起[M].北京:中国政法大学出版社,2013.
[3] 李辉毅.民初救国储金运动与国民思潮研究[D].杭州:浙江大学,2002.
[4] 周晨.中日"二十一条"交涉期间的国民外交[D].合肥:安徽大学,2011.
[5] 苏全有,李伊波.北洋政府时期竞存观念刍议[J].鲁东大学学报(哲学社会科学版),2012(6):6-11.
[6] 贺俊杰.救国储金运动初探(1915—1916)[D].南京:南京大学,2006.
[7] 刘宇聪.1915—1916年救国储金运动研究[D].天津:南开大学,2007.
[8] 丁希宇.虞洽卿与救国储金运动[N].慈溪日报,2015-08-05(4).

为深化对这一运动的研究,本书运用社会运动理论考察民国救国储金运动的生成、演化机制,解释这场运动"为何"发生,并进一步探究其"凭何""如何"发生、发展,以及"因何"衰落,全面地展现这场运动演进过程及其官民互动,从政府层面、社会层面、参与者层面多维度评价这场运动的历史影响,力求拓展救国储金运动研究视角,丰富和发展社会运动研究领域,并尝试将运动史研究的重心转向对其机制的考察。

本书对救国储金运动的生成机制进行探讨,着重从组织资源、传播平台、宣传策略等方面对救国储金运动的社会动员做出分析,对救国储金运动的参与群体进行分类解析,进而对运动参与的动因进行探讨。

本书主要分为六章,具体研究框架如下。

第一章探讨救国储金运动的历史生成。交代了救国储金运动兴起的历史背景,从经济、政治、思想和社会维度展开。当时,经济上,资本主义经济在中国获得了进一步发展;政治上,由封建君主专制制度向民主共和制度转变;思想上,实业救国、民主思想开始深入人心;社会上,随着近代化进程不断加速,社会结构和社会阶层出现新变化。这些都为救国储金运动的开展奠定了基础。介绍了救国储金倡议的提出及《中华救国储金团暂行章程》的制定,详细叙述了救国储金运动前期发展状况。救国储金运动由上海发起后,迅速扩展至北京、天津、汉口等全国各地,短短几个月就取得了很大进展。

第二章分析救国储金运动的社会动员。"储金以救国"是储金运动的重要理念。从"救国""国民""储金"三个维度叙述了"储金以救国"认知框架的构建;从救国储金团及各事务所的成立,探讨救国储金运动的组织体系及其运作机制,由于储金团事务所干事员积极推发传单、演说呼吁、宣传动员,储金救国的理念被民众广泛接受与认同;报刊媒介的宣传与报道，引导和推动了救国储金运动的开展，为救国储金运动的社会动员奠定了良好的宣传基础。

第三章分析救国储金运动的社会参与。救国储金运动参与群体广泛、人数众多、层次多样，是一场"全民性"的爱国运动。依据救国储金运动参与状况，将参与者划分为绅商阶层、知识阶层及底层民众。绅商阶层是储金运动的发起者、领导者，也是重要的参与者。他们参与储金运动基于其经济理性的行为准则，具有冷静与理性的特征。以青年学生为代表的知识分子群体，在储金运动中表现得非常踊跃。该群体参与运动多为主动献身型。底层民众是救国储金运动中的重要力量，无论是劳工群体、自谋生计者，还是苦力群体、游民群体都积极参与了这场社会运动。他们多以个体身份参与到运动当中，或者是偶然地被卷进了运动中。

第四章探讨救国储金运动的官民互动。官方态度对救国储金运动发展非常重要，官方态度的积极转变，促进了救国储金运动的开展。文中探讨了官方对救国储金运动的态度经历了一个较为明显的转变过程，即由起初时的观望、反对到逐渐默认、支持并积极参与。官民之间良好的互动，对救国储金运动的进一步发展起到了重要的推动作用。

第五章叙述救国储金运动的衰落。由于袁世凯帝制自为，储金运动陷入僵局。民众要求返还储金。储金发还出现了系列风波。虽然天津、北京等地的储金团事务所积极努力争取，储金运动失败的结局却不可逆转。

第六章对救国储金运动的结局进行检讨。从社会环境影响、运行机制缺陷、储金性质不明、政治热情与经济理性冲突等方面，分析了运动失败的原因。从运动发起、社会动员、社会参与、运动烈度、储金用途及思想方面探究储金运动的历史特征。虽然救国储金运动最终失败了,但其在政治、经济、思想等方面产生了重要的历史影响。救国储金运动就政治上而言,是一场声援政府、抵抗日本侵略的爱国主义运动;从经济层面来讲,是学习西方经济发展模式、发展方式的一种尝试;从思想影响来看,救国储金运动的社会参与勾勒了民国初年人们社会生活的画像,一定程度上折射出辛亥革命后新思想新观念对民众日常生活的影响。救国储金运动为此后掀起的历次民主运动提供了鉴戒。

第一章　救国储金运动的历史生成

民国初年是中国近代史上重要的转型期,在政治、经济、思想及社会等诸方面均发生了显著变化。君主专制制度的终结、民主共和政体的尝试、自然经济汪洋大海中资本主义经济的快速发展、"士农工商"传统社会阶层的解体与新生社会结构的逐步成型、民族危机的深化与民族救亡思潮的兴起等构成了民国初年复杂的历史图景。救国储金运动在传统与现代纠缠、中外势力角逐与较量、守旧与维新思想混杂的特定的历史时空中发生。透过这些波谲云诡的历史风云,深刻把握社会历史的深层脉动,有助于后人了解、把握救国储金运动生成的背景与逻辑。

第一节　救国储金运动发生的历史背景

清末民初是中国传统社会向现代化转变的重要历史时期。当时,经济上,资本主义在中国获得了进一步发展;政治上,由封建君主专制制度向民主共和制度转变;思想上,实业救国、民主思想开始深入人心;社会上,随着近代化进程不断加速,社会结构和社会阶层出现新变化。以甲午中日战争为节点,社会民众对日本态度逐渐改变,由以往的"轻日"转为"愤日"。日本提出"二十一条"要求,犹如一根导火线,点燃了民众的爱国热情,广大民众掀起了反日爱国的救亡运动。救国储金运动就是其一。

一、资本主义经济进一步发展

鸦片战争后,随着西方列强入侵,外国资本持续输入,中国自给自足的封建经济结构开始逐渐解体。为加强控制中国经济命脉,西方列强纷纷在沿海通商口岸设立企业。据统计,1840—1894年,西方国家在华设立企业103家,主要分布在上海、天津、汉口、广州、厦门等大城市。[①] 甲午战争后,西方列强在中国设立企业的数额不断增加。1895—1913年,西方列强在华设立企业136家,资本额达10315.3万元,主要分布在上海、天津、汉口、大连、哈尔滨、青岛、福州、苏州等几个城市。[②] 西方列强在华设立企业数量持续增加,在不断强化对中国经济控制的同时,一定程度上也促进了中国民族资本主义经济的发展。

南京临时政府成立后,颁布了一系列奖励发展工商业的法令,倡导实业发展;袁世凯上台后,为巩固统治,也颁发了一些有利于社会经济发展的方针政策。据统计,1912—1916年,北洋政府颁布的条例、章程、细则等多达86项,内容涉及工商、矿业、农林、渔业等有关实业的各个方面。[③] 这些政策的颁布实施,有力地促进了中国资本主义经济的发展,其中,上海、天津、北京、汉口等地资本主义经济发展尤为迅速,新开设的工厂企业也逐年增多。据统计,1895—1913年,全国各

[①] 孙毓棠.中国近代工业史资料(1840—1895):第1辑上册[M].北京:科学出版社,1957.
[②] 汪敬虞.中国近代工业史资料(1895—1914):第2辑上册[M].北京:科学出版社,1957.
[③] 董长芝,马东玉.民国财政经济史[M].沈阳:辽宁师范大学出版社,1997.

地新设厂矿 549 家,投资总额 12028.8 万元,其中上海 83 家、广州 16 家、武汉 28 家、杭州 13 家、无锡 12 家、天津 17 家,其他城市 380 家。①上海是近代中国民族资本主义经济发展较早的地区。自鸦片战争后上海被开辟为商埠以来,有关纺织业、印刷业、面粉业等工厂企业相继建立,贸易市场日益发达,尤其是民国建立后掀起的实业救国思潮,为上海民族资本主义经济的发展创造了条件。据统计,1911 年上海新开设的工厂只有 9 家,1912 年就增加为 28 家,1913 年为 29 家,1914 年为 26 家。②随着实业救国思潮的推进,各种实业团体如中华民国工业建设会、中华实业团等相继成立。此外,《中国实业杂志》《实业杂志》《中华实业丛报》等报刊也纷纷创办。据统计,1912—1915 年,新创办的实业报刊大约有 50 种。③

众所周知,近代中国民族资本主义经济有其自身发展的历程,除了国内实业救国思潮及相关政策的推动作用外,西方列强忙于第一次世界大战,无暇顾及中国,是中国民族资本主义经济获得发展的客观原因。西方列强暂时放松了对中国的经济侵略,主要表现为对华商品倾销和资本输出减少。据统计,1913 年输入中国市场的商品总额为 57000 多万两白银,到 1915 年减至 45000 多万两,减少了约五分之一。许多商品供不应求,促使中国民族资本主义工业迅速发展。同时,由于战争需要大量的战备物资,中国出口贸易总额呈现逐年增加态势,这为工业发展扩大了市场,面粉、榨油、锑钨开采等产业因出口增多而迅猛发展,棉纺织业发展最快。据北洋政府农商部统计,历年向其注册的工业公司,1914 年 8 月以前有 146 个,资本额为 4114.8 万元;而 1914 年 8 月至 1920 年,新注册的工业公司竟达 270 个,资本额为

---

① 汪敬虞.中国近代工业史资料(1895—1914):第 2 辑下册[M].北京:科学出版社,1957.
② 熊月之.上海通史(第 8 卷):民国经济[M].上海:上海人民出版社,1999.
③ 陈旭麓.近代中国社会的新陈代谢[M].北京:生活·读书·新知三联书店,2017.

1.1744亿元。①

西方列强无暇顾及中国,为中国资本主义经济发展创造了条件。但是,日本也利用这一时机扩大了对中国的经济侵略。日本一直将中国作为其商品倾销市场和原料来源地,这一时期不断加大对华商品倾销和资本输出,其在华新设企业不断增加。据统计,1914年底,日本在华纱厂资本总额约为780万日元,其在华纱厂力量仅次于英国,居于第二位。② 日本还利用这一时机,于1914年7月再次提议建立东洋银行想以此控制中国金融,当时计划"已经达到某种程度的谈判阶段"③。后因"二十一条"遭到了中国人民的强烈反对,东洋银行拟设计划未能实施。

资本主义经济的发展以及资产阶级、无产阶级等新生社会阶层力量的壮大,西方各种社会思潮的涌入,社会上各种思潮迭起,激发了人们的民族救亡思想。辛亥革命前后,随着中国经济发展,社会上涌现出实业救国等思潮。无论是康有为的"物质救国论",还是张謇的"棉铁救国论",都是主张振兴国内工业,从而建设国防。在这些思潮影响下,各种实业团体纷纷建立。随着中国民族资本主义经济的快速发展,传统"重农抑商"政策逐渐改变,工商业发展逐渐成为中国经济发展的新方向。这为以绅商阶层为代表的资产阶级的经济实力的积聚奠定了基础,使其能成为救国储金运动的倡导者。

二、民主共和制度的建立

鸦片战争以来,外强中干的晚清政府被迫打开了封闭已久的大门,中国成为帝国主义列强掠食的对象。面对日益严重的民族危机,

---

① 李敬文,陈景堂,秦志敏.中国革命史[M].北京:中国统计出版社,1993.
② 吴景平.近代中国经济与社会研究[M].上海:复旦大学出版社,2006.
③ 《交通银行史》编委会.交通银行史:第1卷[M].北京:商务印书馆,2015.

清政府也曾屡屡抗争,但都以失败或妥协告终,一系列不平等条约的签订,巨额的赔款,大量利权外溢,国家和民族主权尽失,其统治的合法性遭到了严重质疑。随着洋务运动、维新变法、清末新政相继失败,许多爱国志士对晚清自身从上而下的改革失去了信心。随着社会变革力量推进和西学东渐思潮逐步深入中国,抨击专制皇权,推翻晚清的腐朽统治逐步成为共识;同时,以西方政治制度为学习榜样,寻求建立民主共和制度的浪潮不绝于耳。

"君主之命已终,世局统统归共和。"[1]辛亥革命结束了统治中国2000多年的封建君主专制制度,建立了资产阶级共和国,并确定了"中华民国之主权,属于国民全体"的共和体制,这是以前历次革命或改革未能实现的目标。自由之风、民主共和之气弥漫全国,"湘鄂之野,吴越之区,百粤之地,蜀滇之中,秦晋之间,无工商,无士庶,莫不现一种自由之风,共和之气"[2]。广大民众欢呼雀跃,对新生的共和国家充满了希冀与憧憬。这些希冀与憧憬主要表现为追慕文明,追求平等,提高国民意识和建设共和国为富强民主的国家。[3]

马克思曾指出,"随着每一次社会的巨大历史变革,人们的观点和观念也会发生变革"[4]。在封建君主专制时期,统治阶级奉行"民可使知之,不可使由之"政策,人们没有言论、结社、集会的自由。民国建立后,"国民相信自己是主人翁,官吏自问没有什么威光"[5]。社会各界常常以"新"字区别于旧事物、旧时代、旧社会。正如1912年元旦《新祝词》指出,"我四万万同胞如新婴儿之新出于母胎,从今日起为新国民,道德一新,学术一新,冠裳一新,前途种种新事业,胥吾新国民之新责

---

[1] 天翼.共和政体之沿革[J].进步,1912(4):42-53.
[2] 魏宏运.民国史纪事本末[M].沈阳:辽宁人民出版社,1999.
[3] 李金强,赵立斌,谷小水.从帝制到共和:中华民国的创立[M].南京:南京大学出版社,2015.
[4] 马克思,恩格斯.马克思恩格斯全集:第7卷[M].北京:人民出版社,1959.
[5] 广东省哲学社会科学研究所,历史研究室.朱执信集:下集[M].北京:中华书局,1979.

任也"①。民主共和思潮不断高涨,人们的社会观念发生巨大变化。"民主""共和""自由"这样的词汇,成为当时迷人的标签和时髦的代名词。"官府之文告,政党之宣言,报章之言论,街巷之谈说,道及君主,恒必以恶语冠之随之。"②一时间,以"民主""共和"为名的各类团体相继成立。以上海为例,以"共和"命名,如"共和统一党""共和建设会"等类似的政党、团体不少于十个,以"建设完全共和"为宗旨的团体、会社就更多了。为宣传自由平等的思想,一批先进分子纷纷创办报刊。据不完全统计,《民主》《民视》《民生》等各类报纸逾500种。③

1912年清帝逊位,民国建立,资产阶级民主共和制度代替封建君主专制制度,这在广大民众心中预示着新政新气象。正如有学者指出,"(民国)北洋政府始终是中国国家主权和人民瞩望的统一的象征……普遍的宪政信念在支撑着这个政府。在世纪更迭之际,这个信念随民族主义的兴起在中国爱国者中滋长"④。当袁世凯废除《中华民国临时约法》,颁布《大总统选举法》,使其成为世袭的终身大总统时,广大民众对此认识不清,各地商学各界还举行庆祝活动。"北京商务总会联合各界于1月10日举行庆祝会,晚间兼行提灯。本会(宁波商务总会)各议董暨众商民亦以大总统选举法告成,从此政治改良,基础巩固,商民可以安生乐业,且宁波系通商大埠,人民蕃庶,群情尤深欢跃。"⑤虽然当时人们对民主共和的真谛不一定真正理解,但是对民主共和制度的拥护是真诚的,人们对民主共和充满了期待与憧憬。"二十一条"交涉期间,举国上下一致反日,体现了当时社会各界对共和政府的一种期望。"储金救国"理念提出后,广大民众积极参与,自强以

---

① 钝银.新祝词[N].申报,1912-01-01(26).
② 吴其昌.梁启超.梁启超传[M].长春:吉林人民出版社,2018.
③ 熊月之.中国近代民主思想史[M].上海:上海人民出版社,1986.
④ [美]费正清.剑桥中华民国史:上卷[M].杨品泉,等译.北京:中国社会科学出版社,1994.
⑤ 宁波市档案馆.《申报》宁波史料集(5)[M].宁波:宁波出版社,2013.

救国。各地救国储金团以及与之有密切关系的国货维持会、国土国权维持会、救国储金同意会、妇女救国储金团、家庭救国储金团等民间团体,从名称、宗旨到主张、活动,无不具有明确的维护国家主权的价值指向,无不表现出自觉的"国民相信自己是主人翁"的可贵精神。在中国留日学生总会开会时,国民党代表谭振表示,"此次政府如能始终拒绝要求("二十一条"——笔者注),则吾党自当一致对外,同心御侮,当此外患方殷之际,决不作无谓之骚动以掣政府之肘"①。国民党其他重要领导人,如黄兴、陈炯明、柏文蔚、李烈钧、何海鸣等也都纷纷表示,愿意放弃分歧,同仇敌忾。② 正是资产阶级共和国建立,"民主共和"理念不断深入人心,为救国储金运动兴起发展奠定了基础,营造了社会氛围。

三、民族救亡思潮的影响

民族主义是凝聚国人爱国思想的共同情愫。日益严重的社会危机是民族主义的催化剂。鸦片战争前,中国是一个封闭的社会,随着西方"坚船利炮"打开中国的大门,资本主义经济的发展,民主思想的传入,人们的思想观念发生了显著变化,使得中华民族这种危机意识、危亡意识、救亡意识空前提升,国家主权意识逐渐觉醒。

所谓救亡,在中国近代史的语境下,其内涵主要体现在对国家领土的捍卫、对国家主权的维护。救亡成为时代主题源自鸦片战争,西方列强通过军事侵略、经济掠夺、政治控制等手段给中国带来了民族灾难,由此激发了中国人民族意识的觉醒。

为挽救民族危亡,近代以来无数仁人志士开始了救国救民的探

---

① 中国留日学生总会开会纪(东方通信)[N]. 申报,1915-03-04(6).
② 公电:东京来电[N]. 申报,1915-03-03(2).

索。他们意识到强国不仅要军事强国,能够抵抗外来的侵略者,还要不断增强国力,大力发展资本主义工商业。因此实业救国呼声日起,并发展成中国近代主要的社会救亡思潮之一。实业救国的社会政治思想,产生于洋务运动时期,发展于甲午战败,兴盛于民国初期。

  鸦片战争后,尤其是镇压太平天国运动后,统治者充分感受到西方坚船利炮的威力,在"师夷长技以制夷"思想的指导下,掀起了洋务运动,寄希望于发展军工民用企业挽救自身危亡。这一尝试虽然没能成功,但其影响非常久远。甲午战败,中华民族危机更加深重,救亡思想盛行。以康有为、梁启超为代表的资产阶级改良派,提出救国、保种保国,极力呼吁变法图强。这种民族主义意识或者爱国主义的思想是救国储金运动的重要推动力量。而这一时期中西交往逐步深入,尤其是大批留学生到了海外之后,把西方的一些思想传回中国,其中最为典型的就是严复翻译《天演论》。"优胜劣汰""适者生存",原本是自然界自然演化遵循的一个法则被引入社会领域,社会达尔文主义广泛流行,成为人们理解国际形势及自身遭际的思想武器,也成为人们通过各种形式参加救国实践的理论依据。维新派思想家提出了近代意义上的民族主义和爱国主义概念,强调国民责任,唤起了人们的民族意识和爱国热情。梁启超指出,"世界之有完全国家也,自近世始也。前者曷为无完全国家?以其国家思想不完全","苟思想之普及,则吾国家之成立,殆将不远矣"。[①] 维新变法颁布的保护民族企业发展的政策,进一步激发了人们实业救国的热情。

  经历辛亥革命洗礼后,国人逐步加深了对西方列强入侵的认知,国家、国民意识的不断增强,"实业救国""教育救国"等救国思潮此起彼伏。新型知识分子和商人等新兴社会力量联合起来,发起了一系列

---

① 梁启超.梁启超全集1[M].北京:北京出版社,1999.

反对外国压迫、维护国家权益的爱国运动,如 1903 年的拒俄运动、1905 年的抵制美货运动、清末收回利权运动和 1911 年的保路运动等。

救亡思想是救国储金运动中的核心思想之一。救国储金运动能够在短时间内迅速发展,民众认同的思想基础就是救亡思想。救亡思想,尤其是实业救国思想是救国储金运动社会动员的重要思想资源。在救国储金运动中,以绅商阶层为代表的民族工商业者,呼吁人们储金,设立兵工厂,制造武器,作为政府对日交涉的后盾。其最初的主旨虽与实业救国的理念有所差别,但就其本质而言,依然延续了实业救国的思路,只是运动中所强调的是军事工业,而非民用工业。

救国储金运动是 20 世纪初以来中国人国家、国民意识走向觉醒的一个成果。"毁家纾难"输金救国,承担国民一分子的义务。美国驻华记者克劳(Carl Crow)曾指出,"二十一条"交涉期间的一系列反日救亡运动是"中国第一次举国联合一致的全国性运动,大大推进了中国过去缺乏的民族自觉意识"[1]。在这种爱国思想的激励下,中国出现了少有的团结一致的局面。正如有学者所言,"国外压力使中国全国起码在那一段时期有团结一致的精神"[2]。可见,民族救亡思潮是救国储金运动最主要的动力来源。

四、中日民族矛盾日益凸显

中国与日本一衣带水、互为比邻,交往历史悠久。曾几何时,日本派出的一批批遣唐使、入宋僧、入明僧来到中国,学习中国的制度与习俗。因此,在时人心中,日本就是一个"受中国文化熏陶的东隅小

---

[1] 罗志田.五代式的民国:一个忧国知识分子对北伐前数年政治格局的即时观察[J].近代史研究,1999(4):44-63.
[2] 周策纵."五四"运动史[M].陈永明,张静,译.北京:世界图书出版社公司,2016.

国"①。但在近代化发展进程中,处境相同的中日两国却发生了逆转,结局截然相反。自1868年明治维新以来,日本开始大力发展资本主义,迅速走上了近代化的发展道路,一跃成为资本主义强国,成为中国的"肘腋之患"。而在洋务运动、维新运动失败后,中国还在半殖民地半封建社会的泥潭中挣扎,甚至面临被西方列强瓜分的危险。甲午战争的失败,彻底打破了中国统治者和知识精英们残存的"天朝上国"幻想,同时也催生了国人救亡图存、振兴中华的决心,大大激发了中华民族意识的觉醒。

"先生变学生,徒弟当师傅。"曾被认为是弹丸小国的日本,竟然一夜之间在世界列强中占了一席之地。面对中国的衰落与日本的崛起,当时的中国人的心理是严重失衡的。经过沉静的反思后,中国经历了由原来的"轻日"逐步转向"羡日",并逐渐开始向日本学习的一个过程,"取法泰西,获效最著者莫如日本"②。19世纪末20世纪初,中国开始派遣大批留学生到日本留学,学习其先进技术和思想文化。中国留日学生逐渐成为后来社会变革的一支重要力量,如孙中山、黄兴等一批资产阶级革命家,又如詹天佑等一批技术专家。

然而,日本不断发起侵犯中国台湾,吞并琉球等一系列事件,不断加剧对中国的侵略。八国联军侵华的时候,日本是其中的一分子;1904—1905年,日本在中国土地上挑起了日俄战争。1914年7月,第一次世界大战爆发,欧洲主要国家被卷入战争。趁西方列强"无暇东顾"之机,日本认为这是"腾飞"于东亚的"千载一遇"的好机会,在中国形成了新的对华战略。8月23日,日本对德国宣战,并出兵占领了中国山东,先后占领济南、青岛,控制了胶济铁路西段等德国租借地和势力范围。日本不但拒不归还山东,反而变本加厉。1915年1月18日,

---

① 孙雪梅.清末民初中国人的日本观——以直隶省为中心[M].天津:天津人民出版社,2001.
② 天津图书馆、天津社科院历史研究所.袁世凯奏议(中)[M].天津:天津古籍出版社,1987.

日本向中国政府提出了旨在灭亡中国的"二十一条"要求。"二十一条"共 5 号 21 条[①]，核心是要中国承认日本在"南满""东蒙"的独占权，日本继承德国在山东的一切权益，等等。这是对中国主权的严重侵犯。

"二十一条"是民国时期中日关系的一个焦点。[②] 它充分暴露了日本利用一战期间欧美列强无暇东顾之机独霸中国的野心。随着日本对中国侵略的加剧，中国民众对日本的印象逐步恶化，仇日情绪慢慢积聚，激起了国内强烈的反日浪潮与民族主义情绪，并纷纷以己力为政府后盾，集会抗议、成立组织、发出通电、抵制日货、征募救国储金等，反日舆论和行动遍布国内，掀起了一场场反日爱国救亡运动。

各地纷纷成立了各种团体，开展形式多样的反日斗争。据报道，"我国国民对于此次中日交涉，愤慨特甚。各省长官屡次联电外交部诘责，各地人民多结合团体，迭次开会讨论，其最著者，如国民对日同志会、劝用国货会、救国储金团等，或上书政府，请勿退让；或唤起国民，实行爱国，其热诚皆有足多"[③]。反帝爱国团体如雨后春笋一样大量涌现，如上海的"国民对日同志会""外交后援会""救国急进会"，杭州的"爱国会"，山东的"救亡团"，江西的"妇女救国会"，广东的"中华商务救亡会"，四川的"国事研究会"，等等，上海甚至出现了"人民日立一会"[④]的现象。救国储金运动是一场反对日本提出"二十一条"的爱国运动，是中日民族矛盾激化的产物。

---

① 王芸生.六十年来中国与日本：第 6 卷[M].天津：大公报社出版部，1933.
② 臧运祜.《马关条约》与近代中日关系[J].湖南师范大学社会科学学报，2018(1)：125-133.
③ 章锡琛.日本要求事件之解决[J].东方杂志，1915(6)：13-16.
④ 冷.时评：知其名矣[N].申报，1915-06-20(2).

第二节　救国储金运动的兴起与发展

一、救国储金倡议的提出

1915年1月18日,日本驻华公使日置益面见中华民国大总统袁世凯,递交了已经准备好的对华要求,共5号21条。1月20日,日置益正式向北洋政府外交部递交日本对华"二十一条"要求条款。2月1日,袁世凯为中日交涉问题,召集国务卿徐世昌及各部总长开会。会上,各部代呈各省商学各界及华侨各团体,坚请政府严词拒绝日本要求的联名电函,共100余件。在日本的武力威胁下,中日双方于2月2日至4月26日共召开了25次会议,进行交涉。① 在此期间,袁世凯政府改变了过去的秘密外交方式,将日本的无理要求和谈判过程透露给北京中外报界。得知事实真相的社会各阶层掀起了各种形式的应对活动,救国储金运动便是其一。

中日国力悬殊,时人对此有着清醒的认识,如何救国是当时国人必须思考的问题。随着中日交涉的日益艰难,捐产以纾国难,在某种程度上已成为一种社会共识。② 1915年3月27日,上海某洋行翻译马佐臣投函《字林西报》,文中首次提出救国储金之议。马佐臣在文中指出,"中国之困难至于今日已达于极点",并认为造成中国政治、外交方面窘迫无状的原因是"吾民之咎",而"不当怨恨他人,或訾议他人之举动失当,蹂躏我国主权,但当责之于己"。按照作者的逻辑,"责之于

---

① 黄纪莲.中日"二十一条"交涉史料全编(1915—1923)[M].合肥:安徽大学出版社,2001.
② 讷.救国捐[N].申报,1915-04-01(10).

己,而不亟为设法出全力以务目前之所当急,仍无用"。于是,他提出救国途径、方法:凡中国人,应该捐献出财产的十分之一,作为救国捐;以此款存于中国银行,在所领之收据上应注明该种捐款之总数;如果一年内不能收足5000万元,准许储金人自行收回,补偿五厘利息;如果一年内能达到5000万元,则不得支取,其后如何用度、支配须得众储户多数三分之二于开会时议决、商定;中国银行除掣给此项收条外,还应将收款数目及存款人姓名,刊布于政府公报。这项存款的用途具体分为三种:建造兵工厂、添募陆军或整顿海军、提倡实业,如果前两种"非为目前之急务",这项存款可用于创办实业。如果用于创办实业,则将所收款项给发股单;万一国家遇有紧急事务,中日交涉谈判破裂,中日交战,则可将此款全数提交政府,由政府发给军需公债票。马佐臣特别指出,如果这项存款全数提交政府,国民"得有监察之权"。他还对这一方案的其他方面做了进一步的解释,如:定此项救国捐总数为5000万元,是因为"非有此数不能成事";储款不足5000万元,准允自行收回,是由于"已尽国民之义务,即国家濒危,彼亦不任其咎,悉归于不愿分担此责之人民"。

《字林西报》刊载此稿后,沪地各报纷纷予以转载①,这一提议引起社会广泛关注。1915年4月1日,有时评指出,"以爱国之凭证示人何自始,则所谓爱国储金是也",爱国并非空谈,"即当储金金者,人人出之于囊中,非若空中之取之无穷也,故储金之多少且勿论,既有金以表示其爱国之心,则其心之真可见"。②因此,社会各界纷纷投函《申报》,声明愿意捐助,认储人数极多。民众的热情响应与积极参与,坚定了马佐臣筹办救国储金义举的决心,一方面,他积极印发存储志愿票,进

---

① 《字林西报》(1915年3月29日)刊载了马佐臣来函,《时报》(1915年3月30日)予以转载;《申报》(1915年3月31日)以《西报载爱国华人之函稿》为题,也对此予以转载。
② 时评:爱国之凭证[N].申报,1915-04-01(2).

行广泛宣传;另一方面,开始筹备办事处。因为救国储金"无总汇之处,则散漫无稽"①。在马佐臣的努力下,救国储金临时通讯处于4月3日成立,设于"二马路春和里第九十一号"。通讯处成立后,立即就组织方法及进行手续等事项进行商讨,并声明通讯处只收信件,不收款项,以免滋生流弊;同时还规定办事人员均尽义务,房金、伙食费也由发起人承担,并不另筹。在筹备办事处的同时,马佐臣致函上海有声望的绅商,请他们出面发起这一义举。马佐臣本人不愿居发起人之列,认为"此项重任力薄难胜,须得有才望兼优诸公列名发起,方可收绝大之效果"②,这可能是他投函《字林西报》后,一直不愿透露真实姓名的原因。社会各界寄希望于绅商巨子来主持,认为他们在社会上有声望,有能力赢得一般捐助者的信赖,"以兹事体大,非有绅商巨子主持,其间不能坚社会之信用也"③。然而,马佐臣的敦请并没有得到绅商界的及时响应,这引起社会各界对当地有声望的绅商的不满。《申报》载文对其进行批评,同时提出警告,"设诸巨子而终不力任其事者,万一办理手续有未尽完善之处,吾恐议之者仍不归咎于办事之人,而于诸君子之责备则不能免"④。当时,绅商未能对马佐臣敦请做出积极响应,主要是基于其自身利益的考虑:事虽义举,可前途未卜,如若届时办理不善,会有损个人声誉。在马佐臣函请、民众期望、报界警告下,绅商及银行家等毅然出面主持救国储金一事。4月5日,虞洽卿、钱达三、朱葆三等人召开会议商讨救国储金事宜,并制定了通讯处临时办事章程,其章程规定如下。

---

① 救国储金通讯处之讨论[N].申报,1915-04-05(10).
② 筹办爱国储金续志[N].申报,1915-04-02(10).
③ 宇.敬告海上巨子[N].申报,1915-04-07(10).
④ 宇.敬告海上巨子[N].申报,1915-04-07(10).

（一）办事人各系热心义务；

（二）通讯处只收信件，不收储款，亦不代为存储银钱，如有洋信送来，无论本埠外埠一概退还；

（三）通讯员所缮各种文件，不得踰越时、申二报所译，挽救危局实际上之办法宗旨；

（四）通讯处四月分（份）经费由马、何、沈、乐、贺、刘、张、陈、乐九人分任，余俟再定；

（五）通讯处举定临时处长（马佐臣）一人，有管理各种应行之职务；

（六）余俟续订及修改。①

4月7日，救国储金临时通讯处开会讨论进行方法。会议推举虞洽卿为临时主席，朱葆三、黄少严、丁钦济、许奏云、贝润生等37人为临时办事员，并在临时办事员中推定三人为章程起草员；决定通讯处正式改名为中华救国储金团总事务所；选举虞洽卿为临时总干事；贝润生、马佐臣、陈炳廉、狄楚青为临时副干事；钱达三、陈蓉馆、何积藩、徐乾麟为临时驻所干事。开办经费由到会30人先认定洋2000元，以后也由其办事人员担任。会上，虞洽卿指出，"惟救国储金第一要旨，是对内而非对外，是实际而非空言。若争意气，争功利，思取巧思利己乃亡国之道，亟宜斩除其根，以救此危急中之中华民国"②。次日，中华救国储金团总事务所宣告成立。

救国储金团是运动的提倡与组织机构，而中国银行是其储金机构。之所以将储金放在中国银行，是因为在当时中国银行在社会上具有良好的信用与声誉。储金之议提出后，马佐臣即与沪地中国银行协

---

① 救国储金临时通讯处纪事[N]. 申报，1915-04-06(10).
② 救国储金临时通讯处纪事（四）[N]. 申报，1915-04-08(10).

商存储方法,上海分行按规定将此事汇报北京总行进行请示。4月6日,总行允许储金存入上海分行,但出于谨慎,总行认为该项救国储金应改名为"爱国储金"。对于总行的这项要求,储金发起人进行了讨论,认为"救国"既有"爱国"之意,又能表示国家形势之危,决定仍用"救国储金",并为此再与总行交涉,最终得到认可。4月9日,中国银行开始收受储金,广大民众争先恐后前往储款,因为拥挤,还有许多人未能及时缴纳。当日共收取储金19219元。[①]

二、中华救国储金团暂行简章

随着中华救国储金团总事务所的成立,中国银行正式收储,救国储金运动发展形势日益高涨。面对这一形势,制定统一章程用以指导和规范这场运动的发展,显得尤为重要。为此,中华救国储金团总事务所几经讨论,于1915年4月14日制定了《中华救国储金团暂行简章》(简称《简章》)。

《简章》是整场运动的纲领性文件,有必要对其做简要分析。《简章》共22条,较为详细地规定了储金团的宗旨、构成、职能、性质、总团与分团的关系、储金方法、目标、用途及储金处置等方面的内容。兹概述如下。

《简章》第一条规定储金的宗旨,"本团以中华国民协力保卫国家为宗旨"。第十五条规定了总事务所的职员构成:正干事1人、副干事4人、驻所干事4人、主任办事员1人;干事无定额,分为当地和外地两种;雇员分为文牍书记、校核、收发、会计、庶务。第十七条规定了总事务所干事的产生方式,即"由大会时公推之,正副干事由干事公举之"。第十一、十三条规定了储金团的职权,"储金如不足定额,经总事

---

① 中国银行收受救国储金之起点[N]. 申报,1915-04-10(10).

务所议决后,由中国银行将所存之款照加利金如数发还";"储金提用时,由总事务所召集各事务所代表开会议决之"。第十九条规定了储金团事务所经费来源,"由各事务所干事暂时担任捐集,惟无论如何不向储金项下开支"。第十六、十八条规定了储金团的公益性质,事务所"干事均尽义务,惟主任办事员以下为有给职","本团干事除登报布告外,始终不受政府奖励,但巨数储金者不在此限"。第三、四、五条规定了总事务所和分事务所之间的关系,"本团设总事务所于上海,设分事务所于各省各县及海内外各商埠","本团分事务所成立时即报告总事务所","本团分事务所须将储金者之姓氏、住址、数目按旬汇报总事务所"。第六条规定了储金目标为"银五千万元(上海假定十分之一,余由直隶、江苏、浙江、福建、广东、广西、湖南、湖北、江西、安徽、河南、山东、山西、奉天、吉林、黑龙江、四川、云南、贵州、陕西、甘肃、新疆二十二行省,海外各埠华侨分任之)"。第七条规定了储金用途,"专备国家添设武备之用"。第八、九、十条规定了储金收款机关为中国银行;储款利息为"长年四厘",以存足六个月计算;储金由个人、团体就近直接交存、领取存单;"但于未设中国银行之处,暂由商会收存,按旬汇缴最近之中国银行",并严正声明,"本储金团事务所概不代收储金"。第十二条规定"储金皆由储金者自愿存储,不得以他种方法间接劝募,以免流弊"。

《简章》是在吸取马佐臣所提储金方案的基础上,几经修改、逐条讨论后形成的。由于时间紧迫,实属草创,《简章》中有诸多不足之处。如《简章》第七条,"本团储金专备国家添设武备之用",此条关系储金用途,事属重大,而储金用途正当与否对于动员民众是否参与这场运动有着直接的影响。这场运动的发生是由于中日交涉危及中华民国的生死存亡,人心激昂,故发愤储金,以民力为政府后盾。战,则提交政府作为军费;和,则备国家添募武备。然而,"武备"一词,语义宽泛,究竟添设何项武备,《简章》中未能明确指出。第十四条"储金用途议决后,储金者得持中国银行存单换取证券,其换给证券之机关及办法,另行规定公告之",如若添设武备,人们持此证券是否要享受权利、享受哪些权利,怎样维护享有的权利? 这些问题在《简章》中都没有规定。另外,《简章》没有明确规定事务所运作所需经费来源,只是原则性地表示,绝对不会挪取、占用储金。这为储金运动的发展带来了不利影响,也是此后储金团事务所在发还储金问题上犹豫不决的原因之一。

尽管存在以上诸多不足之处,《简章》的制定与出台,毕竟适应了形势迅速发展的需要,对于推动、指导、规范这场运动的发展,起到了重要作用。全国各地救国储金团分事务所,基本都是按这一《简章》建立并运行的。

三、救国储金运动前期发展概况

上海发起救国储金运动后,外埠赞成储金的函电纷至沓来,"各省闻风继起"[1]。正如有外交团所言,"深羡华人爱国热忱较前增进,谓能始终坚持一致进行,中国必有富强之一日"[2]。

《简章》制定后,中华救国储金团总事务所立即通电各省各县各埠总商会、分会请其动员各帮各业各团体,依据随寄的《简章》组织分事务所,以资提倡协力进行。在上海储金运动轰轰烈烈进行的同时,为响应中华救国储金团总事务所号召,以商界为主的社会各界人士纷纷开会集议,讨论储金的方法,并建立相应的组织机构。各地分事务所相继成立,储金运动次第展开,各省各县以至海外皆相继而起,一时间出现"人心踊跃,浪起波翻,不数月间,输解源源"[3]的境况。据统计,截至1915年5月,全国共设立救国储金团分事务所67处[4];至6月30

---

[1] 章伯锋、李宗一. 北洋军阀(1912—1928):第1卷[M]. 武汉:武汉出版社,1990.
[2] 外交团赞美救国储金之踊跃[N]. 申报,1915-04-05(10).
[3] 救国储金文[N]. 大公报(天津版),1915-05-31(10).
[4] 救国储金纪要:各省各埠分所成立一览表[N]. 申报,1915-05-19(10).

日,全国各地分事务所共有 202 处①;至 7 月 31 日,各地分事务所达到 252 处②;至 8 月末,救国储金机构在全国各省已达 299 处③;9 月达到 400 多处。各地救国储金团或分事务所的广泛设立,有力地促进了救国储金运动在全国各地的开展。

北京是当时的政治中心,其政治影响力非其他省份可比。上海发起储金倡议后,张栩人、章佩乙两人致函沈仲礼,请其在北京发起救国储金。沈仲礼函复,并积极在北京筹备救国储金事宜,北京商会总理、协理等人也奔走呼号,邀集各商董开会,草拟储金团简章④,为救国储金团的成立做好准备。1915 年 5 月 8 日,北京救国储金团正式成立。5 月 11 日,北京救国储金团在中央公园社稷坛召开商民全体大会,士农工商、老弱妇稚等各界 20 余万人参加,演说者四五十人,不到六个小时,劝募储金 100 余万元。⑤ 为早日达到预期目标,北京商会"通电全国商会,同时并举,一致进行"⑥。5 月 12 日,北京总商会邀请各界人士商议讨论救国储金事宜,各行的商董与中国、交通、新华三银行及各公司、各商行均到会,陇海铁路总办施省之等人也参加了会议,会上"当即宣布救国储金主旨,商界闻之,无不一致赞成,乃公推冯润田(总商会会长)为办理救国储金事宜正主任,赵玉田(商会会董)、施肇曾(施省之)为副主任"⑦。根据《简章》,会上制定了章程并规定了事务所设职员情况。⑧

5 月 23 日,北京救国储金团在中央公园召开了第二次救国储金大

---

① 救国储金纪要:储数之总核[N].申报,1915-07-17(10).
② 救国储金纪要:储数之稽核[N].申报,1915-08-07(10).
③ 虞和平.商会与中国早期现代化[M].上海:上海人民出版社,1993.
④ 北京救国储金实行发起矣[N].申报,1915-05-01(6).
⑤ 天津市档案馆,天津社会科学院历史研究所,天津市工商业联合会.天津商会档案汇编(1912—1928):第 4 册[M].天津:天津人民出版社,1992.
⑥ 救国储金纪要:北京劝集百余万[N].申报,1915-05-13(10).
⑦ 北京救国储金成立后之进行[N].申报,1915-05-13(6).
⑧ 京师救国储金之进行[N].申报,1915-05-14(6).

会,与会者络绎不绝,到会 30 多万人。演说者激情澎湃、慷慨陈词,输捐极为踊跃,是日捐助 63 万余元。[①] 北京的国民爱国热情可见一斑,与上海相比毫不逊色,对其他各地储金起到振奋作用。

　　直隶地区的救国储金运动的开展也如火如荼。在接到上海总商会和中华救国储金团总事务所函电后,天津商务总会开始积极筹备成立分团。不仅在天津发起救国储金运动,而且向直隶全省各商务分会发出公函和寄送救国储金团宣言书及《简章》,"希望各分会查照,广为联络本处热心绅商学报工各界谋为发起,速(为)创立,俾资鼓吹共图进行"[②]。1915 年 4 月 18 日,康世宗等人成立"中华救国储金团天津分事务所",并与天津中国银行磋商就绪于 5 月 1 日开始收款。在得知天津商务总会发起成立直隶救国储金团后,康世宗致函天津商务总会,询问其"事务所应否在取消之行列",希望得到明确答复"以便遵行"。叶兰舫、卞月廷回复,"此项公益团体既同一宗旨,无妨普设多集巨款,更无事区别,彼此联络,呼吸相通,共扶国家之盘安"[③]。5 月初,由直隶绅、商、工、学、自治报馆等各界发起成立了直隶救国储金团,选出干事 300 余人,公推天津商务总会协理卞月廷为干事长,严修担任副干事长。依照《简章》,直隶救国储金团制定《直隶救国储金团简章》,其中明确规定,直隶救国储金团是由直隶绅、商、学、报、工等各界发起成立;宗旨是"中华民国国民协力一致,纾财助国以备缓急",储金用途待有成数再共同议决;储金数目没有限额,"本团职员随时分赴各处演说鼓吹以期多多益善";收款机关为中国、直隶、交通、保商、盐业五家银行;与上海、北京救国储金团的关系是"对上海有联络之义务,

---

　　① 北京第二次救国储金大会[N].申报,1915-05-28(6).
　　② 天津市档案馆,天津社会科学院历史研究所,天津市工商业联合会.天津商会档案汇编(1912—1928):第 4 册[M].天津:天津人民出版社,1992.
　　③ 天津市档案馆,天津社会科学院历史研究所,天津市工商业联合会.天津商会档案汇编(1912—1928):第 4 册[M].天津:天津人民出版社,1992.

无隶属之必要,对于北京亦互相联络、共谋进行";直隶救国储金团附设于天津商务总会内。①

直隶救国储金团成立后,先后召开过三次储金大会。1915年5月23日,第一次储金大会在天津广东会馆召开,到会者万余人,为津埠向来所未见,与会者踊跃认储,当场认储20多万元。此次大会后,直隶所属各县的人民闻之大为感动,纷纷而起,各县的救国储金运动逐渐展开。6月6日,第二次储金大会在河北公园召开并设有电影,会场十分拥挤,与会者有10万余人。会场气氛一如北京救国储金大会。会场设演讲台十多处,天主教副主教雷鸣远等30多人发表了演讲。张子飞演说痛哭流涕,并刺血大书"愿我同胞救国储金、提倡国货,协力进行",闻者声泪俱下。公教进行会创办的圣功女学校全体女学生到会集体演唱救国歌、爱国歌等。社会各界储金异常踊跃,有一乞丐丁荣辅也储金六角。当日实储、认储共277000余元。6月27日,第三次储金大会在河北公园召开,情形与第二次大会相仿。当天到会者也有10万余人,是日,共预储金为11万余元。②

直隶省各县纷纷掀起了救国储金运动的高潮。截至1915年9月15日,直隶省有40余县已成立分团。③ 根据当时的行政区划,直隶省共下辖119县。④ 由此可见,救国储金分团所在县约占全省的三分之一。此外,直隶省还有许多乡镇也成立分团,如滦县唐山镇、安各庄、四乡等。据天津商会档案统计,1915年5月至1916年1月,直隶省各县及乡镇成立救国储金团或事务所共计52处,具体见表1-1。

---

① 直隶救国储金团简章[N].大公报(天津版),1915-05-20(2).
② 第二次救国储金大会[N].大公报(天津版),1915-06-07(2);救国储金团第三次开会志盛[N].大公报(天津版),1915-07-02(1);直隶救国储金总团开会及办理情形之报告[N].大公报(天津版),1915-09-15(3).
③ 直隶救国储金总团开会及办理情形之报告[N].大公报(天津版),1915-09-15(9).
④ 郑宝恒.民国时期政区沿革[M].武汉:湖北教育出版社,2000.

表 1-1　直隶省各县及乡镇储金团成立情况一览

（1915 年 5 月—1916 年 1 月）

储金团名称	成立日期	会所地点	干事长姓名	储金人数/人	总金额
邢台救国储金团	1915 年 5 月 30 日	附设商会	吕金镛	340	大洋 1281.05 元 铜圆 25 枚
张家口救国储金团	1915 年 6 月 2 日		向仲岩		
郑家口镇救国储金团	1915 年 5 月 30 日				大洋 911 元 小洋 38 角 京钱 66 吊 300 文
泊镇救国储金团	1915 年 6 月 10 日	东昌源银号内	李冠伦		2036.93 元
山海关救国储金团	1915 年 7 月 6 日	城内东街商务总会	刘宝琮		1943 元
正定救国储金分事务所	1915 年 6 月 12 日	附设商会	马崇本	158	214.75 元
唐山镇救国储金分事务所	1915 年 6 月 20 日	本镇商会	刘汉臣		
徐水县救国储金团	1915 年 7 月 1 日	北门里县商会	袁凤藻		大洋 41 元 小洋 42 角 铜圆 5556 枚
宁津县救国储金团	1915 年 6 月 1 日	附设商会			
安平救国储金团	1915 年 6 月 9 日				
热河救国储金团	1915 年 7 月 21 日	热河武庙	高锡恩		16275.50 元
安国县救国储金团	1915 年 7 月 8 日	县商会	卜文朴		1841.99 元 铜圆 380 枚 京钱 1361 吊 760 文
元氏县救国储金团	1915 年 7 月 12 日	县商会			
肃宁县救国储金团	1915 年 10 月 27 日	县商会	孔陶之		
束鹿县救国储金团	1915 年 6 月 28 日	县农会			
石家庄救国储金团	1915 年 8 月 9 日	附设商会	王之华	318	大洋 205 元 小洋 4607 角
武强县东区小范镇救国储金公事务所	1915 年 7 月 15 日		贺以容		4080 元
玉田救国储金会	1915 年 7 月 3 日	附设商务总分会			
饶阳救国储金会	1915 年 7 月 20 日				

续表

储金团名称	成立日期	会所地点	干事长姓名	储金人数/人	总金额
深泽县救国储金会	1915年6月13日	商会	王考箴		35元 京钱105吊
威县救国储金团	1915年7月8日	县商会内	杨袖海		
永年救国储金事务所	1915年6月26日	县商会内	武敬绪		413.6元 制钱92吊1400文 铜圆3810元
卢龙县救国储金团	1915年5月24日	县商会内	张汝衍		135元 小洋9.9元 铜圆7399枚
宣化县救国储金团	1915年8月13日				
邯郸救国储金团	1915年7月8日	城隍庙旁院	刘法文		502.20元 京钱104吊900文
河间县救国储金团	1915年8月8日	商务分会	吴廷萱		66.8元 铜圆20枚 京钱424吊1000文
沧县救国储金团	1915年6月27日	设商会内	董麟阁	221	904.10元 京钱37吊300文
平泉县救国储金团	1915年7月11日	设商会内			1700元
宁河县救国储金团	1915年7月25日	芦台商会	周士奎		2156.24元
房山县救国储金团	1915年9月5日	县商务分会	李润田	46	大洋104.50元 小洋15米 铜圆100枚
晋县救国储金团	1915年5月26日	小樵镇商会	李骥臣		119元
乐亭县救国储金团	1915年7月1日	县商会	曹峥		1500元
莱阳县救国储金团	1915年7月5日	县商会	王元之		520元
丰润县胥各庄镇救国储金团	1915年7月15日	商务公所		212	1196.90元 小洋30角 铜圆1304枚
宣化县救国储金团	1915年8月13日	县商会	郝汝霖		4371.10元 银6两 铜圆14262枚
文安县救国储金团	1915年10月2日				
栾城县救国储金团	1915年9月29日	县商会	邓元升		

续表

储金团名称	成立日期	会所地点	干事长姓名	储金人数/人	总金额
琉璃河救国储金团	1915年9月1日	商会内	李敬荣		103.70元
大城县救国储金团	1915年10月13日		刘荘		
广平县救国储金团	1915年10月5日	劝学所内			
南乐县救国储金团	1915年10月17日	县商会	魏丕振	28	22元 铜钱8500文
清丰县救国储金团	1915年10月20日	县商会	朱培仁	214	铜圆3690枚
高邑县救国储金团	1915年8月3日	宣讲所			
鸡泽县救国储金团			叶玉珂		
宁晋县救国储金团	1915年9月26日	县商会	宋凤长		
广宗县救国储金团	1915年7月1日		张杰一		钱90余千文
怀安县救国储金团	1916年1月1日				
行唐县救国储金团	1915年10月1日		王可群		
清河县救国储金团	1915年11月21日		马蓝田		大洋40余元 钱150余吊
平山县救国储金团	1915年10月3日	县商会	王子达		
蔚县救国储金团		县商会	薛君泽		
涿鹿县救国储金团	1915年12月19日		杨植贤		

资料来源：天津市档案馆,天津社会科学院历史研究所,天津市工商业联合会.天津商会档案汇编(1912—1928):第4册[M].天津:天津人民出版社,1992.

如表1-1所示,直隶救国储金团先后在各县或乡镇成立储金团(事务所),这些储金团(事务所)大多设在商会内。依托当地商会组织,这使得储金运动的触角延伸到社会基层,有利于运动的动员与开展。虽然各县、乡镇储金团(事务所)参加人数、储金数量有限,如邢台救国储金团参加人数340人,收储大洋1281.05元,铜圆25枚。但是,救国储金运动在唤醒民众爱国意识方面起到了重要作用。为增加民众对储金意义的广泛认知,直隶救国储金团还分成13个区,分别派演说员到各县、乡镇进行演说、劝储(见附录七至附录十四),宣讲储金意识,普及爱国知识,从而激发普通民众的爱国热情。

为广泛储金,直隶救国储金团在街市、铺口、门前设立储金柜,以便人们随时随地将节俭的余金存入。储金柜每月开取一次,收缴银行存储。此种办法在直隶苦儿院、学界、工界、花界等人群中不同程度地实行。直隶地区的活动,生动地反映了救国储金运动的发展状况。

汉口是湖北重要城市之一,汉口救国储金运动与上海、北京和直隶地区有所不同,反映出救国储金运动开展的曲折。上海发起救国储金运动后,致电汉口商会,请其在当地发起这场运动。汉口商会对此表示赞同,同时表示要等到四年内国公债募集结束后,再办理储金。中华救国储金团总事务所再次致电催促,指出储金与公债性质不同,储金是出于人们自愿,商会只需提倡、劝导,不需募集;针对汉口商会认为提倡储金有碍于内国公债募集思想,事务所特别指出储金与募集公债不相冲突,并以上海为例说明,"沪上公债亦在派募,与储金双方并进,尚无关碍"[①]。

在汉口商会对储金一事犹豫不决时,汉口各商团联合会召开大会,决定仿照上海办法,提倡救国储金。为同心合力协同办理,商团联合会致函商会,一起发起这场运动,但汉口商会坚持己见,认为提倡储金有碍内国公债募集,等后者办理完毕,再提倡前者,对商团提议委婉拒绝。

汉口商会的消极态度,与当时各地商会响应救国储金运动的积极态度形成鲜明对比。这引起汉口广大商民的不满,他们认为商会领导人不赞成这场运动,因而纷纷予以指责。中华救国储金团总事务所再次致电劝导,"储金事,各省事务所已多数成立,贵商会居全国中心点,视瞻所系,同为国民均应负责且中国存亡即在此举"[②],希望汉口商会

---

① 复汉口商会电[N]. 申报,1915-04-23(10).
② 致汉口总商会电[N]. 申报,1915-04-27(10).

能以大局为重,尽早发起储金运动。

迫于内外压力,商会总理吴干庭不得不表示,将于1915年5月1日在茶业公所开会,筹议储金事宜,并声称中国银行已经开收储金。①但汉口广大商民对商会失去信任,各帮各业对商会不再抱有希望,自行筹议储金事宜。然而,由于各团体之间缺乏联络,汉口储金团事务所迟迟没能设立。储金者因无人提倡,很多人不知道银行已收款,大都观望不前。尽管当地储金之声喧嚣于社会,中国银行分行所收储金数目却极其有限,截至1915年4月28日,实收419元。

5月1日,吴干庭主持召开临时茶话会,各界到会者寥寥无几;会议决定设分所于商会并于5月8日召开成立大会。就在商会准备成立储金团分所的同时,四官殿保安会亦发起救国兴商储金事务所,"拟别树一帜,以与商会之事务所相竞"②。商会为储金事联络各商团联合会,但各商团联合会对商会之前曾拒绝合作一事耿耿于怀,也不与其合作。

此间,以广东、浙宁两帮商人为主的华商总会组织储金团事务处,且已筹集办公经费3000元,并为此致函总商会。吴干庭因此建议取消在商会附设储金团事务所的前议,主张与华商总会筹办的事务所合并。这一主张得到江、浙、粤、皖籍帮董赞成,却遭到陕、川、汴、湘籍帮董及本帮各董反对,他们不愿取消附设于商会的事务所,双方发生争执,商会内风潮迭起。原定于5月8日召开成立大会一事,因之搁浅。

汉口总商会在储金问题上举棋不定,这使中华救国储金团总事务所颇感失望,遂再次致电责问、催促,"贵处为七省通衢,民气素为开通,前曾一再电请举办,迄未实行;嗣闻华商总会组织就绪,而贵会忽欲并入办理,既商妥已阅一星期,成立大会仍未宣布,何以慰众瞩望之殷? 交涉虽和平解决,正赖储金为他日自强之计,当堪因循坐望,贻外

---

① 鄂省之救国储金[N].申报,1915-04-27(6).
② 汉口救国储金进行谈[N].申报,1915-05-06(6).

人讪笑？务期赶速筹办"①。

汉口总商会内部的争执，使吴干庭取消附设于商会储金团分所的建议没能被广泛接受。事务所仍附设于商会，为统一进行起见，商会要求华商总会取消储金团事务处。华商总会顾全大局，应允了商会要求，取消了储金团事务处。但商会又以办公经费难筹且中日交涉已经结束，储金已经不是当前急务，推脱迁延迟迟不肯设立储金团分事务所，且对各商帮之诘责置之不理。各商帮失望之余，自行组织事务所，计有数处。

汉口总商会的行为受到社会舆论的普遍谴责，上海报界对此曾多有报道。在多方压力下，商会决定于5月17日在刘园召开储金大会，与会人数多达上万人。由于在开会前所发的传单中曾允诺到会人员在开会时可以自由演说，但当日商会中人以官方不允为由，禁止民众演说，因此民众情绪愤慨，曾有人欲自杀以警后人，幸为人阻止，会场秩序混乱。来宾陈文生不顾禁阻登台演说，语极沉痛，民众情绪渐渐稳定，会场秩序慢慢恢复。此后，经讨论决定，将各储金团分事务所合并，民众一致赞成通过。是日，中国银行共收款3万余元。

有汉口的"广东、浙宁两帮商人……组织储金团事务处"，并与汉口总商会附设之储金团事务所合为"汉口储金之统一机关"。湖北其他各地，如"宜昌、沙市、河口、樊城、武穴、新堤各埠镇商会团体等，刻均接得上海储金团通告，发起劝导，均已收有储款"②。

官方禁止民众在汉口储金大会上自由演说一事，遭到舆论界的抨击。"奈何我国不明事理之官吏，亦有不许储金会之演说如汉口者，岂演说即为排日耶？我国官吏即不提倡，奈何再阻碍之，致使他日一事

---

① 对于汉口商会之责望[N].申报,1915-05-13(10).
② 湖北储金之冷热观[N].申报,1915-05-11(6).

无成也。"①

随着各分所的合并,汉口救国储金团成立,储金运动逐渐开展起来,"汉口储金现进行甚力"②,中国、交通两银行收款与日俱增。然而,这一良好态势没能持续多久,由于这一运动发起于中日交涉之后,组织者提倡不力,"既不开会演说,亦不刊发传单",商民也多以交涉已了,不必力行,因而储金日渐寥落。前议房租储金没能实行,抽薪储金也难以落实。储金参与以底层民众为多,上层人士颇为淡漠,这引起底层民众的不满,有人曾悬出一横幅,其上题写,"你选择醉生梦死,何不储金救国"③,以此表达愤慨之情。以李紫云为首的储金团分事务所为推进储金运动采取了一些措施,包括提出某些颇具强制色彩的抽取储金,但赞成者寥寥无几,效果并不理想。汉口学界联合组织学生剧社,排演新剧,以剧资储金。然而,以上种种努力效果并不明显,截至7月底,据汉口救国储金团上报,共收款40万元,但报载仅30万元④。这相比于上海、北京等地储金收入相差甚远。

除上海、北京、直隶和汉口外,其他各地也在积极筹措建立救国储金团,开展救国储金运动。山东受"二十一条"影响最大,参与救国储金运动亦不甘落后。自1915年4月21日起,济南救国储金由省垣中国银行收储。烟台救国储金团先由商务会发起召集,热心志士及商人等商讨,初定储金章程,名称为中华救国储金团烟台事务所,并由大众推举孙文山、陈绮垣、黄荫南、澹台玉田、杨梅南、陈季安六人为干事。⑤

浙江与上海相邻,自上海发起救国储金运动后,浙江省爱国热心人士开始筹措救国储金团分事务所成立的相关事宜。1915年4月14

---

① 储金用途[N].申报,1915-05-24(11).
② 汉口闹市后之鄂闻[N].申报,1915-05-25(6).
③ 汉口储金近况再纪[N].申报,1915-06-05(6).
④ 汉口储金之大问题[N].申报,1915-08-08(6).
⑤ 山东救国储金之继起[N].大公报(天津版),1915-05-01(9).

日,张镜谭、王保桢、陈素子等人致函中华救国储金团总事务所,索取储金章程,以便邀请商会联络各界发起储金运动。随后,中华救国储金团总事务所函复他们,让其与商会筹商办理,并附上《简章》。4月19日,张镜谭等人致函浙江商会总理顾竹溪、协理王湘泉,表达了提倡救国储金的意愿。4月21日,张镜谭和王湘泉召开了省城商务总会谈话会,商讨救国储金实施办法,到会者有张羽生、黄志澄、徐问径、王卓夫及商学各界数十人。4月27日,商会总理顾竹溪、协理王湘泉二人及各界发起人纷至救国储金团浙江分事务所,磋商储金如何进行,当场议决如下办法:一是联络杭州绅士及各界重要人之办法;二是函请中华救国储金团总事务所转商中国银行一元以下储金之办法;三是开发起人谈话会;四是预先油印本所草章;五是中国银行开收储金,须登广告。① 5月10日,中华救国储金团浙江分事务所正式成立,大会选举徐定超为正干事,吕渭英(浙江银行协理)、张世桢(前众议院议员)、张镜谭(前都督府参议)、顾竹溪(浙江商会经理)为副干事。中华救国储金团浙江分事务所成立后,开始督促各县成立储金支所。依据中华救国储金团浙江分事务所章程,浙江各县市纷纷组织分事务所。如余姚县在县城商会成立了储金团分事务所。6月13日,浙江余姚储金团分事务所在邑庙开会劝储,是日,会场除认数外,共收现洋1000元。② 截至7月,浙江各县成立50余所储金支所。③ 为激发人们爱国热忱,中华救国储金团浙江分事务所还编印了《救国汇刊》,宣传救国储金章程、宗旨及办法。

在轰轰烈烈的救国储金运动中,江西省也积极筹措救国储金团事

---

① 商会集议储金办法[N].申报,1915-04-29(7).
② 余姚县之储金状况[N].申报,1915-06-18(7).
③ 致各县支所请派代表函(7月23日)[M]//浙江救国储金事务所.救国汇刊.出版社不详,1915.

务所。1915年5月2日,中华救国储金团江西分事务所在教育会址召开全体大会,社会各界老少男女,到会者千余人。会议推选谢远涵担任临时主席,选举谢远涵、曾平斋、宋育德、龚梅生、陈小梅、姜旭民六人为干事,全体一致赞成。同时,会议宣布了储金办法,具体规定如下:一是江西分事务所成立即报告中华救国储金团总事务所;二是通告各县各团体组织救国储金团事务分所;三是商定与县分所联络办法;四是讨论外县无中国银行或无商会与有商会或不完全地方储金办法;五是省分事务所由各业各界团体推举干事一二人;六是省分事务所一元以上储金,应照总事务所《简章》存中国银行,至零星小数不及一元者,则送存储蓄银行,但数目不能在票钱百文以下;七是组织劝导储金演讲团。① 会上,胡怿、刘惟烈、梅士焕、李建中、戈绍龙等人相继发表慷慨淋漓的演说,劝导民众。随后,一名银行见习生汤祥麟当众血书,"望人人储金救国",来唤醒民众爱国热情。会议决定于5月4日开始收储。自中华救国储金团江西分事务所成立以来,投储者积极踊跃。

广东省储金也格外踊跃。1915年4月27日,广东报界公会函请各团体代表会议发起救国储金事务分所,到者百数十人,推举朱学潮、李雍思两人为主席。主席提出各议案,指定借用商务总会右邻商业研究公所为事务分所,并由各团体自行推举干事员,数额分别为广州商务总会20人,粤省商团20人,粤商维持公安会10人,广东地方自治研究社10人,十善堂院每堂5人,教育总会5人,八属学会5人,公民党10人,进步党10人,律师公会2人,青年会3人,商船公会2人,出口洋装商会2人,丝业研究社2人。② 经讨论,大家一致赞成,并决定于5月3日开干事全体大会。6月12日,粤商维持公安会暨商团总公

---

① 纪江西储金大会[N].申报,1915-05-08(6).
② 广东救国储金事务所发起[N].申报,1915-05-06(6).

所召开会议,至少以储金 10 万元为目标,劝各会友团并踊跃储金。[①] 广东军界和警界也纷纷劝储,并积极参与储金。

贵州地处偏僻,交通阻滞,1915 年 6 月中旬才成立了储金事务所。6 月 20 日在公园召开了公民大会,是日共储 6419.5 元,收现银 129 元,铜圆 1400 文。[②]

救国储金运动发展迅速,很快扩展到东北。东北民众闻风响应,各地纷纷建立分会。1915 年 5 月 7 日,社会各界人士在商务总会召开中华救国储金团分事务所会,到会者 40 余人。会议推举商会协理苗经魁为临时主席,讨论了开会宗旨、分事务所章程等,选举商会经理冯兰秀为正干事,中国银行营业科长邓秀瑸,工会总理王佐才,城绅吉士敏、刘家荫四人为副干事,《通俗报》总编辑姚锡庆为主任办事员,其余文牍、收发员等均由正副干事指定。[③] 是日,当场认捐者甚多。5 月 15 日,吉林救国储金分会成立。吉林商学各界"颇为热心",如中国、交通两银行,商务印书馆,中华香烟公司,电灯厂等大企业、大工厂的工人和下级职员均立即认捐一月工资。

武昌的救国储金团成立较晚,1915 年 8 月 1 日才成立,但是该地的救国储金运动早已开展。两个月前,绅学商各界热心者纷纷筹集,筹有二三万元送存汉口中国、交通两银行。成立当日,军政学商各界到会者共 2000 余人,当场收现金 1 万余元,认储待缴金额 4 万余元。[④]

在各地救国储金团或事务所纷纷成立的同时,各地收储、认储的数额也日益增加。"开收以来,未及一旬,数逾廿余万多,系各界零款,争先恐后,日不暇给……各业各自开会劝储,经伙各友自愿捐薪,踊跃

---

① 粤省储金之进行[N]. 申报,1915-06-13(6).
② 贵州救国储金之勇跃[N]. 大公报(天津版),1915-08-29(5).
③ 吉林之救国储金[N]. 申报,1915-05-18(7).
④ 武昌储金团今始成立[N]. 申报,1915-08-05(6).

输将,影响至捷,各学校亦金议储金,各省各埠请商会通寄简章。"①

据中华救国储金团总事务所及各地分事务所报告,中国、交通两银行从开收之日至 6 月 20 日,所收之储金数目汇总报告实收 827000 元有奇,认储 4816177 元;截至 6 月 30 日,全国共认储、收储 6640937 元有奇;至 7 月底,全国共认储、收储 800 余万元。为对各地认购储金的情况有更好的理解,特列表 1-2。

表 1-2 各地认购救国储金一览

单位:元

地　点	认购储金			备　注
	7 月 31 日	6 月 20 日	5 月 31 日	
北京	1940000	190000[0]	1940000	6 月 20 日数据 5 月 31 日数改
上海	1326500		1235000	
湖南	821070			
长沙	800000	800000	800000	
常德	20000	20000	20000	
湖北	423520			
汉口	400000	200000	200000	
直隶	338520			
天津	318000	200000	200000	
秦皇岛	12000	?	?	
陕西	300000			
西安	300000	300000	?	
广东	206200			
广州	12000[0]	120000		7 月 31 日数据 6 月 20 日数改
汕头	70000	70000	70000	
潮安	10000	10000	10000	

---

① 彭明."五四"前的群众斗争[M]//彭明.五四运动论文集.广州:广东人民出版社,1978.

续表

地 点	认购储金			备 注
	7月31日	6月20日	5月31日	
奉天	173410			
奉天	90000	90000	90000	奉天县已于民国二年(1913)改称沈阳,报纸仍据旧称
营口	50000	?	?	
河南	152900			
开封	150000	150000	?	
四川	148150			
重庆	[1]40000	140000	140000	7月31日数据6月20日数改
江西	146230			
南昌	130000	10000	10000	
山东	138650			
烟台	100000	50000	50000	
济南	30000	30000	30000	
江苏	130870			
南京	70000	50000	3500	
苏州	25000	18400	17000	
南通	10000	10000	10000	
黑龙江	130000			
龙江	105000	105000	?	龙江县驻齐齐哈尔
黑河	17000	?	?	
吉林	126400			
哈尔滨	58500	20000	13000	
长春	26000	10000	?	
吉林	20000	20000	?	
阿城	15000	?	?	
贵州	110000			
贵阳	110000			
福建	105000			

续表

地点	认购储金 7月31日	认购储金 6月20日	认购储金 5月31日	备注
厦门	100000	5000	5000	
安徽	59960			
安庆	50000	50000	50000	
浙江	45360			
宁波	18700	15500	13500	
杭州	11000	7700	6700	
云南	25000			
个旧	25000	?	?	
山西	18870			
大同	12400	12368	?	
甘肃	13000			
兰州	13000	?	?	
热河	7000			
绥远	3500			
海外	298200			
泗水	150000	150000	150000	
孟加锡	100000	100000	100000	
横滨	10000	[大阪]5600	[大阪]5600	横滨数字含大阪
新加坡	10000	?	?	南洋工党联合会
美国留学生	8200	?	?	克利夫兰学生会、伊利诺伊大学学生会(密歇根学生会)
合计	7188310			

资料来源：罗志田.乱世潜流：民族主义与民国政治[M].上海：上海古籍出版社,2001.

从表1-2中可以看出,救国储金运动在短短几个月内获得了很大发展。与此同时,这场运动的社会影响也日益增强,越来越多的团体、组织、个人以不同的方式参与到这场运动中来,并在其中发挥了相应的作用。截至 1915 年 8 月底,在全国各省份成立的 299 所救国储金机构中,有 120 所机构储金达到 640 余万元,有 54 所储金达到 202 万元,其余"已收未报之款不知凡几"①。罗志田教授在其研究中曾指出,储金集中在省会城市或几个商埠,而且往往是一蹴而就,是靠一两次大会发动,其后就杳无音信了。而在所谓的东南富庶地,江苏的收金总数却排在全国的第 13 位,而浙江排在第 19 位。可见,救国储金的影响所及,并不如论者估计得那样可观。此外,海外华侨、留学生等参与积极。②

综上所述,救国储金运动在短时间内获得了较为迅速的发展。但由于各地经济发展水平的差异,地理环境的不同,特别是各地官方态度的差异,绅商力量的不同,民众动员力度的差异,造成了各地储金的发展是不平衡的。就各地储金团事务所而言,尽管总体数量颇多,但实际上很多储金团事务所收效甚微。就空间范围而言,这场运动波及全国绝大多数省份,但就其主要影响来看,则主要限于沿海城市和工商业较为发达的地区,广大农村虽亦有影响但极其有限,储金效果也是如此。即使是在沿海城市和工商业较为发达的地区,其分布也是不均衡的。如在上海、北京、天津等地运动获得较为迅速的发展,收储数额也较大,而在工商业同样发达的汉口,运动开展得相当艰难。

---

① 关于救国储金之纪事[N].时报,1915-08-28(13).
② 救国储金之热忱[N].申报,1915-04-15(10).泗水华侨已由汇丰银行汇寄北京 15 万元,作为救国储金,侨商全体并议决,所有侨商每月均以所入百分之五按月汇储。沙拉巴茄埠华侨进步党支部曾电致上海进步党交通处,请其向中华救国储金团总事务所索取章程,并问汇款办法,该埠已发起救国储金分事务所,缴款者极为踊跃。

第二章　救国储金运动中的社会动员

救国储金运动在短短几个月内获得迅速发展,表现在收储数额的日益增多,波及范围的不断扩大,社会影响逐渐增强等方面,一时间储金以救国成为人们爱国情感表达方式的首选。正如时人所言,"救国储金自发轫以来倏逾匝月,国人节衣缩食慷慨输将者,极形踊跃,其热诚苦谊,虽视古之任侠名贤毁家纾难输财助边者,有过之无不及,而其举国一致万众一心则自有史以来为此创见"[①]。有效的社会动员是救国储金运动顺利开展的必备条件。近代以来,各地经济社会发展不平衡进一步加剧。除沿江沿海沿路(铁路)地区外,多数地区交通不便、信息闭塞、风气未开。因此,作为一场民间自发的爱国运动,救国储金运动能否最大限度动员民众参与,对运动发展起着至关重要的作用。正如有学者所言,"储金声气之传播也,需若干时机关之设立也,需若干时从事劝导也"[②],如此才可以普及全国。对此,救国储金运动的组织者、领导者都有着清醒的认识。为推动救国储金运动的深入发展,运动的组织者以中华救国储金团总事务所为核心,在各地广设救国储金团分团或事务所。在救国储金团组织领导下,绅商团体、报刊媒体

---

① 张贻志.对于救国储金之讨论[J].留美学生季报,1915(3):9-13.
② 张贻志.对于救国储金之讨论[J].留美学生季报,1915(3):9-13.

等采取了各种各样的方式,如召开大会、街头演说、传单布告、报刊广告等进行广泛社会动员,使民众知晓储金救国的必要性,呼吁民众积极参与运动。

从动员的主体来看,既有绅商阶层以各地救国储金团组织体系为依托开展的社会动员,也有公务人员以自身行为表率为号召的自上而下的行政动员,还有知识分子阶层以报刊媒体为载体开展的媒体动员。此外,救国储金团依托商会、总商会等既有商业组织体系,充分利用其网络体系和人脉网络进行行业动员。同时,中华救国储金团总事务所和分事务所的干事,为宣传储金理念,动员民众参与做出了突出贡献。

第一节 "储金以救国"认知框架构建

社会学中的框架建构理论研究表明,人们对外部事物的认知方式,很大程度上决定着人们的行为方式,而人们对社会现实的认知带着一定的"框框",这个"框框"决定着其注意力的投向、经验片段的连接方式以及客观事物在其头脑中所呈现的意义。[1] 建构合理的认知框架有利于强化民众对储金的接受与认同。在救国储金运动推进过程中,组织者从"救国理念""储金思想""国民思想"三个维度,构建了关于"储金以救国"的认知框架,赋予储金以特别的价值与意义,并得到了民众的广泛支持与认同,推动了运动的深入开展。

作为社会运动中的重要理论,架构视角提倡者认为,架构构成的话语体系可以为社会运动提供合法性。在社会运动中,不同的社会运

---

[1] 冯仕政.西方社会运动理论研究[M].北京:中国人民大学出版社,2013.

动组织或不同的政治力量都可以提出自己的架构。社会运动架构能否成功发挥作用的关键,在于社会运动中涌现出来的主架构能否与潜在参与者产生"架构共鸣"。"储金以救国"是救国储金运动的重要理念,"救国名义而储金,则自由于国民良知之发动"[①]。在"人人有乐输救国储金之心"的同时,向民众输入爱国知识,是救国储金者的愿望。

一、"救国"认知框架的构建

自鸦片战争以来,中国就成为帝国主义列强掠夺的主要对象。一系列不平等条约的签订,巨额赔款,大量利权外溢,国家和民族主权不断丧失,中国深陷民穷财尽的困境。民国初年,国际大环境未从根本上得到好转。袁世凯上台后,为获得帝国主义国家的支持,不惜以税收、铁路、矿山和领土主权等国家利益为条件,先后与英、美、俄等帝国主义签订了100多项不平等的合同、条约。北洋政府财政匮乏,靠借外债度日,这给中国经济与社会发展带来沉重负担。日本提出的"二十一条"的无理要求,深深刺激了国人。鉴于时人的认知,国力羸弱、武备落后,武力对决难以赢得对日战争,救国需从更新武备、购置新式武器开始。救国储金运动发起者提出了"储金以救国"的理念,并努力建构救国储金运动的合法性,引发社会各界的共鸣,从而达到预期的目标,发展国防事业,壮大国家实力。

救国储金运动迅速发起,与中国传统的义务本位文化观有着内在联系。中国传统文化有许多消极因素,对个体价值的漠视与忽略就是其一。这与作为封建统治意识形态的儒学有关。儒学自孔孟创立,经董仲舒的阐释,到宋明理学出现,明清礼教强化,其大致趋势是人文精神日益淡漠,人的主体价值日益削弱。然而,在中国传统文化中也有

---

① 对于救国储金之贡献[N].大公报(天津版),1915-04-25(2).

许多积极因素,如中国传统伦理非常强调个人对他人、国家、社会所承担的责任、履行的义务。儒家传统的伦理观念要求个人在与君、臣、父、子、兄、弟、夫、妻、朋友的关系中找准自己的定位,并遵循相应的行为规范,即"父慈、子孝、兄良、弟悌、夫义、妇听、长惠、幼顺、君仁、臣忠"。所谓遵循相应的行为规范,也就是个体应担负起对他人的义务。与此同时,个体在与国家、社会的关系中也要承担起个体应负有的责任,即"穷则独善其身,达则兼济天下","天下兴亡,匹夫有责"。因此,可以说传统的文化观是以义务为本位的文化观,这种观念体现在时人的言论中。储金运动发起后,相关报刊对民众的言论多有记载,如"毁家纾难,匹夫有责,同人等亦国民一分子,焉敢漠视""敝同人虽薪资微末,同是国民稍尽义务""愿以血汗钱聊尽国民义务""某等同是国民一分子,义不容辞""储金救国乃国民之天职义不容辞""各机关办事人员均赴会场以尽国民之义务"。[①] 这类表述鲜明地体现出时人的义务本位文化观,这对运动的迅速发展起着重要作用。

"保国即保家。"在封建宗法社会中,"家"与"国"的概念紧密联系,可以说"家""国"是同构的,"家"是"国"的一种简约形式,"国"是"家"的一种扩大形式。传统中"国"最为明显的是皇帝"家"的扩大,"普天之下,莫非王土,率土之滨,莫非王臣",正说明了这一思想。随着"民国"观念的盛行和广泛认同,"国"就成为民众"家"的集合,而"家"则成为"国"的组成部分。"国者,家之积,有国而后有家,国危即家危,现国家之危已达极点"[②],"日本无理要索,欺我已甚,国将灭亡,家于何有"[③]。正是从这种观念出发,当时的民众把保国与保家紧密联系起来,把国家的命运与家庭的命运、个人的命运、子孙后代的命运紧密联

---

① 北京救国储金之热诚[N].盛京时报,1915-05-16(2).
② 总事务所之通告[N].申报,1915-04-24(10).
③ 郑宜亭函[N].申报,1915-04-02(11).

系起来,对投身于储金运动的意义做出了阐释。

爱国主义是中华民族的优良传统,它深潜于民众的内心深处,每当中华民族面临外族入侵、民族的生存面临危机时,它便会凸现出来,成为动员民众捍卫国家利益,维护民族尊严的最具号召力的一面旗帜。日本"二十一条"的提出,引起了中国广大人民极其强烈的民族情绪,民族生死存亡的忧患意识溢于言表。报界对此曾有过这样描述,"中日交涉风云日急,一般爱国志士群筹对付之策,奔走骇汗热度甚高"①;"外侮日迫,千钧一发"②;"外侮日迫,祸将临身;凡属国民,莫不痛心"③;"外侮日甚,每况愈下,然未有近来之危殆者"④;"中日交涉谈判日亟,间不容发,邦人君子如不急起直追以救国难,其将何以为国"⑤;"中日谈判日亟,间不容发,国势如斯,恐难和平了结"⑥。这些发自民众的声音屡屡见诸报端。可见,时人以警觉、忧虑的目光密切注视着形势的发展,并对中国在中日交涉中所处的弱势地位有着清醒的认识。"国势如斯,恐难和平了结",无奈的言辞中隐含着深沉的忧虑。

储金运动中所体现出的爱国主义除含有传统意义上的内容外,还蕴含时代因素,即当时民众的民国情愫(或民国理念)。鸦片战争以来,随着国门的打开、西学的不断输入,个体价值越来越受到人们的重视,人文精神也日益复苏。辛亥革命的成功、中华民国的建立,推翻了2000多年的君主专制政体,新的民主共和政府颁布了一系列资产阶级性质的法令、措施,这在提高个体的价值方面产生了积极的影响,使

---

① 外交团赞美救国储金之踊跃[N]. 申报,1915-04-05(10).
② 锡山殷学炜函[N]. 申报,1915-04-02(11).
③ 方渭滨方拱辰函[N]. 申报,1915-04-02(11).
④ 郑宜亭函[N]. 申报,1915-04-02(11).
⑤ 利盛号函[N]. 申报,1915-04-03(10).
⑥ 利盛号函[N]. 申报,1915-04-03(10).

民众焕发出了更多活力与激情。"中华民国万岁"[1],当时的民众对民国有着直观朴素的认识与理解并赋予其理想主义色彩,因而对民国有种虔诚、敬重的心态。这体现在民众对"民国"的高度的认同,储金之议提出后,民众热情响应,纷纷投函报馆声援,社会各阶层人士都以"民国一分子"自称。如"商人身虽寒苦,亦系国民一分子,兹自愿将每月所得七成顾家,三成救国"[2];"鄙人亦国民一分子,自闻救国捐发起以来极表同情"[3];"毁家纾难,匹夫有责,同人等亦系国民一分子,焉敢漠视"[4];"某等同是国民一分子,义不容辞"[5];"学界同人亦是国民分子同具爱国热忱,虽不能出人头地亦不可甘居人后"[6];"蒙旗旗民亦系为中华民国国民一分子"[7];"吾业虽属劳动工界,亦系国民一分子亟应提倡储金"[8];"尽其力之所能,捐助若干,庶不愧为国民之一分子也"[9];"吾虽年幼,亦系国民一分子,理应担负捐款"[10]。类似的表述,屡屡见诸报端,这些表述生动地体现了当时民众的民国情愫。

民众所理解的"民国",既非传统意义上的专制国家又非西方式民主国家,而是两者的某种结合,它既有传统的因素,又有西方式民主的因素。在时人看来,民国与传统中国的不同在于传统中的国是帝王的国,是官僚的国,而不是民众的国;而"民国"顾名思义就是民众的国,民众是国家的主人,是国家的主体,官僚是民众的代表,代表民众管理国家,"夫国家者,国民公共之国家,而共和国家尤以人民为主体;国家

---

[1] 闽闻[N].申报,1915-06-23(6).
[2] 徐振华函[N].申报,1915-04-03(10).
[3] 救国储金[N].申报,1915-04-02(11).
[4] 晋泰仁瑞记函[N].申报,1915-04-03(11).
[5] 王振民函[N].申报,1915-04-03(10).
[6] 储金团之成立[N].盛京时报,1915-05-14(6).
[7] 哲里木盟亦发起救国储金[N].盛京时报,1915-05-18(6).
[8] 三蕊堂之通告[N].申报,1915-05-08(10).
[9] 亚东恨物.自由谈之自由谈[N].申报,1915-04-17(14).
[10] 十一龄幼童管林荪函[N].申报,1915-04-03(11).

之亡不亡实系于国民之身"①。与官僚相对应的民众,既指社会上层人士,也指广大的下层人士,达官贵人、富商巨贾固然是民众,普通百姓、贩夫走卒也是民众,甚至社会最底层的妓女、乞丐也并不因为社会地位卑微而否认自己是民国的一分子,他们认为自己是民国的主人,应尽国民应尽之义务。②通过以上分析可知,潜藏于民众心底,具有时代特色的爱国主义,是救国储金运动得到广大民众普遍认同的心理基础。

为挽救民族危亡,自救国储金发起倡议以来,各社会团体、各阶级阶层及广大民众"爱国之心油然而生,故不待劝导,不待催逼,而自万众一心"③,纷纷节衣缩食,踊跃捐输,国民爱国热情可见一斑。正如梁启超所言,"盖世界之爱国者,莫中国人若矣"④。

二、"国民"认知框架的构建

"国民"思想是救国储金运动社会动员的重要思想之一,在当时的媒体上以"国民一分子"的角色参与储金或号召他人参与储金是这场社会运动的一个重要特点。

"国民"一词在我国先秦文献中就有相关记载,如《周礼·春官·墓大夫》"令国民族葬"的记载;《左传·昭公十三年》"先神命之,国民信之";《史记·东越列传》"威行于国,国民多属,窃自立为王"。这里的"国民"是指一国或诸侯国所辖的百姓,其基本含义是"一国之

---

① 救国金进行种种[N].大公报(天津版),1915-05-19(3).
② 据笔者所见相关记载很多,如"哀我不幸坠入青楼,但为业虽卑亦系国民一分子,爱国思想虽死莫忘,今逢储金盛举敬献一曲以助储金";"惟同乐班妓女雅卿登台演说略称中国将亡凡属男女皆有救国责任,万春亭妓女素卿亦有演说,大致谓身虽妓女亦知爱国";"有一乞丐王度云者,肩负铁罐请储吉洋五角,且云:国家幸存犹有乞丐余地,否则死于沟壑矣"。
③ 扩此储金之心[N].申报,1915-04-08(10).
④ 梁启超.痛定罪言[J].大中华,1915(6):1-12.

民",与近代意义上的"国民"有着很大的区别。鸦片战争后,尤其是甲午战败后,随着中华民族危机加深,西方民族国家观念以及与之紧密相连的国民思想在知识界蔚然成风,并赋予国民以重大意义。"中国而有国民也,则二十世纪之中国,将气凌欧美,雄长地球,固可翘足而待也。中国而无国民也,二十世纪之中国将为牛为马为奴为隶,所谓万劫不复者也。"①梁启超对近代意义上的"国民"这一个概念进行了广泛的探讨,他提出"国民者,以国为人民公产之称也。国者积民而成,舍民之外则无有国。以一国之民,治一国之事,定一国之法,谋一国之利,捍一国之患,其民不可得而侮,其国不可得而亡,是之谓国民"②。"有国家思想,能自布政治者,谓之国民。"③民国的建立,赋予了"共和国民"的确定内涵,进一步推动了国民思想的传播。概而言之,清末民初所强调的"国民",是指有权利义务思想,有自由平等观念,即具有近代民族国家观念的人民。

"国民"观念由少数知识精英阶层向普罗大众广泛传播,形成国民思潮,得益于清末民初新式教育的发展和以报刊为主要代表的媒介传播。教育对人们思想的进步和社会的发展至关重要。鸦片战争前后,来华的外国传教士开始在中国东南沿海开展新式教育,创办了一些教会学校,传授近代文化知识;第二次鸦片战争后,教会学校扩展到内地。19世纪60年代洋务运动开展后,一批洋务学堂陆续开办,专门教授西方的语言和近代科学技术。戊戌维新后,特别是1901年清末新政,进一步推动了新式教育在全国各地的开展。1905年,科举制度的废除,标志着封建时代旧教育在形式上的结束,推动了新式教育,包括海外留学事业的发展。民国建立后着力推进教育体制改革,推动了教

---

① 社说:说国民[J].国民报,1901(2):1-10.
② 梁启超.梁启超全集1[M].北京:北京出版社,1999.
③ 梁启超.论国家思想[M]//梁启超.饮冰室合集·专集第2册之四.北京:中华书局,1989.

育体制的现代转型,受教育群体规模不断扩展。清末民初,中国掀起了一股教育救国的热潮,众多有识之士把教育看作救国救民的一条重要途径,对于新式教育在开启民智、铸造国民中的作用寄予厚望。学校教育在"国民"思潮的传播上起到了重要作用。

自近代以来,报刊在思想意识引导、社会舆论形成中发挥了重要作用。从近代报刊业发展历程来看,戊戌维新时期是一个重要节点,在以康有为、梁启超为代表的维新派推动下,报刊业迎来了第一个高潮。但是,随着变法的失败,许多报刊被迫停办。随着民族危亡的加剧、新式教育的发展,20世纪初,为启发民智挽救危亡,许多有识之士以输入西方学说唤起国民精神为己任,纷纷创办报刊。知识界借助报刊,一方面揭露帝国主义侵华的罪行及其给国家、民族、个人带来的深重灾难,另一方面揭示清政府封建专制的腐朽统治,抨击封建政府利用封建政术愚昧人民,破除封建迷信,解放思想。同时,大量输入西方资产阶级政治思想、人权理论,为人们解脱封建思想提供一个新的价值标准,为"国民"思潮的形成创造了条件。

与强调"国民"权利相比,更加强调"国民"义务,是这一时期"国民"思潮的重要特点。1912年中华民国建立,标志着2000多年的君主专制的终结。新政体的确立,推动了民主、平等、自由等近代以来西方资产阶级思想在中国的进一步传播,人们关于国民的责任与义务观念的转变便是其一。鉴于国家危亡、救亡图存的背景,这一时期关于"国民"思想的宣传,更多强调的是国民对国家、民族的责任,强调"民国"是众人之民国,人人都是国民一分子,人人都有捍卫国家、民族的义务。这一思想的特点与中国传统文化有着密切关系。在传统文化中,几千年来一直崇尚集体主义思想,强调个体对集体的义务,并逐渐形成了义务本位文化观。中国传统的这一观念在近代有了新的发展,民国建立后,人们即通过这一观念来理解"国民"的责任或以它为桥梁来理解"国民"的责任与义务。在人们对"国民一分子"的认知中,"国是众人之国,救国自然是众人之事"。"国民"思潮的兴起,标志着近代民族意识和民主意识的觉醒。人们感奋于从"臣民"到"国民"的转变,沿袭传统的义务本位文化观,以"国民一分子"的自豪与角色认知,相互激励、劝勉踊跃参储。

三、"储金"认知框架的构建

储金意即储蓄,是指积聚劳动产品,存储以备需要。在中国,早在春秋时期管仲就提出,"仓廪实而知礼节";《礼记·王制》提出"三年耕,必有一年之食;九年耕,必有三年之食"。这些经典叙述中蕴含了浓厚的储蓄思想,体现了中国的量入为出的传统习俗。

"储蓄"一词最早见于战国时代的《尉缭子·治本篇》,"民无二事,则有储蓄"。《后汉书》亦指出,"王者八政,以食为本,故古者急耕稼之业,致末耜之勤,节用储蓄,以备凶灾"。自从货币产生后,储蓄的范围得以拓展,储蓄货币成为人们保持财富的一种形式。

在日常生活中,人们往往通过窖藏、充当亲朋好友互助资金、购买土地抑或以获利为目的将剩余资金贷出等形式进行储蓄。对于社会中底层民众而言,更多的是以窖藏的形式储蓄。"在昔金融机关不备,只贮藏以待不时之需,未能贮蓄以收孳生之息。其较能利用储金者,唯置田宅长子孙而已。"[①]

随着商品经济的发展,社会上也出现了专门代人保管钱物的信用机构,如唐朝的"柜房",明清时期的"钱庄""票号"等,为人们办理储存货币,并付给储户一定利息。当时人们这种获利的经济行为,是封建经济时代小农经济的产物,但是也可以看作"储金"理念发展的萌芽。

---

① 徐可亭.序[M]//王志莘.中国之储蓄银行史.上海:新华信托储蓄银行,1934.

随着西方入侵,西风东渐,新式金融机构的出现,储蓄的内涵发生了很大变化。近代意义上的储蓄最早源自英国,之后登陆美国、日本。晚清以来,国人对于西方的储蓄观念、行为表现出巨大的好奇,学习西方开办储蓄机构的呼声日起。有识之士遂以日本为参照,设立相应的储蓄机构。

追溯历史,中国储蓄机构以 1906 年信成银行的成立为始。1934 年,时任新华信托储蓄银行总经理的王志莘编写了《中国之储蓄银行史》,其中详细叙述了当时我国储蓄机构演进过程:

……其时吾国工业化逐渐发展,上海得风气之先,各种工厂争相设立,人口集中之现象,渐为识者所注意。工人日获之资,所积甚微,存储无地,不免耗散。商人周廷弼等有鉴于此,遂参酌日本储蓄劝业银行章程,筹集资本五十万元,设信成银行,收订储蓄存款章程,以开风气,其详细办法大都取法日本。该行设总行于上海,并开我国各银行设立分行之例,在上海、无锡、南京、天津、北平各设分行一所。营业甚为兴盛。1906 年,镇江开办信义银行亦经营储蓄业务。1907 年浙江兴业银行开办,以商业银行兼收活期储蓄存款。民国三年,中国、交通两银行创办储蓄银行……①

1908 年,度支部奏颁各银行则例 13 条,并于大清银行内附设储蓄银行,专营储蓄。1912 年,法商在上海设万国储蓄会,开我国有奖储蓄之端。1914 年,财政部要求中国、交通两银行投资设立新华储蓄银行,这也是政府提倡设立储蓄的唯一机关。

随着西方储蓄观念的传入、储蓄机构的设立,清末民初人们的储蓄观念发生了很大变化。相较于传统的货币窖藏,人们对于新式储蓄

---

① 王志莘.中国之储蓄银行史[M].上海:新华信托储蓄银行,1934.

事业大加赞赏。

> 储蓄事业为社会事业之一种，其经营之方法，在集合社会零星之资金，而运用于生产及建设之事业。故其功效，足以提高社会之道德，增进国民之福利，促成经济之繁荣，鼓动文化之进步，于国家、人群具有莫大之贡献。以观一般以营利为目的之企业，固不可同日而语，即以商业银行而言，其社会之意义亦远不足与储蓄银行相比也。①

储金理念来自西方资本主义的经济动员。如何进行经济动员，募集社会的资金发展经济，需要找到一条有效途径，如建立公司制度，通过股份公司这种形式，集众人之力，从而推动公司或企业和工厂的发展。参与投资创办者就可以从中获得一定的利润分成或一定的分红，以此形成一种共赢的局面。这种方式募集资金，最大限度地实现了资金的动员。对于储户来说，它以分红或者利息、储蓄为激励。在此基础上，催生了民众储蓄、储金的意愿。

人们把日常生活中闲置的零星钱财存放进银行，把使用权暂时让渡给银行并从银行获利息。储蓄成为一种信用行为，是银行动员和吸收民间闲置剩余货币资金的一种业务。② 然而，囿于人们的货币使用习惯，就民国初年的社会大众而言，从思想到行为接受储金这种新生事物还需要一个的过程。

"孔子罕言利。"受2000多年的儒家文化思想的影响，"重义轻利"成为社会伦理规范与人们物质利益之间的关系的基本思想。近代以来，随着西方资本主义经济的发展及其对中国的侵略，中国的经济面临内忧外患的困境，人们的思想观念逐步改变，传统"重农抑商"观念

---

① 陈光甫. 序[M]//王志莘. 中国之储蓄银行史. 上海：新华信托储蓄银行，1934.
② 徐琳. 近代中国邮政储蓄研究[M]. 上海：上海交通大学出版社，2013.

受到冲击,发展民族工商业来抵制列强的经济侵略的改良主义思想得到人们的认同。救国储金设计理念中就包含了以物质利益刺激人们积极参与的思想,体现出了资产阶级的价值观。

中国传统的募捐或捐款的公益思想,也是储金理念被人们所接受的原因之一。自古以来,中国就有对弱势社会群体进行社会救助的传统。这种社会救助,除了官方设立各种各样的制度之外,还有民间的各种捐款,如一学一添、义捐等形式。可以说,储金理念与其有密切关系。

储金运动的组织者选择储金这个概念是出于宣传策略方面的考量,为了最大限度地调动社会成员参与。从经济理性角度出发,来实现社会化、最大化的社会动员。储金,一方面可以表达这种政治热情或者爱国热情,另一方面从经济上而言,对个人也不会有太多亏损,甚至如果没有达到预定数额,银行还贴一部分利息返回来。用这种方式来激发社会民众积极、踊跃地参与这项运动。此外,之所以没有采取向民众募捐的方式,是因为自晚清以来类似的捐款在社会上实际上出现了多次,老百姓对此没有新鲜感,也不愿意过多关注。在救国储金运动中,用储金而没有用捐款的形式,是源于储金正处于一种过渡阶段,既有中国传统的像钱庄、票号这种属于封建自然经济状态的存储,又有资本主义商业社会资金动员的存储。

第二节 救国储金运动中的组织动员

在清末民初的社会转型中,由于北洋政府政治整合力量的式微,以社会组织为代表的民间力量越来越多地参与到社会活动中,并在其中发挥了组织领导作用。中华救国储金团总事务所是运动的主要组织机构,救国储金运动的开展,得益于储金团的组织动员及有效运作。

一、救国储金运动的组织体系

中华救国储金团总事务所是在救国储金临时通讯处的基础上演变而来的,是救国储金运动的主要组织机构。为推动救国储金运动的开展,尽早达到5000万元的目标,中华救国储金团总事务所通函全国各帮各业各团体,希望尽快成立储金团分事务所,敦劝爱国同胞储金。

当汕头商会、太原商会等接到通函后,立即致电中华救国储金团总事务所,索取储金《简章》,以便按章办事。中华救国储金团总事务所一一回复,章程已寄,请尽快成立救国储金分事务所,督促开展。① 在致函北京总商会电中,中华救国储金团总事务所指出,"贵会居京师首美之区,尤为观瞻所击,且中国存亡即在此举,务恳迅速成立并分电各分会各设所一致进行,请弗观望,是为至盼"。致南京总商会电,"贵会为苏省之冠,应请分电各分会各设分所一致,筹办是为至盼"。致汉口总商会电,"储金各省事务所已多数成立,贵商会居全国之中心点,视瞻所系同为国民均应负责,且中国存亡即在此举,务恳迅速成立,并分电各分会各设分所一致进行"。致南昌总商会电,"办法妥善进行神速,同人等无任钦佩";致广州总商会电,"贵省不士爱国热诚久播中外,务恳迅速开会成立,并分电各分会各设分所一致进行,是为至盼"。② 因此,救国储金事务所或分团依托商会组织建立,大多设在商会内。

一般而言,各地救国储金团分事务所多由绅商人士组织发起,办公地点多附设于商会内,其干事员大多来源于银行家、商人、士绅、教

---

① 救国储金团要电一束[N].申报,1915-04-22(10).
② 救国储金团要电一束[N].申报,1915-04-27(10).

育界师生等。因为他们在社会阶层序列中所处的相对优势地位,使其具备了领导整场运动的能力,在这场运动中发挥了骨干作用。

在各救国储金团事务所的组织结构中,干事职务的设置具有相当的灵活性。《简章》中规定,干事无定额,可分两种:一种由本埠在各帮各业各团体中推选;另一种由各省各埠推选。换句话说,只要在各帮各业各团体中具有一定的经济实力、影响力、号召力且热心于这一运动,都可以担任干事员。下面一封时人的书信说明了这一点。

> 鄙人勉竭绵薄,认储千元乃承推为干事,奉命以来,奔走呼号广为劝储……窃思土膏一业,为目下财源汇集之区,而马汝霖君又素报爱国热忱,拟请尊处致函推为干事;又吴仲记棉纱号吴麟君、源盛棉纱货号印锡璋君为商界闻人,热心公益亦拟推为干事,是否有当,仍请裁酌施行。①

在这封信中,作者谈到了自己被选举为干事的原因:一是认同储金以救国的理念,"认储千元"为之提倡;二是具有一定的号召力、组织力,且热心于这场运动。信中也谈到了干事员应具备的条件:所在行业具有一定的经济实力,"土膏一业,为目下财源汇集之区";具有一定的号召力,"商界闻人";"热心公益"事业。因为救国储金团事务所是一个公益团体,其干事员不但无薪水,而且还要承担部分或全部办公经费。1915年11月14日,直隶救国储金团在商会召开了干事大会,到会干事79人。会上,王伯辰汇报了储金团三次大会的筹备工作及大会召开情形,并且指出,开会会费、刷印电报费、邮票旅费等费用均由全体干事担任筹办,"已详细贴榜告俾众周知,遂征求各干事大意,咸愿一致进行"②。为赢得民众的信任,中华救国储金团总事务所曾郑

---

① 善与人同之荐书[N].申报,1915-05-07(11).
② 救国储金进行之会议[N].益世报,1915-11-16(3).

重声明:办公经费决不从储金项下扣除,并且规定事务所干事员"始终不受政府奖励"。

二、救国储金运动的组织运作

在全国各商会的支持下,救国储金运动迅速兴起和发展。随着储金运动的展开,社会各界人士在事务所就储金事宜进行商讨,事务所搭建起相互联络和沟通的平台。

中华救国储金团总事务所在这场运动中发挥了桥梁作用。中华救国储金团总事务所召开群众大会、干事大会、茶话会,与当地会馆、同业公所等团体进行联络沟通、劝储等动员;这些社团组织中既有较为传统的帮会、行会,又有盛行于晚清的会馆、公所,还有兴起于近代的商会、公司。据笔者所见,这方面的记载有很多,仅举数例如下。

旅沪闽省绅商为救国储金事在泉漳会馆开会,邀集旅沪同乡各号商量力认捐,"闻泉漳会馆认一万元,各董事及各号亦有万元之谱"[①]。旅沪顺直商业同人"今已集议认定(储金)数目约二千数百元以上,刻正普告同乡竭力进行,一俟集有成数即行缴存"[②]。药业公所报告储金团谓:"本业自开会集议后筹到储金三千四百零五元……"[③]丝业各栈为救国储金特开大会,"当经各栈各号诸公当场认储,共洋二千四百五十元"[④]。沪地杭绸同业邀集全体在该业公所钱江会馆开临时会议,讨论储金数目,决定"钱江会馆认储三千元,各杭庄及经理、同事、公所理事员等共认二千余元"[⑤]。水果公所邀集同业召开会议,当场认储一千

---

① 闽人认储救国捐[N]. 申报,1915-04-05(10).
② 顺直商帮之进行[N]. 申报,1915-12-10(10).
③ 药业公所之报告[N]. 申报,1915-05-03(10).
④ 丝业公所开会劝储[N]. 申报,1915-05-05(10).
⑤ 钱江会馆开会[N]. 申报,1915-05-08(10).

六百余元。① 书业公所为储金事召开特别会议,制定八条具体办法,提倡储金。② 杨树浦三新公司工厂经理致函储金团体,公司工厂各员拟集二千元以存储。③ 钟表业为救国储金事召开临时大会,当场认储一千四百元。④ 清香堂(长沙妓界公所)通告各堂班,要求各班将端午节时财神茶酒之资提五成作为储金。⑤ 上海复旦公学通告全体学生,"救国之举,贵实行,无事空言讨论,此热心之士所以有储金救国之议也……敝校……冒昧投书于我学界同胞,务请共同提倡,合力进行"⑥,开学界储金之先声。天津工商界尚未组织救国储金之前,德华学堂学生便发起长期救国储金会,并号召"学界同胞,闻风兴起,推及各界"⑦。随后,天津陆军军医学校、河北私立法政学校、改良私塾、南开学校、新学书院和北京商业专门学校、中国公学、税务大学、慕贞女学、育英女学等各校纷纷"筹议永久储金之法"。⑧ 学生储金团体一时间遍布全国各大、中、小学校。此外,中华救国储金团总事务所与政府官方联系,沟通协调、积极争取其储金。

为维护储金团事务所的名誉,中华救国储金团总事务所多次在报纸上刊登紧要广告,一再申明储金团事务所的职能:只收函电、文件,不收储款,亦不代人存储且永不派人催收及募捐,并多次声明,"倘有借名招摇,形同募勒事情,不论男女均宜扭报区警,根究严惩"⑨。所有这些规定、措施,使中华救国储金团总事务所在民众中树立起廉洁奉公、光明磊落的形象,这为储金运动的发展起到了促进作用。

---

① 水果公所之报告[N]. 申报,1915-04-22(10).
② 书业提倡救国储金之办法[N]. 申报,1915-04-14(10).
③ 三新公司之凑集[N]. 申报,1915-05-12(10).
④ 钟表同业之劝储[N]. 申报,1915-05-02(10).
⑤ 湘省之端节储金[N]. 申报,1915-06-27(6).
⑥ 复旦公学提倡救国储金[N]. 申报,1915-04-14(10).
⑦ 天津德华学堂长期救国储金会宣言书[N]. 大公报(天津版),1915-05-07(5).
⑧ 学校之永久储金法[N]. 大公报(天津版),1915-05-18(5).
⑨ 中华救国储金团总事务所紧要广告[N]. 申报,1915-04-27(3).

此外,中华救国储金团总事务所在工作中,也非常注重树立和维护自身的形象。如有一车夫到中国银行储款一元,未领存单而去,为此,中华救国储金团总事务所专门发出一则通知,望其到总事务所领取存单。对这些表面上看来是小事的正确处理,表明了中华救国储金团总事务所的公正与诚信,这对于取信于民众是十分重要的。对于储金团的工作,曾有外报评论,"储金团办理认真,迥非以前团体所可比拟"[①]。由此可见,中华救国储金团总事务所在储金运动组织方面发挥了重要作用。

三、救国储金运动的组织动员

作为救国储金提倡机关,储金团及各事务所承担着储金运动的组织工作,其干事员在积极认储、参储等方面起到重要作用,同时在运动的组织动员方面也做了不少工作。为广倡劝储,1915 年 5 月 31 日,中华救国储金团总事务所成立演讲部。经职员会决定,当即推举演讲员,每星期五为演讲部集议,每月至少两次到各团体、各剧场等民众人数多的地方进行演讲储金要义。同时,总事务所还设立劝储部。在各干事中推举 30 余员为劝储员,并推选蒋季和为劝储部筹划员,马佐臣为劝储部主任,专管劝储事宜。[②] 各事务所也相继开展演说与劝储。福州储金进行状况说明了这一点。

福州储金团办事人日夕奔走,不辞劳瘁,1915 年农历五月五日在城内锦巷七圣君庙演说,六日在虎婆庵演说,七日在东街文昌宫演说,八日在明伦堂演说,九日在湖北会馆演说,十日夜又在七圣君庙演说,十二日夜城内在花巷尚友堂为女界演说,十四日夜城内在宫巷关帝庙

---

① 字林报论华人对日方法[N].申报,1915-04-13(3).
② 中华救国储金团总事务所.救国储金之源流[M].上海:中华书局,1915.

演说,城外连日在建宁馆延平馆演说,十五日夜在洲边土地庙演说。①

正是储金团事务所干事员积极、广泛地散发传单、演说呼吁、宣传动员,储金救国的理念才被民众广泛地接受、认同,从而推动了储金运动的发展,因此,干事员在运动中发挥了重要作用。从数量上来说,储金团事务所的干事员是一个比较庞大的群体,就全国范围而言,限于资料无法做出准确的判断,但就上海一地,据不完全统计共有1368人。② 应该说,这场运动之所以能在短时间内获得迅速发展是与他们的努力分不开的。正如该事务所通告所言:"(储金)运动发起数旬以来,战战兢兢,设事务所,举干事员,通告各省,奔走呼号,函电交驰,以冀于成。"

以集会的方式宣传、发动、组织民众储金,是这场运动的重要特点。兹以北京救国储金团召开的两次储金大会为例予以考察。北京救国储金团于1915年5月8日成立后,发出宣言书说:"国家新造,忧患迭乘,悲愤交集,五中俱裂。吾侪生为中国之人,死为中国之鬼。……今本商会出于吾国民爱国之忱,为自保身家性命起见,特发起救国储金团,目积所蓄,储备万一。"③北京救国储金团决定于5月11日在中央公园社稷坛召开商民全体大会,并于事前进行广泛的宣传动员。是日"国民为义愤所激,公而忘私,挥泪而来","公园之内已患人满,老弱妇幼,相塞于途"。民众集会演说,群情激愤,"万声雷动,众心雷激"。其间有一茶社主人马麟,为激励同胞莫忘国耻积极储金,试图引颈自刎。中国、交通两银行为方便民众储金,在坛前殿后分设收款处,"储金者过多,有立待一二小时之久,尚不能轮及者。储金之

---

① 储金进行情况[N].申报,1915-06-23(6).
② 中华救国储金团总事务所干事名单[N].申报,1915-05-06(17);中华救国储金团总事务所干事名单[N].申报,1915-05-07(17).
③ 彭明."五四"前的群众斗争[M]//彭明.五四运动论文集.广州:广东人民出版社,1978.

数有万元以上者,有数千元、数百元乃至数元、数角者,有妇人、小儿出其金饰充做储金者"①,"人心非常振动,大约此次储金其数较公债尤形踊跃"②。是日,共计收款855000余元。5月23日,北京救国储金团和社会教育改良会联合筹备了第二次大会。会场共设四处演说台、三处收款处,秩序井然,部署严整。当天"衙署列假,学校休息,梨园停演,工商辍业。故无论何种阶级,何项职业之重要人物,无不以国民同等之资格,扶老携幼相率莅上,摩肩而行,接踵而至⋯⋯先后到会人数计共在30万人以上,诚空前未有之盛况也"。演说者既有专业人员,如杜伯强、穆子光、雍剑秋、金仲仁、姚仁甫、王之宾(女),也有来自各行各业、各年龄阶段的非专业人士,如来自佛教界的永光和尚、来自妇女界的沈佩贞女士、来自法文学校的13岁学生廖德桢等。演说沉痛,群情激昂,甚至有人以刃破腕,当场血书"救国储金"。报载是日演说"使数十万听者均各印一救国思想于脑筋中"③。此次集会,共收储63万余元。这种以集会的方式,宣传、发动、组织民众储金,在天津、湖北、山东、湖南、湖北、广东、江西等许多地方都曾出现过,均取得了相当成效。

同时,储金团组织者通过精心布置集会场所,在会场各处悬挂标语、口号及图画等,以这种图文并茂的方式,形象地向广大民众进行爱国宣传动员。5月15日,在北京救国储金团召开大会的会场上,随处可见形式多样的标语,如"从今日起抛去一切嗜好者,救中国之真英雄","救国储金是救急第一良法,欲救国,请量力认定","为人似面中酵,为己似折断花","人无远虑,必有近忧","有志者事竟成,真造到海枯石烂","愿我同胞此生此世,毋忘今日救国之会"等醒目的标语。此

---

① 中国第二历史档案馆.中华民国史档案资料汇编:第3辑[M].南京:江苏古籍出版社,1991.
② 专电[N].申报,1915-05-17(2).
③ 中国第二历史档案馆.中华民国史档案资料汇编:第3辑[M].南京:江苏古籍出版社,1991.

外,会场还张贴了四幅图画,并配有文字说明,分别记述如下。

第一幅,是一张中国地图,文字表述为:

> 此系天与中国人之土,中国人应保守之、发达之,因不能发达故不能守,岂不自灭,又将何以对天乎?今日人人应存一发达中国之心,不仅裨益同胞,须思有益于世界,天虽用竞争使人进化,吾人若时时一心谋进化,天亦无所用其竞事,如国法用以治劣民也。

第二幅,是一棵大树,文字表述为:

> 此树无根,万无生理,救国不先修身齐家,国焉得救?理与树同。

第三幅,是一艘轮船,文字表述为:

> 此船无舵,而游行于汪洋巨浪,势难前进。人而无志,如舟无楫。今中国人人应存一志向,为天作工,为人造福,如舟之有楫,无事不济矣。

第四幅,是一栋被焚烧的房屋,文字表述为:

> 此房火势滔天,施救不易,恐非赴汤蹈火不能救灭。中国国势,亦非牺牲多数脑力、心力、金钱、性命不能补救也。为上天计,为种族、身家计,吾人自必牺牲一切,天实鉴之。①

以图文并茂的方式进行宣传和动员,直观形象地表达出对中国国势的担忧,以此唤起民众觉醒,储金以救国,这对爱国救亡运动的开展起到了积极作用。

1915年6月6日,直隶救国储金团在河北公园召开大会,其会场

---

① 北京救国储金大会纪事[N].申报,1915-05-16(6).

布置也非常用心。公园临街的牌坊上插满鲜花和彩旗,悬挂五色国旗,在长约三丈的白布联上写着"有志竟成,人不敢侮;此心不死,国可长存",横额上挂为"救国储金二次大会";公园内的土山上也扎有牌坊一座,会场大门挂着"勿忘国耻"的横额,两边对联写着"国家兴亡匹夫有责,子系牛马识者所忧"。① 运用公共空间,场所布置,突出救亡图存的紧迫感,营造爱国救亡氛围,强化民众的情绪感染,对储金运动的开展起到一定的积极作用。

为唤醒广大民众的爱国热忱,扩大储金的范围,各地救国储金团会派员到处宣讲、演说,直隶救国储金团在这方面是典型代表。

直隶救国储金团成立于 1915 年 5 月,为响应号召,各县闻风兴起,也相继成立了分团。据统计,截至 1916 年 1 月,直隶地区成立分团 52 处。直隶救国储金团"与商会相互作用而发生的集体、有序协作,形成互相不同程度功能联系的新式社团的合作"②,由此可见,商会组织系统构成了救国储金机构主要的组织中枢。虽然储金分团已成立,但是各县分团"因无提振之人,收效良鲜;其未成立之处,若任其长此闭塞,亦非所宜"。因此,直隶救国储金团决定派职员分赴各县,催促成立各分团,并进行演说,"主要意旨即在救国储金,维持国货两事"③。

为达到家喻户晓的目的,直隶救国储金团将直隶地区分成了十三个区,并分别派演说员奔赴各县,进行游行演说。与报纸、传单相比,演说具有不可替代的作用,是开通民智之举。

为取得良好的收效,直隶救国储金团依据其简章、宗旨之举,制定

---

① 纪直隶第二次储金会[N].申报,1915-06-10(6).
② 宋美云.北洋时期天津商会的组织系统[J].城市史研究,1998(Z1):195-206.
③ 天津市档案馆,天津社会科学院历史研究所,天津市工商业联合会.天津商会档案汇编(1912—1928):第 4 册[M].天津:天津人民出版社,1992.

了《演说员出发规则》，主要内容如下：

一、演说员认定县区出发后，应请任劳任怨，实力鼓吹，以期唤醒同胞咸具爱国思想，幸勿荒嬉冶游，致启他人轻视之心，于进行反生阻碍。

二、演说员抵某县境时，先向县署投函，次与商会接洽。

三、各县分团已成立者，应助其实力鼓吹，未成立者，应请该地商会召集绅、商、学界组合成立。

四、演说员无论在何地发言，除劝导救国储金并提倡维持国货外，不得涉及政治。

五、演说员如经商埠地点，对于语及日人等事，务宜稍加含蓄，其非商埠地点，亦应体察该地情形、人民程度，总以切中时弊不偏不激为宜。

六、演说员出发后，务请将接洽各界人员及办理储金情形逐日函报事务所一次。

七、演说员出发后，如遇特别困难及梗塞挠阻者，先向其婉言开导，不可稍加 倘仍不协，应速函报事务所或电请事务所核办。

八、特别瘠贫县境，如实无法成立分团只可输入常识，不宜强迫成立。

九、演说员途间行宿，冷暖务宜留神，倘遇地方不靖之处，课商请该县知事或该地警长派兵护送。

十、演说员经过处所，万务使县署及地方供给，致贻人以口实。

十一、演说员须依照本团简章之规定不得经收储金款项。

十二、演说员逐日所办各事及接洽各界人员并每日行程时期，应另备日记一册逐日详细登载。

十三、演说员出发，须按照本团宣言、宗旨、进行办法、效果四大纲办理。①

按照上述规则,演说员奔赴直隶地区各县及乡镇,在庙会、集市等民众较为集中的地方发表演说,其演说内容大致包括救国储金的意义、救亡图存的现状及爱国知识的宣传等。对于各地演说内容,会依据各地民情进行调整。在民风较为开通的地区,指出救国储金的意义,继而储金;在民风顽固的地方,就只宣传爱国知识。"办理储金事宜,首贵择有诚实不浮之人,以演说唤醒国民爱国真诚……至演说材料,必须于总会审定许可,按照决定宗旨外兼提出国货及逐渐输入爱国知识……藉此机会使全省人民咸有爱国之心,将来不为异言所惑,庶收无量数之效果。"②

直隶救国储金团分为13个区,通过对这些区关于救国储金动员的情况进行分析,可以得出如下几点认识。第一,直隶救国储金团具有严密的组织性。直隶救国储金团组织体系健全,分了13个区,大部分区县都有资料记载,组织体系、组织结构非常严密。不但直隶救国储金团派演说员进行游行演说,各县、各乡镇、各团体的救国储金会组织大多也都成立有专门的演说团,他们也经常集会演说或派员进行游行演说。在比较开通的滦县唐山镇、安各庄等地方的许多村民都听演说,并且储金异常踊跃。第二,救国储金团干事工作富有成效。他们对于运动发展具有非常高的热情,积极投身于这种公共事业,到处去宣传,分别到13个区宣讲。第三,从具体的演说内容来看,当时民众对救国储金寄予厚望,对于救国,这种爱国主义情绪是非常强烈的。第四,与以往的社会运动往往仅限于社会上层不同,救国储金运动深

---

① 天津市档案馆,天津社会科学院历史研究所,天津市工商业联合会.天津商会档案汇编(1912—1928):第4册[M].天津:天津人民出版社,1992.

② 天津市档案馆,天津社会科学院历史研究所,天津市工商业联合会.天津商会档案汇编(1912—1928):第4册[M].天津:天津人民出版社,1992.

入民众,深入社会底层、基层。表 2-1 为直隶救国储金团派演说员分赴各县宣讲的部分情况。

表 2-1　直隶救国储金团派演说员分赴各县宣讲的部分情况

演说员	时间	地点	演说内容
第一区 钱葆清	1915 年 9—11 月	静海县独流镇、静海县、青县兴济镇、沧县、盐山县、庆云县、南皮县、宁津县、吴桥县、景县、郑家口镇	1.宣讲现今国势,细述中日交涉始末,国家危险现状,朝鲜、印度亡国的惨状。中国危机现状以及人民与国家之关系,启发民智,激发人们爱国热情 2.宣讲提倡储金维持国货的理由及意义。欲保身家即当爱国,储金为救国之必要,提倡国货,劝输储金。详细报告救国储金宗旨、章程、将来用途,提倡国货讨论办法及储金团发起时的情况与效果 3.宣布演说员来意及介绍各县情形,协力自强,节俭储金,维持国货 4.宣讲储金与国体之关系
第四区 王士铭	1915 年 10—12 月	保定、安新县新安镇、徐水、容城、雄县、容县白沟镇、新城、定兴、满城、完县、唐县、易州	
第六区 王恩铭	1915 年 10—12 月	保定、高阳、莘桥镇、蠡县、博野、安国、安平、饶阳、定县、深泽、晋县小樵镇、晋县、束鹿县辛集、束鹿县、旧城镇、深县	
第七区 杨生池	1915 年 8—11 月	栾城、元氏、赞皇、高邑、柏乡、宁晋、赵县、藁城、无极、正定	
第九区 周毓朴	1915 年 9—11 月	磁县、邯郸、永年、曲周、鸡泽、平乡、广宗、威县、清河	
第十区 程锡铎	1915 年 9—10 月	肥乡、成安、广平、大名、南乐、清丰、濮阳、东明、长垣	
第十一区 杜瑾	1915 年 9—12 月	怀来、赤城、龙关、万全、怀安、阳原、蔚县、涿鹿、	
第十二区 朱丹	1915 年 9—12 月	长辛店、良乡、房山、涿县、固安、永清、霸县、安次、通县、三河、香河、武清	
第十三区 杜瑾	1915 年 9—12 月	龙关、宣化	

资料来源:天津市档案馆,天津社会科学院历史研究所,天津市工商业联合会.天津商会档案汇编(1912—1928):第 4 册[M].天津:天津人民出版社,1992.

为积少成多,直隶救国储金团还设立储金柜。此种储金柜,由储金团做成模型,再由各位同胞仿造制作。"此项储金柜街市铺口门前皆可设立,以普及之,必使人人随时随地皆能以节俭之余金存储柜内。譬之买物一元者,其中自行克俭,省一角或五分,归于储金,置于储金柜之内。又如向铺内买物人,下找奇零之数,亦可随时劝置储金柜之内。事事类推,全国一致,久则积成大数,较之一时倾囊储金者,力缓而收效大,实际可倡尚俭之美风,存贮时见储金柜,时时刻刻则不忘救国之大义。"[1]每月开柜一次,然后交由银行收作救国储金,其钥匙经管及开取时均有监视,其管理办法由储金团另定简章。直隶救国储金团认为,此种储金法"实为储金最美之良规"[2]。

救国储金柜上面均贴有铭文,提倡民众节俭储金,具体内容如下:

提倡节俭救国储金柜劝文[3]

国势岌岌人可知　救国储金勿自弃
爱国精神从此始　中国人心幸不死
富者不必惜窖藏　输金救国亦名扬
子文毁家纾国难　千秋史乘尚流芳
同胞而今须猛醒　勿作昔时梦黄粱
须知家国同一气　国若亡时家亦亡
若能勤俭输金钱　国家个人两安然
集腋成裘休观望　亿万万元又何难

提倡节俭救国储金柜铭言[4]

国步艰难　发起储金
节俭输助　各尽其心
毅力救国　集腋成裘

---

[1] 天津市档案馆,天津社会科学院历史研究所,天津市工商业联合会.天津商会档案汇编(1912—1928):第4册[M].天津:天津人民出版社,1992.

[2] 天津市档案馆,天津社会科学院历史研究所,天津市工商业联合会.天津商会档案汇编(1912—1928):第4册[M].天津:天津人民出版社,1992.

[3] 天津市档案馆,天津社会科学院历史研究所,天津市工商业联合会.天津商会档案汇编(1912—1928):第4册[M].天津:天津人民出版社,1992.

[4] 天津市档案馆,天津社会科学院历史研究所,天津市工商业联合会.天津商会档案汇编(1912—1928):第4册[M].天津:天津人民出版社,1992.

咸应负责　曷俟征求

忍耻任重　激励诸君

斯言斯意　永矢子孙

在直隶地区,各种储金的宣传机构,如储金醒化画报社、直隶救国储金团新新剧社等纷纷成立,主要是为了唤醒民众,提倡储金,以早日达到预期目标。从以上资料中可以看出,各种各样的社团组织在储金运动的宣传、动员、组织和参与等方面都发挥着积极作用。

第三节　救国储金运动中的宣传动员

舆论是行动的向导。媒体宣传与报道是社会运动的一种重要手段。通过宣传报道,民众得以了解社会运动的目的与意义,进而产生认同感并参与其中。民国建立后,社会在自由言论方面有了很大的进步,以报刊为代表的传媒业相继兴起。据统计,民国初年创办报纸逾500种,其中北京最多,约占五分之一,上海则为另一中心。[①] 报刊媒介的发展,为救国储金运动中的社会动员打下了良好基础。在"二十一条"交涉前后,报刊等媒体积极宣传动员,引导和推动了救国储金运动的开展。

一、报刊舆论的宣传

报刊是近代大众传播最有力的工具之一。19世纪末20世纪初,随着文化教育事业的发展,新闻出版业迅速发展。民国初年,北京出版的报纸有50多种,上海40多种,天津35种,广州30种,浙江20多

---

① 汪朝光.中国近代通史(第6卷):民国的初建(1912—1923)[M].南京:江苏人民出版社,2007.

种,湖南 11 种,武汉 9 种,连僻处西南的四川也有 23 种。① 而近代报纸媒体的出现,为救国储金运动进行广泛的社会动员提供了可能。

救国储金运动是一场以反日、自强、维护国家主权为主要特点的爱国运动,与中华民族每个成员息息相关,因此,进行广泛的社会动员,还需要迅速而快捷的信息传递才能实现。媒介宣传动员是社会运动中的重要一环。救国储金运动的迅速开展,得益于有效的组织架构。储金以救国理念引起了社会各界的共鸣,促进了救国储金运动的开展。

救国储金运动顺利开展,除储金团的组织运作外,还有赖于报刊等媒体的积极宣传与动员。正如中华救国储金团总事务所指出,"虽由各商会各团体之赞同襄助,实全赖贵报界之提携引掖有以成之"②。

报刊媒体有"以醒世为警钟,以扶危为天职,片言垂劝价值连城"之功效。早在辛亥革命以前,就有人指出:"夫上海之人,亦岂尽跻于文明?其所以造成舆论者,亦不过握言论机关之报纸。故上海为全国之导师,而上海报纸又为上海全埠之导师。"③当时上海报纸有十多种,同丰源东洋庄业主陈志廉致日报公会时指出:

> 沪地报馆林立不下十数家,而各界所阅者每日不过一二份而已,譬如甲阅《申报》,乙阅《新闻报》,而丙、丁阅《时报》《神州报》或《大共和时事新报》,未免参差不齐。今求国捐一事,《申报》虽登或《新闻报》未登,则只阅乙报之人,即不知救国捐之事也,是以奉函尚祈贵公会转知,各报馆另刊救国捐一页,每日由各报每份内随报附送,俾全国人民周知,此捐再由各报著论或时评鼓吹之,是则定堪更形踊跃。④

---

① 方汉奇.中国近代报刊史[M].太原:山西教育出版社,1991.
② 储金团总事务所致全国报界函[N].申报,1915-04-27(11).
③ 唐文权.雷铁厓集[M].武汉:华中师范大学出版社,1986.
④ 救国储金[N].申报,1915-04-03(10).

为了更好地宣传救国储金,促进运动的发展,各类报纸每日均要刊载储金相关内容。为保障储金运动的宣传工作,中华救国储金团总事务所曾指示报社,"倘有不正当之投稿,窒碍敝团进行之处,万祈大加裁减"①。

各种报刊等媒体对救国储金运动的关注、宣传,促使这场运动很快被人们所熟知,运动态势逐步扩大,从最初上海等通商口岸逐步扩展到中小城市及乡镇。

自马佐臣在《字林西报》上匿名以"爱国华人一分子"发起救国储金运动倡议开始,沪报纷纷予以转载。"一时响应者颇不乏人,惟均以不得发起者之真姓氏为憾",《申报》敏锐地抓住此点,为此,《申报》记者专门"走晤之",并与之"畅谈良久","确悉其自愿捐出财产十分之一,以为提倡,并愿联络各界协力进行",并声称"其人甚殷实,且年高德劭,在社会中颇著声誉"。为支持这项运动,《申报》郑重声明,"如有赞成者致函本馆可也"②。1915 年 4 月 2 日,《申报》第 10 版"本埠新闻"中正式创设《救国储金》专栏,开始对救国储金不遗余力地宣传,并及时报道每日储金人的姓名及数额。

报界的访问与报道,向社会公开储金相关信息,在一定程度上消除了民众的疑虑,增强了民众的储金信心。个人、团体纷纷投函《申报》,以示赞同。相关言论不胜枚举,例如,"阅贵报,救国捐办法殊甚钦佩,鄙人甚表同情";"阅贵报挽救中国危局之实际办法,实今日中国救亡图存之唯一良法也,较之笔舌奚啻天壤,仆深表同情";"阅贵报,见有救国捐实行筹备一则,鄙人等不胜雀跃……由敝号同人勉力储洋一千元";"此事足为救亡之不二良法";"救国捐办法诚善美无匹之良举";"救国捐,极为赞成";"出捐救国,我国存亡在此一举";"强国利民

---

① 中华救国储金团暂行简章[J].中华全国商会联合会会报,1915(7):2-8.
② 救国捐实行之筹备[N].申报,1915-04-01(10).

唯一良策"。① 社会各界投函报馆,并声明愿捐者非常踊跃,以至于报馆不得不声明,"本报篇幅有限,不得已择其数目已定者纪(记)其捐数及通信处","所接各函酌择续录,余仍仅记捐数及通信处,免占篇幅",并祈鉴谅。② 据笔者统计,4月1日《申报》刊载的来函5件,2日57件,3日77件,4日115件,5日133件,数量逐日增多。在报刊媒体的宣传动员下,民众参与热情可见一斑。

在储金机关设立及组织方面,《申报》也是竭力表达其观点,表示"国民如此热心捐款,而不设一正当之机关……则殊散漫无纪,无以达爱国之目的"③,并希望"诸巨子"出面组织④。

此外,4月中旬,总事务所发起人之一的沈仲礼由沪赴京,《新中国报》编辑章佩乙等立刻与其联系商洽组织北京救国储金团事宜,《黄钟报》记者在了解章佩乙的想法后,"作同一直主张",并发表评论,称救国储金为"中国今日救死回生之第一方法"。⑤

自救国储金运动倡议以来,芜湖热心救国之士接踵而至。该埠报纸对于此事鼓吹尤甚,未及十日投函报纸,认储之数已达6000元。⑥可见,报刊媒体在救国储金的倡议和发起过程中做出了极大的努力。

5月15日,京师总商会约请报界同人等参与了救国储金事宜的讨论。会上,对北京救国储金运动开展的成效进行了总结,认为储金成绩卓著。这样的成效,"实赖报界诸君热心鼓吹之力"⑦。

《申报》还承担了每日储金数额的公布任务。为表明储金的透明、公正,《申报》刊载储金数额情况,每日向民众公布,以增加民众对储金

---

① 救国储金[N].申报,1915-04-02(11);救国储金[N].申报,1915-04-03(10).
② 救国储金[N].申报,1915-04-02(11).
③ 救国捐[N].申报,1915-04-01(10).
④ 主持救国储金之期望[N].申报,1915-04-03(10).
⑤ 北京社会心理中之救国储金[N].申报,1915-04-15(6).
⑥ 救国储金之热度[N].申报,1915-04-20(7).
⑦ 京商会讨论救国储金事[N].申报,1915-05-20(6).

运动的信任。

为促进储金救国理念的广泛传播,使得广大民众积极参与,除《申报》外,《救亡白话报》《救亡报》《爱国晚报》《五七报》等大量小报也纷纷加入宣传救国储金运动中。"劝告同胞,快快储金"等字样,刊登在报纸头条,甚至在商店门口上都贴有类似标语,对救国储金运动进行宣传,呼吁民众参与储金。此外,还出现了救国储金诗歌、童谣、戏剧等多种通俗易懂、喜闻乐见的宣传方式。在救国储金运动的动员过程中,还成立了一些宣传储金的艺术团体,通过艺术创造,增强宣传成效。白话文、白话传单在宣传储金中被广泛应用,商店、茶馆、饭店、剧社等在报纸上刊登广告,以某个时期营业所得充作储金的比比皆是。伶界、花界义演储金者时有耳闻。剧界编写爱国戏以宣传储金、唤醒民众。形式多样的宣传方式便于人民群众接受,又便于进一步传播,有力地推动了救国储金运动在社会下层群众中开展,极大地推动了救国储金运动的进行。如1915年5月2日,《申报》《新民报》等报纸纷纷刊载关于劝募救国储金的歌曲:

> 莫打鼓来,莫打锣,听我救国储金歌。吾华人人思救国,富强要在储金多。中国银行本国立,信用昭著在人目。日来大众争奔走,几乎毂接肩相摩。我闻商界与工界,拟储月薪待分派。各帮各业大家来,开议决议人称快。学界诸子尤文明,齐心一致如同盟。上自大学下小校,互相劝募非为名。女界贤淑闻风起,爱国岂肯让男子。手掷金钱充积储,愿捐珠翠与罗琦。一般劳动真热心,挥汗绞血来储金。瞽目丐者穷且老,解带投银人人钦。人心固结已交成,国势振兴无敢犯。诚问储金何所用,陆军枪炮海军舰。如此可战亦可和,永保东亚无风波。须知储金可救国,奉劝

诸君勿错过。①

救国储金,国民责任,应当尽。吾爱吾国,吾尽吾心,解囊者热忱。慷慨输将,勿稍退让,巨款立成。设兵工厂,练海陆军,百业振兴。凭此实力御外侮,谁敢侵?②

除了用诗歌等形式宣传救国储金外,运动组织者在召开的救国储金大会上,为鼓舞士气,也常常演唱爱国歌曲。6月6日,在直隶救国储金团召开的第二次救国储金大会上,圣功女学校全体女生集体演唱了爱国歌,其内容如下:

危哉,中华兮气不扬,国民有责自思量。安南前车可为镜,朝鲜覆辙剧堪伤。愿同胞兮,一心德图自强,愿努力救危亡,吾辈踊跃兮,各解义囊。③

以上歌曲清晰地表达了国家、民族危机,人们应该承担起国民责任,奋起挽救民族危亡的思想。在救国储金被视为"中国垂死之救命剂"的情况下,人们踊跃储金就是尽国民责任,就是爱国的体现。《劝募救国储金歌》还生动地描绘出了社会各界踊跃储金的情景。人们积极储金,反映了人们国民意识的觉醒,并且这种觉醒开始付诸具体的行动。

报刊作为社会思想文化的载体,在引导和发动国民参与救国储金,声援政府外交方面产生了重要影响。为使救国储金运动家喻户晓,除报刊记载发布外,中华救国储金团总事务所还著刊传单数种④,广为分发,以此提倡劝储,使国人都明了救国大义、储金旨意。

---

① 劝募救国储金歌[N].申报,1915-05-02(14).
② 救国储金歌[J].新民报,1915(5):42.
③ 第二次救国储金大会[N].大公报(天津版),1915-06-07(2).
④ 中华救国储金团总事务所.救国储金之源流[M].上海:中华书局,1915.

二、报刊的宣传策略

救国储金运动是"全民性"的社会运动。但由于辛亥革命前十年间国民意识的宣传和讨论主要集中在海外的留学生中间及上海、广州等通商大埠和一些省会城市,在一般下层群众中的影响很有限。要把国民意识普及到一般社会下层群众中,动员他们参加到爱国运动中来,还必须通过更大规模的思想宣传和群众运动才能完成。

救国储金运动的发生,原本是北洋政府袁世凯时期的外交策略,用以作为中日"二十一条"谈判的筹码,制造举国民众反对"二十一条"舆论,向日本施压,最大限度维护国家的利益,自身的利益。同样出于谈判的策略,政府一直隐居幕后,暗中擘画,与商界、媒体联合策划,公开发动救国储金运动,其主旨在于激发民众的爱国热情,集资募款,助力国家军事国防建设,为政府对日谈判增加筹码。为推动运动的发展,扩大宣传效果,媒体宣传策略尤为关键,整场运动过程中,媒体多方运用话语策略,激发人们参与运动的积极性。

无论是救国储金团,还是媒体,均以向人们输入爱国常识为己任,以"救国""爱国""尽国民之义务"相号召,以"尽国民一分子义务""尽国民之天职"相标榜,"救国""爱国""尽国民之天职""尽国民责任"等字眼,在媒体报道中铺天盖地,俯拾皆是。救国储金被人们视为中国起死回生"唯一之良药"[①],而此种认识在当时报纸上随处可见,因此,救国储金运动引起了社会各界的广泛重视。人们奋起输金救国。这样,以爱国主义、民族主义、权利、责任、自由、平等观念为核心的国民意识,成为当时主要的社会思潮,奏出了时代的最强音。由于救国储金运动的广泛社会动员和社会各阶层群众的积极参与,国民思潮在全

---

① 茗痴.自由谈之自由谈[N].申报,1915-05-04(14).

社会范围内得到广泛传播,中国人民的国民意识空前高涨。

在运动开展过程中,各地组织者、倡导者或通过多方宣传,或通过激情演讲,或通过奔走相告,甚至各地曾出现过采用激进的手段,或断指血书,或投江自尽、自残自杀等,唤醒民众,踊跃输将,协助政府,抵制日本入侵,挽救国家民族危亡。岳阳县名为唐开先的学生在登台演说时,极为悲恸,随即拿出菜刀,将第四指砍断,血书"救国储金"四字。[①] 湖南明德学校学生廖载阳以投江自尽的方式来警醒民众,幸有巡警及时相救,才避免悲剧发生。在投江前,廖载阳曾递给警察纸条,表明其心意,"吾已为国而死,敬求警察先生布告同胞竭力救国"[②]。学生断指血书和投江自杀的举动深深打动了国人,激起了他们的爱国热情,积极投身救国。1915年7月15日,哈尔滨铁路工人张太俊在傅家甸同乐剧院发表演说,他指出,"日本人提出'二十一条',是妄图灭亡我们的国家,全国老百姓都要为反对列强尽一份力量",劝导民众储金。在他激情演说的带动下,很多民众积极储金,但是也有一些富商不予理会。张太俊非常愤慨:"国难当头,匹夫有责。同胞们,难道你们没有一点爱国之心吗?既然如此,就让我张太俊用鲜血换诸位的爱国储金吧!"[③]随即,他便用尖刀刺向自己的小腹,鲜血染红了戏台。幸亏抢救及时,他才脱离危险。张太俊大义凛然的举动,勇于献身的精神,感染了在场观众,群情激昂,踊跃储金。那些不肯认捐的也主动报出姓名、商号和捐款数目,当即储金千余元。在媒体的大力报道宣传下,张太俊的事迹很快传遍了哈尔滨,鼓舞着民众踊跃储金。

自近代以来,中国陷入日益严重的民族危机,以抵御外国侵略为

---

① 湘省救国储金之踊跃[N].申报,1915-04-30(6).
② 学生投江之呈报[N].申报,1915-05-03(6).
③ 黑龙江省地方志编纂委员会.黑龙江省志(第76卷):人物志[M].哈尔滨:黑龙江人民出版社,1999.

主题的爱国运动时有发生。随着这些运动的发展,民众的爱国热情不断被激发,愤懑、仇恨等情绪一度高涨,甚至会导致自残、自杀事件的发生。这是用身体抗议的极端行动,又称为"运动激愤式自杀"。[①]

　　自杀事件带给社会公众强烈的震撼与刺激,引起媒体记者的广泛关注。为达到广泛的传播效果,媒体往往对这类事情不遗余力地宣传报道。经媒体的报道与渲染,自杀往往成为运动不断深化的催化剂,推动社会各界团结一致,促使运动不断向纵深发展。

　　从话语策略来看,报刊等媒体对此等行为有选择性报道,对自杀者的爱国精神多予以积极的肯定、热情的赞扬及道德褒扬,强调其行动的正义性,突出自杀与爱国运动目标的一致性,对是否应该采取自杀方式则淡化或不提。自杀行动成了运动社会动员的有效资源,其社会意义的赋予,往往是为了强化爱国运动的需要。媒体这种话语策略、价值导向,毫无疑问地推动了救国储金运动的发展。媒体对此类的事件的报道、解读,为我们了解当时的社会思潮与民众社会心理提供了素材。

　　当然,在任何社会情况下,自杀都不该发生,更不应该被提倡。但从媒体宣传而言,往往会根据现实的需要,强调突出自杀事件对社会某方面的积极影响,从而为社会动员提供指导与帮助。

---

　　① 刘长林.关于运动激愤式自杀社会意义赋予的探讨——以1919—1928年社会运动中的自杀事件为例[J].上海大学学报(社会科学版),2008(3):99-106.

第三章　救国储金运动中的社会参与

任何社会运动从设想转为现实,都需要大量民众参与才能实现。在救国储金团或事务所的积极动员与宣传下,在亡国危机的现实刺激和民族主义精神的感召下,全国各地及社会各界一时呈现出踊跃储金的热潮。救国储金运动社会参与群体广泛、人数众多、层次多样,"不论从地缘分布的广度,还是参加人数、阶层的众多,这样举国一致的群众活动在中国历史上是前所未有的"[①],是一场"全民性"参与的爱国运动。救国储金运动社会参与的群体大致可分为绅商阶层、知识阶层、官方政界及底层民众。

第一节　社会阶层变动及运动参与

一、民国初年社会阶层关系的变动

近代以来,随着帝国主义的入侵,资本主义经济的发展,近代工商业在通商口岸的城市中兴起,打破了传统的生产方式。"城市成为新

---

① 罗志田.乱世潜流:民族主义与民国政治[M].上海:上海古籍出版社,2001.

型经济活动、新兴社会阶级、新式文化和教育的场所,这一切使城市和锁在传统桎梏里的乡村有着本质的区别。"①近代工矿企业的建立,加速了中国自给自足的自然经济的解体,产生了新的社会经济结构。社会经济结构的演变,使得社会阶层结构也随之发生变动,旧的社会阶层开始分化,新的社会阶层不断产生。

几千年以来,历朝历代统治者都采取重农抑商的政策,商人一直被视为社会的最底层,饱受歧视。晚清以来,中国社会发生急剧变化,资本主义经济得到一定程度发展,整个社会对商业作用的认识发生明显改变。由于民族危亡的强烈刺激,商界的民族意识大大增强,整个社会形成了"设厂自救""实业救国"热潮。随着中国近代工业化的发展,传统社会中的士、农、工、商等社会阶层受到剧烈冲击开始分化。

1905年科举制度被废除,彻底断绝士绅阶层科举致仕的通道。这给士绅阶层的发展造成了非常大的窒碍,因此,士绅阶层不再把入仕做官看作人生唯一的出路,他们自觉或不自觉融入城市近代化的发展进程中。可以说,科举制度的废除是"强制传统绅士阶层发生大分化,促使绅、商合流趋势空前增强的一大关键,对近代社会阶级关系的调整和重组有着深远的影响"②。许多士绅开始转而经商,社会上出现了一个"绅商"阶层。绅商阶层是近代资本企业中的主要投资者或创办人。他们募集资本,创办新式企业,投资铁路、矿山开发,开办金融机构等。除了工商业外,他们还转向社团、新式教育、传媒、出版等社会领域。

经过辛亥革命的洗礼,绅商阶层强烈要求在中国实行资产阶级民主政治,反对封建军阀统治。随着实业救国等思潮的兴起,绅商阶层社会参与意识显著增强。他们在各省乃至全国积极成立商会,"联合

---

① 亨廷顿.变化社会中的政治秩序[M].王冠华,刘为,译.上海:上海人民出版社,2021.
② 马敏.官商之间:社会剧变中的近代绅商[M].武汉:华中师范大学出版社,2003.

抵制外来经济侵略"。南京临时政府成立后,"中华民国之主权属于国民全体",这一"主权在民"原则的确立在一定程度上提高了其社会地位。"今兹共和政体成立,喁喁望治之民,可共此运会,设我新社会,以竟胜争存,而所谓产业革命者,今也其时矣。"①这种国家利权观念和社会责任感,使他们积极参加各种爱国救亡运动。清末民初时期,无论是清政府,还是北洋政府,国家对社会的控制力量较弱,商会等民间社会力量获得了充分发展,绅商阶层在经济社会中发挥的作用也越来越重要。除经济作用外,他们的政治参与、社会参与作用也逐渐地显现出来。因此,绅商阶层的出现,从一个侧面反映出近代中国社会阶级结构的变迁。

在传统社会中,农民阶层是人数最多的社会阶层。中国封建社会的重农抑商的政策,提高了农民的社会地位,但是其经济地位总体较低。清末民初时期,西方资本主义国家的商品大量输入中国,尤其是纺织品、棉纱等,使中国自给自足的自然经济受到严重冲击。加上战争和自然灾害等因素,农村经济萧条,农民无法维系原有的生活模式。为了生存,他们流动到城市打工。当农民进入城市并在城市长期生活后,其身份地位发生了明显变化,他们由原来的农民阶层逐渐向工人阶层或城市贫民阶层转化。

随着西方商品的输入和工业生产方式的引进,传统手工业受到不同程度的打击,出现了产品滞销、歇业甚至破产的现象。一些手工业者采用新式机器,转型升级,成为新式的工厂主、资本家。分散在广大农村的手工业者,逐渐转到港口、城市的企业,成为工人阶级的一部分。

新式知识分子群体的产生与发展是民国初年社会变迁的重要内

---

① 工业建设会发起趣旨[J].临时政府公报,1912(12):12-13.

容。近代工业化的发展,带来了教育模式和知识体系的变化。受封建传统教育的知识分子,其知识体系远远落后于时代的发展。为适应社会发展的需要,他们或进入新式学堂,或出国留学,学习西方先进工业文明。随着新式学校的大量兴办,受过新式教育的知识分子队伍也不断扩大。这批知识分子与以往的知识分子追求不太一样,以往知识分子更多的追求是读书致仕,通过读书来参与政治、做官,从而进入整个官僚系统。科举制度废除后,这条社会阶层跃升通路被封死,知识分子也开始适应时代变化,积极学习西方资本主义国家的一些做法,如创办报纸、期刊,创办新式学堂,甚至从事律师等,以此来谋求出路。于是,城市出现了工商界、教育界、新闻界、金融业、科技界、文化界等新的职业领域,产生了市政管理人员、科学家、编辑、记者、律师、西式医生等新职业者。这批知识分子受西方文明的影响,具有强烈的国家民族观念和社会责任感,是一支思想活跃、不可忽视的社会力量。据不完全统计,五四运动前夕,中国已有十余万人的知识分子队伍和人数更多的青年学生队伍。

近代工业化、城市化的发展带来了城市社会结构的深刻变革,原有的社会阶层结构受到新的生产方式的冲击。新社会阶层与社会群体的产生,为救国储金运动的兴起、社会动员和社会参与提供了重要依靠力量。媒体的发展与进步为社会舆论的形塑提供了便利。社会各个阶层都借助报刊等新兴媒体,努力发声,表达对时事的看法,对民族危机的感受,对救亡道路的思考,以及对国家出路的探索。在众声喧哗中,富有时代特色的爱国主义成为人们话语表达的核心理念与共同思想的基础。这为救国储金运动的社会参与提供了思想前提。

二、救国储金运动社会参与概况

救国储金运动遍及全国二十几个省份,从现有资料来看,它主要集中在城市,农村地区鲜有案例。究其原因,一方面,可能是资料缺乏;另一方面,可能是农村地区的社会参与相对较少。城市地区是这场社会运动参与的主阵地,这与中国工业化、近代化进程密切相关。

城市化推进与救国储金运动之间有着一种内在关系,从空间范围而言,城市地区在这场储金运动中起到主导作用。在中国近代化发展过程中,城市化率先在东部地区、沿海地区推进。相对而言,各大省会城市比一般城市的参与度要高一些;东部地区城市要比中、西部地区城市参与度要高一些,如上海、北京、天津等这些地区的参与尤为突出。

共同的认知与情感是社会运动参与者的心理基础。救国储金运动社会参与的群体多,涉及绅商、学、工、伶等各社会阶层。虽然他们的社会地位、参与形式、贡献数量各异,但是他们具有共同的认知和情感,即对于民主共和国现有政权的认可,以及在民族主义思想、爱国主义的驱动下产生的国民一分子的理念。

救国储金运动社会参与阶层非常广泛,上至大总统等中央高官,商人、资本家等精英阶层,下至人力车夫、店员、佣妇等普通民众,甚至有乞丐、在监犯人。运动参与群体的年龄结构同样具有广泛性,其中既有 80 岁老翁,也有 3 岁孩童,各年龄阶段人群都有参与。社会参与地域广泛,自上海发起后,天津、北京等地纷纷响应,运动波及全国各地。

为使民众广泛参与救国储金运动,全国各地的储金团或事务所组织群众集会,发表演说,劝储认储。"在绝大部分的城市地区,储金大会已成为各地参加人数最多的一种集会。"[①]救国储金大规模集会参加人数情况如表 3-1 所示。

---

① 印少云.清末民初的国民外交运动研究[M].长春:吉林人民出版社,2004.

表 3-1　救国储金大规模集会参加人数情况统计

城市	时间	地点	参加人数/人	总人口/人	比例/%	备注
北京	1915年5月23日	中央公园	30万	81万	37.04	1.总人口是1917年统计的数字 2.类似规模的集会有2次
天津	1915年6月6日	河北公园	10万	71.9万	13.91	1.总人口是1917年的统计数字 2.类似规模的集会有3次
上海	1915年5月9日	华界林荫路	5万	200万	2.5	以"国民大会"的名义召开,其余几个城市以"救国储金大会"的名义召开
汉口	1915年5月17日	歆生路刘家花园	3万	24万	12.5	总人口数是1913年统计数字

注:表格内的数字来源于1915年5—6月的《申报》。各城市参加救国储金大会(或国民大会)的人数并不是登记在案的详细的统计数字,而是《申报》新闻报道中的大致估计,但从各地每次储金大会的储金金额与参加大会人数基本相符的情况推测,这些数据是可信的。此外,在其他中小城市也是如此,如在人口仅20万人的开封,规模最大的一次集会,与会者也达到数万人。以上集会的数据是当地规模最大的集会的与会人数,其他规模稍小的集会均没有记录在内,这些集会的人数加起来也非常之多。尤其是在上海这样的大城市,平时几百上千人的团体、行会、商帮、学校等组织的集会很多,参加这类集会的人数加起来也十分可观。

资料来源:印少云.清末民初的国民外交运动研究[M].长春:吉林人民出版社,2004.

储金方式多样化反映了储金运动社会参与的广泛性。储金运动开始时以个人、团体一次性存储为主要形式,随着运动的深入发展逐渐出现了月薪储金、房租储金、戏资储金等多种形式。如各地商会发起了月薪储金,其具体情况可以分为两种:一是各公司、行号、伙友认定以一个月月薪为救国储金,由店主或经理人先为筹垫,按十个月于月薪内分期扣还;二是店主或经理人不能筹垫,则由各伙友自行将一个月月薪送往中国银行存储或按十个月分送存储。

1915年5月10日,救国储金团召开全体干事大会,虞洽卿以361票的最高票数,当选为正干事。会上,他发表了激情澎湃的演说:"危急存亡在此一举。此储金之用途,必指定兵工厂者,所以备利器自卫也,所以救我生命财产、父母妻孥、子子孙孙于无尽也,愿爱国诸君努力此举。"①为进一步扩大储金,虞洽卿提议月薪储金的办法,他强调,"此事实为巩固国基,激励人心而起,为永久之计,非一时之计,若视为人民是对外问题,尚属误会。日来送储之金为踊跃,已有念七万元以上。现拟请各公司、行号、商店之伙友提储薪金一个月,就上海一埠而言,数已不赀,若合全国而计之,不难达到假定储数之目的。该项储金由中国银行出立存单,四厘计息",并希望各业"分投劝储"。②经讨论,上海各行业代表一致赞成,并决定发出通告,照此实行。

教育界在鼓励教职员工以月薪储金等形式参储外,提倡学生节省零用钱参与存储,并将其视为爱国主义教育的宝贵机会,"学生虽在少年,际此良好时机,应导以爱国之实践,各节省日用之资储为正当之用"③。行政官员也制定具体措施,参与储金运动。如湖南长沙"刘省使以救国储金事,召集政务厅及四科科长等,会议进行事宜,并规定署内人员储金办法:月薪在二百元以上者,认储三成;一百元以上者,认储二成;百元以下者,认储一成"④。警界也制定办法,参与储金运动。如"淞沪警察厅长徐辅洲提倡警界储金……规定凡月薪三十元者酌提一个月作为储金"⑤。伶界提倡救国储金最有力者乃梅兰芳,他在参加于北京中央公园召开的储金大会时,当场交洋蚨百元。⑥ 其他演艺界人士还发起戏资储金,如"大技术家韩敬文君于本月十七日假南市四海升平茶园演艺储金……戏资……全数送入中国银行充作救国储金"⑦,"滩簧家范少山、杜芝香、钱达生、黄天祥、张初安诸君并北京大

---

① 救国储金纪要[N].申报,1915-05-11(10).
② 上海市工商业联合会.上海总商会议事录(第2册)[M].上海:上海古籍出版社,2006.
③ 附属小学提倡储金[N].申报,1915-05-02(7).
④ 续纪湘省之救国储金[N].申报,1915-05-05(6).
⑤ 警界提倡储金办法[N].时报,1915-06-15(8).
⑥ 梅兰芳之提倡救国储金[N].时报,1915-05-19(6).
⑦ 演艺储金之续闻[N].大公报(天津版),1915-06-02(5).

鼓书家戴和卿、徐恩科及戏法界田永奎、陈潮林诸君均为赞成,遂定于二十五、二十六、二十七日三夜将卖座一并送入救国储金"①。另外,还有端节储金②、演剧集资储金、华侨汇款储金、书画家售彩储金、青楼中人节省花粉之资以储金、苦儿院节省膳食储金③等多种形式。值得一提的是家庭储金。1915年6月5日,《大公报》专件栏内登载了刘夔杨的来信《组织家庭救国储金团征求同意书》。他认为,救国储金虽然"认储者极形踊跃,但以认储一次者为多。而些微小数不肯送储,遂至观望不前者,实居大多数"。为积少成多,他倡议组织家庭救国储金团,"出极小值数,日日存之,月月储之",以达储金之目的。④

纵观整场运动,参与者虽不乏有许多来自社会上层的人士,也不乏大宗存储者,但就主体而言,多来自社会中下层,存储数额一般比较小。相关史料证明了这一点:

> 昨日存款之人共有一千一百五十二户,以劳动界居其多数,血汗余资为数有限,故人数虽多,而收数较九、十两日,加增无几。⑤
>
> 昨日储金者有千余人,以劳动家居多数,故款少事繁。⑥
>
> 是日储金者人数颇众,劳动家仍十居八九。⑦
>
> 嗟乎,今日所谓储金者苦学生也、小车夫也、小伙计也、仆妇农也、孩童乞丐也,出其辛勤所积之资,虔诚致敬以献于银行

---

① 卖艺者之热心[N].申报,1915-05-09(10).
② 6月17日是端午节,"当此生计艰难之时,自宜崇尚节俭,以免来之竭蹶"。节省靡费用以储金,得到社会各界赞同,全国各地都发起了端节储金。宇.节省靡费[N].1915-06-16(10).
③ 苦儿节省膳食以储金之事在《申报》《大公报》等资料中都有所记载,如1915年5月1日《申报》第1版,以《苦儿救国热为题》记载了苏州阊门外苦儿院改晚膳为食粥,节省资金以存储的事例。
④ 刘夔杨.专件:组织家庭救国储金团征求同意书[N].大公报(天津版),1915-06-05(6).
⑤ 救国储金第三日之收数[N].申报,1915-04-13 (10).
⑥ 救国储金之热度[N].申报,1915-04-17(10).
⑦ 救国储金纪要[N].申报,1915 -04-18(10).

之枢。①

是日往储者仍甚踊跃,劳动者固居多数。②

(救国储金)发起以来,投誊者虽甚踊跃,然以商界与苦力居多,迫于生计数虽巨而款无多。③

救国储金运动的社会参与以社会中下层为主体,这决定了储金参与者存储的往往不是剩余资金,而是养家糊口赖以生存的资金。即使他们参与存储,其存储也大多是一次性小额存储,没有足够的资金保证持续存储。当储金之议提出时,各界、各团体纷纷致函报馆、救国储金临时通讯处,信誓旦旦表示认储储金,但当中国银行开始收储一个月后,"已认未储,实居多数"。中华救国储金团总事务所为此不得不在报纸上刊登通告,催促交储。④ 但对于民众特别是底层民众,激于一时的爱国热情而表示认储但最后未能交储的情况,需要跳出道德层面的评判,更应该考虑到民生贫困这一事实。储金的参与需要经济实力的支撑,因此不可勉强。这一点决定了储金运动无法持久推行。

与社会中下层积极参与相对应,社会上层的参与(除部分绅商外)是比较消极的。在上海张园召开的国民大会中,出席者"以小店商人为多,间有学界中人,而上流华人绝鲜,著名之人则绝无仅有"⑤。对此,浙江救国储金团事务所张心芜非常痛心,感慨道:"一般富室巨商平日挥金如土,至此大义所在,一毛不拔,甘为奴隶牛马,宁将国为印度朝鲜,是真全无心肝之叔宝。"⑥平湖县教育会也对该县商会总理进

---

① 嗟乎痛哉[N].申报,1915-05-14(14).
② 救国储金纪要[N].申报,1915-04-27(10).
③ 若痴.自由谈之自由谈[N].申报,1915-05-04(14).
④ 中华救国储金团事务所通告十三[N].申报,1915-05-10(1).
⑤ 中日交涉中之国民大会[N].时报,1915-03-20(13).
⑥ 浙江救国储金事务所.救国汇刊[M].出版社不详,1915.

行斥责,"置此事(救国储金)若罔闻,是无国家观念"①。这一状况引起社会各界,特别是社会下层的强烈不满:

> 自救国储金发起以后,贱至走卒莫不争先投储,而彼拥资巨万号称富翁者独紧握囊口一毛不拔,岂其不知国家之危耶?抑不知爱国即爱家耶?抑甘为亡国奴耶?吾欲问之。②

> 要一般阔佬不坐汽车不吃大菜难;要一般嫖客不碰和不吃花酒难;要一般浪子不出风头不掷金钱难;要一般守财奴出一钱救国储金难。③

> 救国储金组织迄今踊跃输助者工商居多,而沪上许多富豪未闻有出巨金以储者不知是何居心!④

> 中国银行收存救国储金而有瞽丐出其老爷太太叫得来之金钱存储焉。世之拥财者多矣,营华屋、置姬妾、坐汽车、吃大菜、看戏剧,凡此种种以为吾阔佬分内事,此外勿必图耶……眼光曾不若瞽丐之无目。⑤

迫于社会舆论压力,社会上层也参与救国储金运动。但此举多具有迎合舆论的意味,故而储金的数目一般不会很大。这就可以解释储金运动参与人数虽众多,而储金数额却有限的现象。"一览储金表,则一元乃至十元者满纸皆是,而百元以上者寥寥。"⑥

总体来看,救国储金运动的社会参与具有复杂性,不同群体不同阶层参与的动机有着明显差异。时人生动形象地刻画了救国储金运动中社会参与的各种面相:

---

① 冯筱才.在商言商:政治变局中的江浙商人[M].上海:上海社会科学院出版社,2004.
② 钝鹤.自由谈之自由谈[N].申报,1915-05-20(14).
③ 印培.自由谈之自由谈[N].申报,1915-05-08(14).
④ 沈潜夫.自由谈之自由谈[N].申报,1915-04-16(14).
⑤ 觉迷.论瞽丐储金救国事[N].申报,1915-04-16(14).
⑥ 张贻志.对于救国储金之讨论[J].留美学生季报,1915(3):9-13.

函电纷驰,日不暇给,擘画经营,宵衣旰食,此储金团各干事之相也。

刊发知单,号召同业,集议章程,开会演说,此各帮各业商董之相也。

月薪储金,殷殷劝导,规划办法,筹垫款项,此各店主各经理之相也。

唇焦舌敝,苦劝亲朋,旦夕奔驰,席不暇□,此热心家之相也。

携囊负笈,忍饿徒行,果饼车资,节省救国,此小学生之相也。

手胼足胝,雨淋日炙,积锱累铢,一并储入,此苦力车夫之相也。

一片热诚,几番挫折,仗马寒蝉,心殊忐忑,此热心受挫者之相也。

饥寒交逼,儿啼女泣,百计储金,攒眉长叹,此穷人之相也。

热心爱国,耳所熟闻,欲表微忱,点金乏术,此苦教员之相也。

满口维新,侈□爱国,人云亦云,非其本色,此假维新之相也。

酒天花地,黄金粪土,人说储金,与我无涉,此浪子之相也。

声色自娱,锦衣肉食,东施效颦,五分时热,此富人之相也。

廪实仓盈,金银累万,劝他出钱,抽筋敲骨,此守财奴之相也。

拍马吹牛,油口滑舌,慷他人慨,钓名沽誉,此小滑头之相也。

沿门托钵,求钱乞食,积蓄几何,救救祖国,此乞丐之相也。

横陈□榻,吐雾吞云,大祸临头,不知不识,此鸦片鬼之相也。

孳钱满籝,养生送死,畏我友朋,劝储没趣,此前清大老之相也。

楚国子文,汉时卜式,不让前贤,輂金孔急,此富而义者之相也。

东家姊姊,西邻妹妹,变卖手工,典押首饰,此热心女子之相也。

国事危急,逢人便说,若癫若狂,怒骂哭泣,此激烈派之相也。

为一分子民,做一分子事,有则解囊,无则典质,此和平派之相也。

风声播及,照例演说,你认若干,我捐几块,此各校校长教员学生之相也。

蒿目时艰,长吁短叹,播为诗歌,形诸笔墨,此忧时诸子之相也。

淫雨连朝,荒象已著,嗟彼仓箱,空无所有,此贫农之相也。

坐拥万资,诈聋装痴,一毫不拔,窃窃私议,此凉血动物之相也。

宾主情深,愿为将伯,投金告辞,声声道歉,此寄居吾国外人之相也。

妓女卖身,伶人鬻艺,抽取几成,纷纷投储,此侠妓义伶之相也。

什么救国,什么储金,凭他胡闹,不干我事,此一般官吏之相也。

梦想天鹅,妄思染指,莫名一钱,欲望靡已,此贪言污吏之相也。①

上述对救国储金运动中社会各阶层参与群像的描述,既有对运动组织者的肯定、对底层民众参与储金的赞赏,也有对富人阶层置若罔闻的批判、对贪官污吏的警告,既诙谐幽默嬉笑怒骂,又鞭辟入里入木三分,生动展现了运动中社会各阶层的众生相。

通过以上分析可知,储金运动的社会参与是不均衡的。社会下层

---

① 救国储金时期之百面相[N].大公报(天津版),1915-05-13(9).

的参储往往数额颇小且不可持续;社会上层又因储金颇具捐款色彩的储蓄性质、储金用途的不确定、社会诚信度不高等而参与冷淡。这些都使得储金运动无法持续深入开展,也是储金运动失败的主要原因之一。

大量社会运动经验告诉我们,众多参与者的动机差异并不妨碍大规模社会运动的发生。各阶层、群体的社会参与还受制于自身经济、政治及受教育状况,从而在救国储金运动中表现出不同的参与行为。根据社会运动参与者行为取向,大致可以分为地位性、献身性与参与性三种类型。[①] 救国储金运动"就史实来看,其内幕之复杂,及运动中普通民众实际的意愿与行动,都值得后人仔细考察"[②]。因此,本书将依据救国储金运动参与群体,详细考察其行为方式及参与动机。

第二节 绅商阶层的社会参与

在救国储金运动中,绅商阶层不仅是运动的主要领导者和组织者,而且是运动的重要参与者。各地绅商以救国储金团和商会为依托,不断加强与全国各地商会的沟通联络,遥相呼应群策群力共同推动运动的发展。

一、绅商阶层参与救国储金运动

如前面所述,随着近代城市经济的发展,社会结构的变化,绅商阶层作为一种特殊的社会阶层逐渐形成。他们"既从事工商实业活动,

---

① 肖宁灿.论社会运动的定义及特性[J].西南师范大学学报(哲学社会科学版),1997(5):6-9.
② 冯筱才.政商中国:虞洽卿与他的时代[M].北京:社会科学文献出版社,2013.

又同时享有传统功名和职衔,可以视作新旧时代之间的一种过渡性社会阶层"①。1905 年前后,各地商会的普遍设立,标志着绅商阶层的正式形成。据统计,近代绅商阶层的最低基数为 22000 余人,成员分布于全国各地,其中以江苏、浙江和广东等东南沿海地区人数最多,约占 38.57%,内地和边疆地区则相对稀少。1912 年前后,全国绅商近 5 万人。② 绅商以商会为组织,发挥着"通官商之邮"的作用。

上海总商会曾在重大全国性运动中,发挥着"倡导者和联络者的中枢作用"③。救国储金活动最早由上海总商会发起。1915 年中日谈判,日本提出旨在灭亡中国的"二十一条",消息流布于民间后,群情激愤。"储金救国"之议提出后,上海总商会及时把握事情动态,于 1915 年 4 月 3 日,领导成立了"救国储金临时通讯处"作为联络捐款的专门机关,后改名为"中华救国储金团总事务所"。因此,商人不仅是储金运动的发起者和组织者,理所当然还是运动的重要参与者。

在救国储金运动发起前,对于日本提出的不合理要求,商界表达了"欲做政府后盾"的决心。1915 年 3 月,吴承忠致电黎元洪、段祺瑞道:"报载中日交涉,榻前会议中外腾笑,一失主权五族沦亡,详察商民心力,甘为政府援助,毁家纾难、协力救国。"④

在救国储金倡议之时,上海许多商人颇为赞成,纷纷解囊捐助,表达爱国之热忱。1915 年 4 月 1 日,时新昌绸缎洋货号捐输 500 元,协和烟草公司邬挺生与其同事已预备 5000 元存储。还有一商人表示愿与其友凑集储金 2 万元。同丰源东洋庄业主陈志廉致函《申报》表示,

---

① 马敏.官商之间:社会剧变中的近代绅商[M].武汉:华中师范大学出版社,2003.
② 章开沅,马敏,朱英.辛亥革命前后的官绅商学[M].武汉:华中师范大学出版社,2011.
③ 朱英.转型时期的社会与国家——以近代中国商会为主体的历史透视[M].武汉:华中师范大学出版社,1997.
④ 吴承忠致电黎、段二公[N].申报,1915-03-28(10).

救国储金"凡我国民无不竭力赞成,小号愿助二千元,鄙人自助千元"①。此时,登报表示愿意储金者已络绎不绝。

救国储金运动兴起后,上海各界,尤其是各同业公会对于救国储金纷纷响应,并相继成立储金团或分事务所。1915年4月4日,旅沪闽省的绅商在泉漳会馆开会邀集旅沪同乡各号商量认捐。据统计,泉漳会馆认1万元,各董事及各号也有万元左右。②4月5日,上海泗泾路出口公会召开会议,当场认捐数目逾万元;在水木业开会时,该业领袖顾阆洲有事下乡,由其子代表认储2000元,王庆祥认储400元,江裕生、余洪记、朱润生各认300元,其他也各有认储。4月9日,上海中国银行开始收金后,商界各帮各业,如纱业公所、京江公所、药业公所、水木业、煤炭业、皮商业等纷纷集会,讨论储金事宜。4月14日,铁行同业由戴运来发起邀集筹议,多数赞同,即日缴纳;振华堂洋布公所第四次报告清单已发出,其同业储金又有1169元。③4月15日,沪绍水木业公所召开同业全体大会,认储5700余元;上海铁业工会虽然只有十余家,但至4月16日,仍赞助救国储金2万余元;振华堂洋布公所前后七次将同业储金造册报告,计总数共14075元,另外还有银450两;4月18日,皮商工会开会邀集皮商各庄客敦劝投资存储,当场认储2500元,又从该会余存款内提取1500元,一同送至中国银行凑成4000元之数。储金活动踊跃,报道不胜枚举,各界同业公会对救国储金之热情可见一斑。

救国储金运动的开展与虞洽卿的支持、配合和动员密切相关。社会各界推举他来主持上海救国储金运动。其间,他不仅主持参与救国储金运动相关会议、制定相关章程,还不断与政界、商界等社会各界保

---

① 救国储金[N].申报,1915-04-03(10).
② 闽人认缴救国捐[N].申报,1915-04-05(10).
③ 救国储金之热忱[N].申报,1915-04-15(10).

持互动,协调救国储金运动的相关事宜。同时,他率先垂范,带头认储5000元,其创办的鸿安、宁绍两轮船公司也积极认储。

为早日达到储金的目标,1915年4月26日,上海总商会在本会集议商讨,发起"月薪储金"提议,即各商人认储一个月薪金。对于"月薪储金"办法,上海各帮各业领袖代表一致赞同,继而又推广到政府官员和工厂工人当中。

储金运动在上海风生水起后,全国各地商会也相继仿行。至1915年4月29日,中华救国储金团总事务所收到的表述赞同的来电已有:太原、汕头、汉口、重庆、成都、常德、烟台、南昌、南京、蒙自、福州等地商会。截至5月6日,已成立救国储金事务所的商会还有海宁、镇江、宁波、松江、碛石、常熟、福州、徐州、扬州、杭州等十余处。另外,还有天津、杭州、龙翔、烟台、南京、兖州、广东、江西等八地事务所,独立于商会单独设置。①

浙江省商学各界对救国储金运动也极为赞同。1915年5月4日,杭商会召开了救国储金大会,商会总理顾竹溪报告开会宗旨,参照上海商界储金法,讨论劝储方法。5月8日,北京商会在中央公园成立了北京救国储金团,商讨筹措"救国储金"的办法。京商会通电各商会,"日本利用欧洲战争,乘我新造国家,提倡吞并朝鲜同一之条件,逼我承认。5月7日竟以武力为最后之要求,48点钟内倘不承认,立即进兵……夺我之生命财产,以灭我国家"。政府"让步讲和,权利丧失,国几不国","今请自本年5月7日之始,我四万万人立此大誓,共奋全力,以助国家。时日无尽,奋发有期,此身可灭,此志不死。特此哀电

---

① 商界要闻:救国储金汇志[J].中华全国商会联合会会报,1915(7):4-8;救国储金纪要:广东事务所成立[N].申报,1915-05-05(10);纪江西储金大会[N].申报,1915-05-08(6).

全国商会,请即刻普告全体商民,永存此志,无忘国耻"。①号召全国各商会发动工商界参加这一救国运动。5月15日,北京总商会约请报界同人等在商会召开了茶话会,讨论救国储金事宜,商会冯总理致开会词,胡君演说报告救国储金相关方法。天津商务总会不仅在天津发起救国储金活动,而且向直隶全省各商务分会发出公函和寄送救国储金团宣言书及简章,希望各分会"广为联络本处热心绅商学报工各界谋为发起,速(为)创立,俾资鼓吹共图进行"②。

总体来看,储金运动在各地开展情况参差不齐。运动开展不见起色的地区受到很大的舆论压力。由于救国储金团或分事务所大多设在各地商会内,当储金运动在部分地区进行不顺时,民众自然将矛头对准当地商会及相关负责人,认为是当地商会及其负责人其失职,"若论其咎,商务总会实尸之"③。在社会舆论压力下,为维护商会声誉,各地商会会长或经理积极组织并参与救国储金运动。如汉口商会总理吴干庭于1915年5月1日在茶叶公所召集了临时茶话会,筹议成立救国储金事务所事宜。汉阳的情况也颇为类似,商会经"各界投函交责,知不可再缓"④,于5月9日下午召集各界到会讨论此事。总之,由于商会的组织和参与,保障了救国储金活动的有序开展。

救国储金运动由上海发起,为"海上商人提倡及促进之功"⑤,被视为"上海商界热心救国之里程碑事件"⑥。时人刻画了救国储金各商人之面相,"刊发传单,号召同业,筹议章程,开会演说,此各帮各业商董

---

① 京商会痛心国耻之急电[N].申报,1915-05-12(6);北京商务总会为日本要求条件事致各商会通电[J].中华全国商会联合会会报,1915(7):3-4.
② 天津市档案馆,天津社会科学院历史研究所,天津市工商业联合会.天津商会档案汇编(1912—1928):第4册[M].天津:天津人民出版社,1992.
③ 汉口救国储金进行谈[N].申报,1915-05-06(6).
④ 湖北储金之冷热观[N].申报,1915-05-11(6).
⑤ 陈灵锐.敬告上海商人[N].申报,1924-07-11(4).
⑥ 冯筱才.政商中国:虞洽卿与他的时代[M].北京:社会科学文献出版社,2013.

之相也；月薪储金，纷纷劝导……筹垫款项，此各店主各经理之相也"①。以上种种面相，充分反映了绅商界积极参与救国储金运动的真实面貌。

二、绅商阶层参与运动的特点

在救国储金运动中，绅商界是运动的发起者、领导者，也是重要的参与者，在运动中起到了主导作用。所谓的主导作用，一方面体现为他们是运动的组织者、领导者，在与上下左右沟通协调的过程中发挥了重要的作用；另一方面鉴于他们自身的经济地位和经济实力，他们储金数额较多，是运动参与的主力。

民国建立以后，采取了一系列激励政策，推动了民族工业迅速发展，绅商阶层的经济实力有了很大提高。因此，绅商阶层有实力参与储金运动。

绅商阶层积极参与储金运动有改变自身社会形象、社会地位的内在需求。在几千年封建社会中，统治阶级为稳固自身统治一直采取"重农抑商"政策，倡导重义轻利思想。长此以往，社会上形成了"士农工商"的社会阶层序列。商人的社会形象较差，社会地位很低。鸦片战争以后，随着人们对西方的认识逐步深入，自官方到民间对商业重要性的认知越来越深刻，社会对商人这一群体的观感趋于好转。商人的社会形象和社会地位在逐渐改变。

随着自身实力的增长，为改善社会形象和社会地位，绅商阶层会积极参加一些社会公益活动。在救国储金运动中，一些商界热心人士，出谋划策、奔走呼号、函电交加、积极动员和参与、多方积极联络，体现了他们对运动的热心、爱国的热诚的同时，也提升了这个阶层的

---

① 救国储金时期之百面相[N].大公报（天津版），1915-05-13(9).

社会形象,改变了人们对这个社会阶层固有的看法与观念。

绅商阶层参与储金运动具有冷静与理性的特征。这主要是基于其经济理性的行为行动准则。近代以来,商人遵循"在商言商"的传统观念,鲜有关注政治,这种状况在辛亥革命前后未有多少改变。孙中山曾指出,"吾国商人鲜留心政治,孳孳营业,以求发财。以为国政与商无涉,不知国政之良窳与发财有极大关系"①。一些商会领导阶级或骨干分子的资产者"首先是从政治与社会经济,特别是与自身经济利益的关系认识介入政治的"②。由此可见,以经济利益为中心原则是近代商人政治行为规范的核心要义。为维护自身利益,商人常常采用非暴力的方式,将其政治活动限制在官方许可的范围之内,以便得到官方支持。当运动初期,北洋政府对储金运动稍加干涉时,绅商阶层立即表示,储金运动"并无他项目的,与政治外交毫无关系"。东北某地的救国储金传单上原有"人心不死,为交涉后备"等语,但在反动政府的干涉下,也迅即加以修改了。③ 除了零散储户和知名人士较大数额的储金外,实际上,救国储金主要依靠的是"月薪储金"。这种储金方法从经济成本而言,对绅商阶层不会造成太大风险。

绅商阶层积极参与救国储金运动彰显了这一群体强烈的爱国热情。在日本侵略行径的刺激下,民族危机进一步加深,受民族救亡思潮的影响,绅商阶层的国家观念较之以往又前进了一步。正如《爱国》一文所指出:自日本提出"二十一条"以后,包括商人在内的国人"怵然于亡国之无日者,几于异口而同声。外交后援会也,国货提倡会也,救国储金会也,全国响应……自有外侮以来,影响及于国民之普遍,未有

---

① 孙中山.在沪举办茶话会上的演说[M]//孙中山全集(3).北京:中华书局,1984.
② 张亦工,徐思彦.20世纪初期资本家阶级的政治文化与政治行为方式初探[J].近代史研究,1992(2):107-139.
③ 彭明."五四"前的群众斗争[M]//彭明.五四运动论文集.广州:广东人民出版社,1978.

若此次之甚者……无论其结果能达与否,而有此等之共同组织,使国民与国家之联锁精神上益增密切强固之度"。就连西文《文汇报》也发社论说:"华人爱国心之举动可达有用之目的者,本报对其一片热忱绝无倾凉水而使其冷之意,华人爱国之心继长增高,实为本报所乐闻","五千万元苟善川之,固可大有裨益,至少可以安设若干基础"。其言下之意,虽认为5000万元的储金对于救国大事而言犹如杯水车薪,但亦承认救国储金活动,是中国人爱国致用的一种表现,亦是爱国心的一种增长,如果政府善加利用,则大有可为。这也就意味着商会所倡导和组织的救国储金活动,使外国人也认识到中国人的爱国行为有了新的进步,不再是仅仅游行喊口号而已,而是开始有了实质性举措。这也是救国储金运动的民族主义价值所在。

第三节 知识分子阶层的社会参与

以青年学生为代表的知识分子阶层,在储金运动中非常踊跃。他们积极参与储金,宣传储金的重要性,奔走呼告,热情洋溢,不辞劳苦,为营造社会舆论氛围、宣传爱国主张、推动运动发展做出了突出贡献。

一、知识分子阶层参与救国储金运动

救国储金运动自上海发起之后,"商界既踊跃输将,报界更鼓吹备至,独我学界尚未能一致进行"[①]。鉴于此,上海复旦公学通告全国学校,提倡救国储金。复旦公学各班学生已参与运动,多者交十余元,少

---

① 复旦公学提倡救国储金[N].申报,1915-04-14(10).

则一二元。① 在上海复旦公学的倡导下,全国学界开始积极参与救国储金。青年会附属中学全体学生在各课堂放置一个木柜,每日每人投铜圆一枚,愿意多投者听之,每日由主任监视,每一星期汇解银行存储一次,并将清单报告救国储金团查核。② 1915 年 4 月 27 日,安和小学职员及学生共同发起逐日积储,一周内共收得大洋 181 元,其中五六岁学童也有参与。③ 老北门内紫金小学的学生均愿节省点心零用之资,以充储金,并告诉了家人,陆续缴存,主任教员以待集成正数送交中国银行。

江苏省立第二师范学校决定自 1915 年 5 月 1 日起,将全校每日伙食费酌减,以余款归入储金,预计每月有七八十元。④ 苏州学界也相继发起。吴县高等小学第一第二第三第四各校议决,教员每人存储十元,学生每人存储一元,由个人自行送往中国银行存储。

在湖南常德,第四联合县立中学学生召开全县学界储金会,各校均派代表出席。会上,湘西政法、第二师范、女子师范、第四联合中学以及各高初小学等十余校,捐款达 1 万元左右。

河北公园私立法政学校学生全体发起救国储金团,1915 年 5 月 21 日下午,在校内召开讨论大会,学生到会者共 400 余人。该校教务主任李秀夫演说储金效用,语语动人,推选委员 26 人处理储金一切事宜,并推举耿廷槐、袁荫昌为代表与救国储金机关接洽,以资联络。⑤ 天津市也召开提倡救国储金会,学界到会者逾 1000 人。

除此之外,各校学生还通过其他多种方式来宣传、推动救国储金运动。在北京救国储金团召开第二次大会时,法文学校学生廖德桢发

---

① 救国储金之热忱[N]. 申报,1915-04-15(10).
② 救国储金之热度:学生储金之善法[N]. 申报,1915-04-17(10).
③ 救国储金纪要:安和小学之积聚[N]. 申报,1915-04-29(10).
④ 救国储金纪要:学堂减缩火食费[N]. 申报,1915-05-09(10).
⑤ 地方通信:天津[N]. 申报,1915-05-23(7).

表演说,"历一钟之久。有救国当自革心始,吾十三岁之童子愿先剖此赤心以相见等语。袒胸痛苦,听众为之同声嚎叫"。会上"各小学及蒙养园之储金者有数十处不及备纪"。①

1915年5月6日,《申报》载文《再纪湘省之救国储金》,言及"浏阳县办理救国储金尤以学界为踊跃,昨日教育分会发有公启云:'人心者立国之本,财用者竞存之资,此理易明,毋庸赘述'",并指出"方今时事多艰,海氛日逼,以堂堂华夏而动被欺凌耻孰甚焉"的现状,认为"近者海内志士发起救国储金之策,寰宇同胞闻风响应,盖深知皮之不存毛将安存,亡国之惨甚于破家,故出此救国之良规,为政府之后盾"。②

1915年6月14日,浙江省慈溪县东乡骆驼桥盛氏私立敬修小学在校内召开国耻大会,提倡救国储金。教职员及学生当场认缴,颇为踊跃,计收大洋10元,由校董即缴宁波中国银行存储。③ 宾县救国储金分会于7月1日召开第一次正式会议,宾县中学某学生登台演说,慷慨陈词,"此次交涉失败('二十一条'交涉——笔者注),洵为吾国奇耻大辱,若不合群援手,亡国之惨,即在目前"④,声泪俱下。该生演讲已毕,当场斩断中指,血书"竭力救国"四字,与会者无不为之流涕,大受感动。杭州女校提倡救国储金,湖墅成志女学校长金频乡女士率先垂范,当场认缴洋30元,其余教员和学生共认缴50元。江西吴素贞女士致函江西《民报》,"勉尽棉薄,兹特脱钏质钱五千文函送贵报馆请为收储"⑤。

北京第一蒙养园职员及学生于1915年6月16日北京救国储金第二次大会上,当场交储大洋740余元。此外,11岁的武福利、8岁的

---

① 中国第二历史档案馆.中华民国档案资料汇编:第3辑[M].南京:江苏人民出版社,1991.
② 再纪湘省之救国储金[N].申报,1915-05-06(6).
③ 敬修小学开储金会[N].申报,1915-06-23(7).
④ 宾县血书救国[N].盛京时报,1915-07-14(7).
⑤ 地方通信·江西[N].申报,1915-04-24(7).

崔天林、10岁的祝学诗、3岁的张芳焘等孩童受其影响,各将父兄所给的铜圆数枚当场交储。学生中贫寒子弟居多,一些家境贫寒、无力储金的学生还"扯碎心肠,编就新剧曲本,冀以叫座,捐充储金"①,其爱国热诚,殊足钦佩。

学生还通过定期演剧来筹资储金。沪北某大学的肄业生陈朱张谢等人集合同志在法租界民兴社演剧筹款,所入剧资除开销外,悉数存作救国储金。② 此外,一些留学生虽身在异域,心怀祖国,积极参与救国储金运动,纷纷汇款回国。留日学生组织归国请愿团,分别到北京及各大城市请愿抗日救亡,并建议召开国民大会讨论救亡计划。康奈尔留学国人中集得400余美金,寄沪存储。③ 总而言之,在救国储金运动中,青年学生爱国热情高涨,积极参与,对运动的发展起到了重要推动作用。

三、周恩来参与救国储金运动

学生群体在救国储金运动中异常踊跃,他们发表演讲,宣讲国内的形势,宣传储金的重要性,呼吁民众积极参与储金运动。下面将以青年时期周恩来参与储金运动为例,详细分析青年学生参与这场运动的状况。

救国储金运动开展之时,周恩来正在天津南开中学就读。随着运动在各地的推进,天津社会各界也积极参与救国储金运动,"蓬蓬勃勃大有一日千里之势"④,其中学界尤为积极。"救国储金各界踊跃输将,我学界同人尤宜争先存储,以资提倡。"⑤天津德华学校率先成立了救

---

① 闽垣各界储金救国之踊跃[N].大公报(天津版),1915-06-02(9).
② 学生演剧团定期演剧[N].申报,1915-07-16(10).
③ 美康南耳大学中国学生致留美同学及侨胞认集救国储金书[N].申报,1915-06-18(11).
④ 提倡储金汇闻[N].大公报(天津版),1915-05-22(5).
⑤ 救国储金大会[N].大公报(天津版),1915-05-24(5).

国储金团,南开学校紧随其后。身为南开中学校董的严修,直接推动并组织了南开学校救国储金会的成立。

1915年5月13日,"在思敏室赵公谨先生及各班班长相聚商议,仿照天津德华学校,成立救国储金会","入会者每人捐铜圆一枚,永不间断"。① 5月17日,南开学校成立了长期救国储金会,全校师生几乎全参与。随后,学校制定了《天津南开学校长期救国储金会简章》(以下简称《南开学校简章》)。《南开学校简章》规定,"储金金额分为特别、平常二种。特别金,无定次、无定额;平常金,每人日捐铜圆一枚。各班班长为储金收集人,再从各班长中推举总干事、书记、总会计各一人,交际长四人,任期以一学期为限,并由教员中推举一位收集人……每一星期由收集人交付于总会计收存(总会计付以收据),至月终以本校储金会名义送入银行存储,日后由本校储金会议决方可提取"②。

根据《南开学校简章》规定,5月18日南开救国储金会召开会议,选举黄春谷为总干事,刘琪、邹宗善、陈钢三人为书记,耿世常为会计,张瑞峰、施奎龄、车玉瑾、赵松年四人为交际员,各班班长担任干事以及交际等职务。③

随着组织机构的确立、《南开学校简章》的制定,救国储金运动在南开学校蓬勃开展起来。南开学校时有教员和学生900余人,"每月可得一百数十元,虽属杯水车薪,但能日久推行"④,南开学校发起长期救国储金,"为学界提倡此事之先导"⑤。同学们积极行动起来,踊跃捐助,"家在市里的学生,每天节省由家至校往返电车费铜圆4枚,每月

---

① 李爱华.周恩来中学时代纪事长编[M].北京:中央文献出版社,2011.
② 天津南开中学校史资料征集办公室.私立南开中学规章制度汇编(1904—1937)[M].天津:天津教育出版社,2015.
③ 李爱华.周恩来中学时代纪事长编[M].北京:中央文献出版社,2011.
④ 天津南开学校长期救国储金会宣言书[N].大公报(天津版),1915-06-02(9).
⑤ 南开学校提倡长期救国储金[N].时报,1915-06-05(5).

积攒 100 多枚铜圆作为捐献之用"①。

6月6日,直隶救国储金团在河北公园召开第二次救国储金大会。秉持教育救国理念,南开学校积极参与此次大会。"我校演说团二十二人赴河北公园演说,鼓吹国民救国储金。"②周恩来是南开演说团中的重要一员,在会上发表了精彩的演说。

演讲中,周恩来首先分析了中国被迫签订《中日民四条约》的原因,认为中国只有自强才能立于世界民族之林;中国要自强需要振兴实业、发展军工业,需要多方筹措资金;鉴于国家财政支绌,尤其需要国民同心协力努力储金,不能再大规模举借外债,这无疑是饮鸩止渴。他指出:

> 故此次之失败,虽纯粹名之曰经济的失败可也。设我国之财政非困难如是者,吾恐他人之哀的美敦书未必至,而我国民之热血亦足可洗今日之羞也(鼓掌)。夫因无财而受屈辱,则今后欲图自强,舍谋经济界上之活动外无他道也。欲谋经济之发展,必先图财政之充足,必先使基本金之有着,然后始可振兴实业,立兵工厂,增进军备,提倡教育。而筹此偌大之基本金,方法不外二道:一则借外债。但此种款,用处须有限制,不能任吾所欲为。况债台多筑一层,吾等人民则多一层担负,而经济界尤困难一步。吾知爱国之士,决不愿借外债以度日,而为波兰、埃及之续也(鼓掌)。其一则国内人民储金,是今日之大会,正所以实行此主义者也。③

在以上演说中,周恩来指明了经济与外交的关系,阐明了借外债

---

① 南开大学校史编写组.南开大学校史(1919—1949)[M].天津:南开大学出版社,1989.
② 李爱华.周恩来中学时代纪事长编[M].北京:中央文献出版社,2011.
③ 中共中央文献研究室,南开大学.周恩来早期文集(一九一二年十月——一九二四年六月):上卷[M].北京:中央文献出版社;天津:南开大学出版社 1998.

的严重危害,论证了民众积极储金的迫切性,把储金提升到民族振兴的高度。随后,他列举出上海乞丐、北京监狱犯人参与救国储金事例,以此来激发广大民众参储的道德认同和行动自觉。

> 上海有乞丐捐其平日所集蓄之洋一元,北京有狱犯亦捐所作工之洋数十元,彼等身为乞丐、狱犯,犹知储金救国,我等穷不为乞丐,恶不及狱犯,闻其风当作如何之感愧哉(鼓掌)?设如万万人咸为彼乞丐,一人一元集之,可得四万万元,则五千万之额不虽满数,而且又八倍之矣(鼓掌)。况我人民现已不仅四万万,储款又不止一元,若以狱犯之款预推之,其为数又岂仅为以上所述哉(鼓掌)。且储金一事,无论贫富贵贱,均得以节衣缩食之资,为扶危救亡之举。人人有应输纳之天职,人人有劝导之义务。多集一份储金,即多一种事业。吾爱国志士,果欲免亡,则请先为从极易为之储金作起,以冀达于他日国强之境也。①

周恩来的演说,慷慨激昂,引起了广大民众的强烈共鸣。演讲完毕,周恩来将"敬业乐群会"会员筹集的储金全部捐献。对于周恩来参与此次救国储金运动,与其一同参加演说的南开同学冯文潜,在日记里详细记录:"早十点起,预备演说。十二钟半与同人一起赴会。一钟半到会场外操场中演说。登台不觉泣落,听者亦多同戚。说毕,口干、心热、体无力。六钟始散……"②在南开学生和社会各界的演说下,直隶第二次救国储金大会取得了良好的效果,该日收储达27.7万余元。③

除了积极参加演说外,周恩来还撰写文章,宣传救国储金运动,劝

---

① 中共中央文献研究室,南开大学.周恩来早期文集(一九一二年十月——一九二四年六月):上卷[M].北京:中央文献出版社;天津:南开大学出版社,1998.
② 徐行.南开学者纵论周恩来[M].天津:天津人民出版社,2008.
③ 第二救国储金大会[N].大公报(天津版),1915-06-07(5).

募友人支持这场运动。在《广募救国储金致友人书》一文中,周恩来强调了储金救国的重要性。

> 忍辱含垢,低首言和,不得已亦势之所必然也。然于无可如何之中,犹有一线生机,即国民最后之热心救国储金是也。……男儿爱国事丛丛,岂必枪林弹雨中……聚中国数十万州县之款而集之,财政上之困难问题可解决,而军事可整顿,兵厂可设立,实业可振兴,教育可普及。十年生聚,十年教训,然后国运可以隆盛,圣泽可以不斩。①

为了便于运动的宣传推广,周恩来还将救国储金章程寄送给友人,"祈转印之,分送他人,襄此义举"②。

总之,救国储金运动是周恩来青年时代参加的一次重要社会活动。通过演说、宣讲、撰文等多种方式,他多方劝导民众积极参储。这对开启民智、推动运动发展起到了积极作用。南开学校的爱国主义教育,是推动周恩来积极参与救国储金运动的重要因素,对其成长产生了重要影响。30多年后,他在接见美国记者李勃曼时还专门提及这件事,"1915年,参加反袁运动,演说、劝募,反对'二十一条'卖国条约"③。从思想层面来看,在救国储金运动的动员过程中,周恩来对当时国内形势的分析、对储金以救国理念的认知、对运动作用的认识等,都具有一定的历史局限性,但其中蕴涵的强烈爱国主义情怀是真挚的。可以说,参与救国储金运动是周恩来青年时期救国救民道路的一次实践探索。

---

① 中共中央文献研究室,南开大学.周恩来早期文集(一九一二年十月——一九二四年六月):上卷[M].北京:中央文献出版社;天津:南开大学出版社,1998.
② 中共中央文献研究室,南开大学.周恩来早期文集(一九一二年十月——一九二四年六月):上卷[M].北京:中央文献出版社;天津:南开大学出版社,1998.
③ 中共中央文献研究室第二编研部.周恩来自述——同外国人士谈话录[M].北京:人民出版社,2006.

四、知识分子阶层参与运动的特点

如果说绅商阶层社会参与的贡献主要体现在对储金运动的组织领导,那么以学生为代表的知识分子阶层社会参与的贡献,更多体现在思想引领与社会氛围营造上。

学界在救国储金运动当中发挥了积极作用。受儒家文化长期浸润,胸怀天下心忧黎民是中国知识分子的优良传统。近代以来,积贫积弱任人宰割的现实,更是激发了知识分子这一群体深沉的忧患意识和强烈的社会责任感。近代知识分子群体是清末民初时期社会所孕育的新生社会力量,是随着城市社会发展起来的新的社会群体。1905年科举制度的废除,斩断了旧式教育科考入仕做官的通道。与此同时,新式学堂开始不断设立,新式教育得到了很大的发展,新式知识分子这一群体逐步形成。据统计,1912—1916年,全国各类学校发展到121119所,在校学生数发展到390余万人,其中高等学校在校生19921人,中等学校学生111078人,初等学校学生3843455人。[1] 随着学生队伍逐渐壮大,新式教育的理念、新式思想得到传播。受新式教育的影响,近代知识群体突破了传统教育的局限,吸收西方近代民主、科学思想的精华,接受的知识面有了很大的扩展。尤其是从海外归来的留学生,受西方民主思潮的影响,他们凭着新知识和新观念,对国家的概念、理念思想都有较深刻的了解,视野也比以前更加开阔,他们主动自觉地关注国家和民族的命运,在中国近代社会转型中起到了重要的推动作用,他们在救国储金运动中的表现可以印证这一点。

晚清以来,尤其是民国初年,知识分子多具有参与型的政治行为取向,在运动中往往表现为主动的献身型的参与。新兴的知识分子阶

---

[1] 李明伟.清末民初中国城市社会阶层研究[M].北京:社会文献出版社,2005.

层则以民族利益和政治利益为其考虑的重点,往往具有较强的民族主义意识和民族责任感,时时感到身上所担负的使命。因此,从总体上来说,知识分子的参与多属献身型。[①] 在救国储金运动中,学生群体参与热情较高,他们或奔走相告,或到处演说。无论是学校行政管理部门,还是教员、普通学生,他们热心于这项颇带公益色彩的活动,他们参与的形式也多种多样。比如在校园储金中,学生积极参与储金,出现一些感人的场景,有的学生把自己的零用钱积攒起来参与储金,还有学生把饭钱节省下来参与储金。学校还将储金参与制度化、长期化,制定了一些参与方式、方法,如天津南开学校制定了《南开学校简章》,规定每天储存多少。在救国储金运动中,以学生为代表的知识分子阶层参与的声音格外响亮。

学生群体属于过渡性阶层,他们毕业后会聚集于文化和近代经济发达的大中城市,成为城市建设的后备力量。他们突破了科举制为官从政的局限,往往选择进入政府、企业或城市文化教育等相关领域,职业选择比过去要宽泛得多,如记者、编辑、律师、医生、科学家、文学家等,他们在实践中逐步成为城市各个领域中的中坚力量。学校期间的爱国运动的参与,对他们走向社会产生重要影响。民国初年,很多新式学堂的学生、老师,积极参与爱国救亡运动。具体到救国储金运动也是如此,虽然在这场运动中,他们还未成为运动中的主导,但是他们在运动中的话语与行动,扩大了他们的社会影响力,为之后五四运动等爱国运动的社会参与奠定了坚实的基础。

---

① 印少云.清末民初的国民外交运动研究[M].长春:吉林人民出版社,2004.

第四节 底层民众的社会参与

救国储金运动主要组织者为绅商阶层,但是捐输者主要是底层民众。正如有学者指出,领导储金运动的"皆达官贵人,巨绅名士",主要储金者却多为"苦学生也、小车夫也、小伙计也、仆妇佣工也"。[①] 这说明底层民众是救国储金运动中的重要力量。他们的热情参与提高了认储的数量,壮大了运动的声势,拓展了运动的社会影响力。

一、底层民众参与救国储金运动

从现有资料来看,参与救国储金运动的底层民众多来源于城市。随着近代城市化的发展,这一群体数量日渐庞大。由于社会动荡,自然灾害频仍,农村经济衰败,衣食无着的农民不得不离开故土家园,到周围的城市谋生。根据他们在城市中所从事职业、社会地位、财富收入及声望影响,城市社会底层民众大致分为以下几类:一是劳工群体(产业工人、手工业者、伙计、学徒等);二是自谋生计者(小商贩、理发、缝补、做零工等手艺人);三是苦力群体(马车夫、人力车夫以及建筑、运输、装卸、清洁等行业季节工、临时工);四是游民群体(乞丐、娼妓、拾荒者、难民等)。救国储金运动过程中,无论是劳工群体、自谋生计者,还是苦力群体、游民群体都有大量参与储金的报道,充分体现了运动参与的广泛性。

在救国储金运动中,劳工群体表现了高度的爱国热忱。"现在工

[①] 邓文初.民族主义之旗——革命与中国现代政治的兴起[M].北京:中国政法大学出版社,2013.

界中人,闻此消息,至为踊跃,故工人之一元、二元尤为可贵。"① 几天之内,救国储金数额达到预计的三倍,这主要是许多贫苦工人"纷至沓来"的结果。② 为响应上海总商会发起的"月薪储金",1915年5月8日,来往宁波与上海的江天轮船员决定开展"轮船之月薪储金",把节约下来的一个月的工资用以救国。江天轮船长吴长林投函储金团,"敝轮账房以及茶房、管事、水手、生火、在事人等,各将一月薪金凑集,计大洋五百二十元,交中国银行存储"③,以支持救国储金运动。1915年7月,哈尔滨张太俊组织铁路总工厂工人成立爱国储金会,几天内工厂储金几千元,还组织劝说团,利用工余时间,走街串巷,在街头、商业区和公共场所讲演,发动储金。

在救国储金运动社会参与中,妇女界在运动中做出了很大的贡献。就传统而言,妇女常被认为是弱势群体,无论是政界还是民间,很少见到妇女的身影。但在救国储金运动中,妇女界积极参与,媒体多有报道,一时颇有巾帼不让须眉之势。1915年4月11日,中华妇女救亡储金会举行发起会,通过章程草案,决定在上海筹建中华妇女救亡储金会。其宗旨是"唤起中华妇女界急公好义,力任储金,协助国家要用,发展国家实力,挽救国家危亡",储金以1亿元为定额,存期为3年。中华妇女救亡储金会在法租界嵩山路设临时通讯处,开展储金救国。

自中华救国储金团总事务所成立后,扬州妇女爱国储金会即致函各地商会,请就地提倡。郭坚忍、孙仙女士等遍发白话传单,发起妇女爱国储金会,择期开会劝导一切。兹将传单录下:

> 现在各处的男子都储金在中国银行,预备国家有急务即提出应急,男子知爱国储金,我们妇女岂不知爱国,岂不知储金应国家

---

① 关于救国储金之纪事[N].时报,1915-04-02(7).
② 刘明逵,唐玉良.中国工人运动史:第1卷[M].广州:广东人民出版社,1998.
③ 救国储金纪要:轮船之月薪储金[N].申报,1915-05-09(10).

急用吗？现择定南河下徐府开会，凡我爱国女同胞，务请莅会听此演说，爱国储金的道理，并不就要人拿钱出来，万勿误会。①

江西巾帼张志敏、叶成林、杜敏芬等十余人仿照《中华救国储金团暂行简章》组织救国会。1915年6月25日，张咏梅刊发评论，批评北洋政府接受日本最后通牒之举，是"开亡国惨祸之端而引狼入室之导火线"，仍然呼吁"爱国同胞"奋起救国，并且将救国储金运动视为"唯一救亡方法"，唤起"爱国女同胞"踊跃输捐，以示女子对国家"积极的贡献"。②

伶界亦属国民一分子，丹桂第一台贵俊卿提议演剧助捐之举，于每月演戏所得包银中，提出洋十元作为救国储金之备。③ 各地戏园、舞台、优伶勇于参与，或演出具有教育意义的"警世剧"，并把所得戏资全数捐为救国储金，或联合停演，"以资警觉昏沉嬉戏者"。④

青楼女子也具有爱国意识，积极响应，将微薄收入作为救国储金，还寄函报社表明心迹，摘录几则如下：

> 妾生不辰，侧身曲院，然虽属青楼，终期有家。有家必须有国，故人生当以报国为本。每于歌罢酒后之余，闻诸客言，有某国要求苛例，实欲制我中华为印度、高丽之第二。妾身虽为妓，亦属国民一分子，听闻之下，殊堪痛心。盖我国不能言战，实乏财耳，幸有爱国志士，倡救国储金之举，妾愧无力追随，愿以每日堂差一半收入作救国储金。

> 妾不幸身为女子，且又坠入青楼。自叹身世之不遇，若国亡家破，再落强暴之手，此身之遭遇更不知伊于何底。

---

① 妇女发起爱国储金[N].申报,1915-04-24(7).
② 张咏梅.为救国储金敬告女同胞[J].中华妇女界,1915(2):1—3.
③ 救国储金[N].申报,1915-04-06(10).
④ 戏园郑重储金[N].大公报(天津版),1915-05-24(5).

氏等漂泊风尘,感伤身世,春花秋月,自怜神女之生涯。覆雨翻云,共愤强邻之见侮,安得蛾眉结阵,齐挥鲁阳之戈,倘真娘子成军,定试楼兰之剑。慨中原之多故,犹惭欢技而当筵,痛女子之无为,辄欲以歌而代哭。幸自沪上发起救国储金以来,时未三旬,数逾三十万……今氏等认定救国储金洋三百元。①

从上文可以看出,青楼女子初步开始有了"国""家"意识,在国家危亡之际,作为"国民一分子",积极参与,节省日用鲜花脂粉,凑作储金,并倡议劝导姊妹们参与。在北京救国储金大会上,王凌波、张翠玲、张美云、小娟娟、胡翳云等十余位青楼女子,积极参与运动,有的交金饰,有的交现钞作为储金。

乞丐、和尚、监犯等底层民众参与储金运动的事迹媒体也多予以报道。在媒体的描述中,他们听闻救国储金非常感动,纷纷参与储金。乞丐是社会上最穷的人,他们每日将化来的钱送至中国银行作为救国储金。法源寺和尚思仍手持唐碑帖三部交中国银行请其变价作为救国储金,湖南永光和尚当众宣言愿以全力担任提倡佛教储金之义务。监犯闻知救国储金,也尽力参与。据京师第一监狱报称,该监演说救国储金时,在监犯人闻知均为感动,有至痛哭流涕者,其积有赏与金者并愿以一部分存为救国储金,有常瑞庭等184人共储金大洋122.5元;京师分监犯人张继武等108人,共储金大洋4元,小洋12角,铜圆2599枚。② 儿童也积极参与,将父母给予的早餐钱节省下来,投诸储金处。③ 由此看出,救国储金运动中开展的广泛性,连儿童都知尽国民之义务。

---

① 孙国群.旧上海娼妓秘史[M].郑州:河南人民出版社,1988.
② 天津市档案馆,天津社会科学院历史研究所,天津市工商业联合会.天津商会档案汇编(1912—1928):第4册[M].天津:天津人民出版社,1992.
③ 救国储金日记[N].时报,1915-04-18(15).

1915年5月11日,北京救国储金团召开商民全体大会,"有妇人、小儿出其金饰充作储金者。此外有人力车夫数人,尽一日之得,尽数充作储金者。并有一挑水夫短褐不完,亦摸索出一银圆,群众为之鼓掌者。……士、农、工、商均忘其所业,以国民同等之资格,相率苴止"①。小车夫挣血汗钱,积极存储,守夜的更夫、剪发匠、鞋匠、卖饼人等也纷纷将自己的辛苦钱捐献给储金团事务所,以表示反对日本帝国主义及袁世凯卖国政府的决心。在浙江余姚,仅1天这些底层民众就捐献了1000元。② 许多小茶社、小商贩则利用各处召开储金大会的机会,在会场内销售茶食、百货等,将所收全部上缴为储金。为佣工糊口之人,均竭尽捐助,足见其爱国热诚。

二、底层民众参与运动的特点

在救国储金运动中,底层民众的参与具有广泛性的特点。正如前面所述,产业工人、手工业者、小商贩、人力车夫、苦力、游民等群体都积极参与了这场社会运动,形成了浩大的声势与广泛的社会影响力。以报纸为主的媒体对其大量报道,一方面是对底层民众爱国之举的肯定与褒扬,另一方面旨在形成舆论压力,鞭策、激发社会中上层人士参与运动,积极认储,从而推动运动深入开展。

底层民众参与运动具有储金数额小且不可持续的特点。由于底层民众大多数无文化,缺乏技艺,其收入多是靠出卖体力或其他低等的谋生手段,即使终日辛劳,也只能维持个人的基本生活。例如,小商贩是城市底层社会的主要成员,他们充斥大街小巷,有的较固定,有的到处跑;有卖点心的,也有卖茶叶蛋、臭豆腐、大饼油条的,等等。又

---

① 中国第二历史档案馆.中华民国史档案资料汇编:第3辑[M].南京:江苏古籍出版社,1991.
② 地方通信:浙江余姚县之储金状况[N].申报,1915-06-18(7).

如,人力车夫是苦力群体的代表,该群体人数多,流动性大。在各大城市中,他们大多在码头、车站、江岸等待雇用,靠出卖体力吃饭,乃至那些乞丐、拾荒者等群体,他们时常在饥饿线上挣扎,生存状况甚是窘迫,"隆冬迈寒,身无寸缕,行乞于市,仅以瓦片及菜叶遮其下体而已,见者无不粲然"[①]。底层民众的生活十分窘迫,为生活奔波挣扎。有人终日劳碌,竟不得一饱,衣食与住处都极为恶劣不堪。受生活所迫,受经济财力限制,底层民众往往无能力主动组织和参与储金,多无力大额认储、多次认储。从报纸刊登的储金名单中可以看出,小额储金占绝大多数,"试一检储金表册,为数自一元以至五元者连篇累牍,报纸所载脱衣服、卖田宅、捐餐赡者,日不绝书。于以见吾民财力之艰窘,亦足征其爱国之真忱,可感可泣也"[②]。

底层民众参与储金体现了朴素的爱国主义情感。政治学研究表明,群体政治心理带有感染性。民众能否参与到社会运动中,关键在于组织者能否成功地进行"情绪"的动员。[③] 一般而言,在社会运动中,鉴于底层民众受教育状况和阶级觉悟程度,往往并不了解社会运动的真正意义,他们或受情绪感染影响而参与,或为发泄而参与,抑或是出于一种从众心理而参与。底层民众虽然受教育水平较低,生活状况不佳,但他们也有朴素的爱国情感。民国建立后,受救亡思潮的影响,底层民众对主权观念有了进一步的认识,不断加剧的民族危机,也激发了底层民众的爱国热情。在救国储金运动中,在绅商阶层组织领导下,在广大知识分子的宣传动员下,底层民众受强烈爱国热情的感染,"观者为之落泪","听者闻之动容"[④],便跟随参与到运动当中。有工

---

① 袁熹.清末民初北京的贫困人口研究[J].北京档案史料,2000(3):216-232.
② 对于救国储金团简章之讨论[N].申报,1915-04-20(11).
③ 王金良.社会运动研究:一个学术史的梳理[J].教学与研究,2015(8):101-109.
④ 中国第二历史档案馆.中华民国史档案资料汇编:第3辑[M].南京:江苏古籍出版社,1991.

人、车夫、妓女、木匠、小商贩等群体或现场缴纳,或脱饰品,未携带者,派人随同去取。

综上所述,底层民众没有强大的经济财力,没有透彻明了的国家权利观念,在救亡思潮影响下,他们常会受到家国大义裹挟参与到运动当中,但是他们的社会参与对救国储金运动的发展起着推波助澜的作用。同时,底层民众大多无组织,属于零散的、以个体身份参与到运动当中,或者是偶然地被卷进了运动中,这一参与特点也决定了底层民众无法持续参与并支持运动。

第四章 救国储金运动中的官民互动

清末民初,由于帝国主义入侵,中央权力式微,军阀混战,社会动荡不安,中央对地方的实际控制力不断下降,这为社会力量发挥作用提供了机会。救国储金运动是民间发起的一场爱国运动,彰显了社会组织、团体政治参与的巨大能力。其中,中华救国储金团总事务所的有效运作,广大民众的积极参与,是救国储金运动得以迅速发展的主要原因。除此之外,官方态度由消极谨慎到积极公开支持,是救国储金运动得以迅速发展的重要原因。可以说,政府与社会、官方与民间的良性互动,推动了救国储金运动的深入开展。正如有学者指出,"精英层次与大众的疏离,在储金活动中似乎有所弥合"[①]。然而,随着形势的变化,"二十一条"的签署、袁世凯帝制自为,官民之间裂痕扩大,上下一体同仇敌忾的局面不在,储金运动逐渐走向衰落。

---

① 罗志田.乱世潜流:民族主义与民国政治[M].上海:上海古籍出版社,2001.

第一节　运动初期官民间的磨合

一、"救国储金"名称之争

晚清以来,中国屡受列强欺侮,被迫签订了一系列不平等条约,官方对外交事宜格外谨慎十分小心。它们一方面不愿民间过多干涉或卷入外交事宜,另一方面在特定外交谈判中又需要民意作为交涉筹码。同时,随着西学东渐,国民文化素质的提升,关心国事、关心外交成为时人的特点。第一次世界大战爆发后,西方列强忙于战争,无暇顾及中国。日本企图趁机侵略中国,侵占更多权益,这让日益觉醒的中国民众把民族主义情绪更多押注到中日外交上,反日情绪高涨。1915年日本提出了"二十一条",在中日秘密交涉的过程中,袁世凯政府将其内容透漏给报界,寄望于借助国际外交的压力、国内社会舆论的压力,最大限度遏制日本的侵略野心,维护国家利益。获悉日本侵略要求后,社会上掀起形式多样的反日运动,救国储金运动便是其一。

"二十一条"内容披露后,全国上下震动,民众爱国热情高涨。"救国"一词频频出现在报端。自储金倡议发起,关于"救国"还是"爱国"名称之争便已开始。日本方面将救国储金运动视为"排日"之举,要求袁世凯政府加以禁止。为避免日本的猜嫌,袁世凯多次向上海商会提出将"救国储金"改为"爱国储金",把"救国储金团"改成"财政后援会",遭到了商会人士的严词拒绝。为免生事端,中国银行总行也认为将"救国储金"改为"爱国储金"为宜。对此,储金发起人进行了热烈讨论,认为"爱字中含有救字之意,而救字似为爱之极点,国民之爱国,谁人不宜,谁时不宜,惟此时非急起救国不可,国何为,而救可见国事之危急也"①。他们一致决定仍用"救国"一词,使人"触目惊心",来凸显国家形势的危急,并与中国银行总行进行交涉。"救国储金名义,救字系爱迫爱极之意,寓自警自策之旨。国民爱国固有良知,无待言矣。贵行系受国民暂托收储,似不必过虑。"②经过反复思量,最终中国人民总行得以同意。

虽然储金名称已定,但还是有北京政界人士对储金宗旨及用途表示反对,认为"方今强邻环伺,其嫉妒我国无所不用其极,何得好为名高以此等名义相标榜,而益招人之嫉妒哉……适以惹起强邻之疑忌,抑又不智之尤矣"③。为避免引发事端,芜湖警察厅告诫该地报界,"发议须在'储金'二字范围以内,不可涉及外交,'救国'两字亦宜改作'爱国'两字,以符部令"④。

救国储金运动发起之初,因担心引起不必要的外交纠纷,袁世凯政府对储金运动持慎重乃至反对态度,有些地方的活动还遭到了警署的干涉和监视。1915年4月中旬,营口三江公所在开会宣传动员储金时,被辽沈道警厅阻止,认为"开会传单有关交涉"⑤。康世宗禀请在天津设立救国储金团支部,被直隶巡按使公署直接批驳。⑥武汉因官厅禁止集会而无人出面提倡储金,汉口官方反对各界召开救国储金大会,理由是担心演讲内容涉及排日。⑦直隶救国储金运动开展活动时,直隶巡按使派员暗中监察。⑧ 5月23日,北京救国储金团召开第二次

---

① 救国储金临时通讯处纪事[N].申报,1915-04-07(10).
② 救国储金之热忱:吴承忠之电稿[N].申报,1915-04-15(10).
③ 北京政界对于救国储金之一解[N].申报,1915-04-17(6).
④ 中日交涉之芜湖面面观[N].申报,1915-05-09(6).
⑤ 营口道伊荣原来电[N].申报,1915-04-23(10).
⑥ 天津市档案馆,天津社会科学院历史研究所,天津市工商业联合会.天津商会档案汇编(1912—1928):第4册[M].天津:天津人民出版社,1992.
⑦ 讷.储金用途[N].申报,1915-05-24(11).
⑧ 天津市档案馆,天津社会科学院历史研究所,天津市工商业联合会.天津商会档案汇编(1912—1928):第4册[M].天津:天津人民出版社,1992.

储金大会时,北京警察厅派警员到会场进行监视,并表示必要时弹压。但是,会场秩序还较为整齐,"间有一二议论稍涉激烈,均尚能用语挽回,并无滋扰……也无事故发生"①。杭州有人因为散发救国储金传单而被警署拘留。

通过以上各例可以看出,官方对于中日交涉期间发起的救国储金运动持谨慎态度,担心这场运动会对日本形成刺激,从而引起不必要的麻烦,希望对其进行干预,把这一运动纳入可控制的范围内。如前文提到的北京政界对储金运动的看法,在否定其宗旨的同时,认为"以余所见,人民储金以供政府之用,莫若正其名以'财政后援会',如欲指定用途则振兴工业一项极为正常"②。然而,考虑到这场运动是出于民众的爱国热情,其反日色彩具有隐蔽性且不碍及地方治安的特点时,又不便于明令禁止。武汉官方对储金运动的态度就说明了这一点。武汉各界闻沪上发起救国储金后对其深为赞许,准备效仿以推动之,但官厅以中日交涉正在进行为由,禁止集会议论时政及散发有关国体的传单。官方虽没明令禁止储金运动,但其消极态度是显而易见的,然而当有人出面首先认储并为之提倡时,官方亦未加禁止。③

官方态度的不明朗,致使许多人对参与储金有所顾虑,对储金运动的发展起到了一定程度上的制约作用。这使得广大民众对官方在救国储金运动上的态度表示不满。报界曾针对汉口官方不允许在储金动员大会上演讲一事,愤怒地表示:"我国官吏即不提倡,奈何再阻碍之,致使其一事无成也?"④

由上述可见,在救国储金运动发起初期,袁世凯政府对这种社会

---

① 中国第二历史档案馆.中华民国史档案资料汇编:第3辑[M].南京:江苏古籍出版社,1991.
② 北京政界对于救国储金之一解[N].申报,1915-04-17(6).
③ 湖北救国储金之近况[N].申报,1915-04-19(6).
④ 讷.储金用途[N].申报,1915-05-24(11).

运动、民众抗争,还是持谨慎的态度,也是在观望运动发展的动向,防止引火烧身,造成民众对自身合法性的否定。

二、顺民意官方趋向积极

日本发出签订"二十一条"最后通牒后,民众反日情绪达到了极点,对政府的不满情绪也有所增长,时有自杀抗议之事发生,救国储金运动也进入高潮。如何拿捏或者控制民众民族主义情绪,对官方而言是必须面对的问题。否则,民族主义这柄双刃剑,可能会指向自身,民众对日本的愤恨可能会转化为对政府更大程度上的不信任,从而可能会严重削弱其政权的社会基础。

面对这一形势,官方清醒地认识到必须对当时强烈的社会情绪进行谨慎疏导。为消解这一对政权稳固显然不利的情绪,巩固政权的社会基础,袁世凯拍发多件密电,分饬各省长官或巡按使,要引导民众情绪,合理表达爱国志向,"最近外交紧急时,各省人民历陈意见,警告政府者实繁有徒其辞,虽间有涉及激烈,然爱国至诚固属可嘉,切望各省长官须善导此项民志,庶不误其归向"[1],"此次交涉终局,各省人民怵于危亡乃发起种种爱国之举,惟该人民等胸怀积愤。若遽行抑制,诚恐激而生变,转多意外之虞。由该使体察民情,就其趋向导之正规,以培养其纯粹爱国之热忱"[2]。政府愿意在一些具体问题上做出妥协与让步,这在客观上为救国储金运动的深入发展创造了条件。

在救国储金运动发起之初,对于官方阻止干涉的行为,中华救国储金团总事务所也积极沟通、协调。正如前面所述营口三江公所发救国储金传单被阻时,营口三江公所致函中华救国储金团总事务所,请

---

[1] 令各省长官引导人民爱国志趣[N].盛京时报,1915-05-15(2).
[2] 饬各省勿抑制民气[N].大公报(天津版),1915-06-03(3).

其调解,"此事为我对内自立之图,于地方治安、交涉谈判毫不相关"。接到营口三江公所的信函,中华救国储金团总事务所与辽沈道伊进行沟通协调,并指出"全国储金,关系大局,商民爱国出于至诚",因此,请求其"妥为保护,俾利进行";与此同时,又致电北京政事堂和政府各部门,指出"上海商界发起中华救国储金团宗旨甚正,性质颇纯……开收以来,未及一旬,数踰二十余万多,系各界零款争先恐后,日不暇给。现在各业各自开会劝储经伙各友自愿捐薪,踊跃输将,影响至捷。各学校亦佥议储金,各省各埠请商会发起通寄简章,海外侨商则烦广肇泉漳各公所会馆分电南洋各埠,冀达人人爱国人人输金之目的。钩座闻之,当荷嘉许。开办伊始,租界洋人亦曾查问,经和德等详晰报告储金办法,非常赞成,足徵人民心向国家为世界所公认,与内政外交毫无关系,亦不妨碍地方治安","通电各省将军巡按使,遇有储金开会务,须会同劝导,以结民心而张国势"。①

为顺应民情,北洋政府开始有限度地回应民众吁求,袁世凯和政事堂多次下达饬令,要各地"对于储金一事,不妨尽心提倡,惟不得稍涉勉强,至于人民认储之数,宜听其自行输将,不得遽行强派,以免种种流弊"②。湖北当局一改之前压制的态度,认为提倡储金救国的印刷品与排斥日货传单不同,准其自由散放,由警厅通饬各警署,对储金宣传"勿加干涉"③。自此之后,三江同乡会召开储金动员会,也再没受到官方阻止,并于1915年6月18日成立三江公所储金分所。

官方对在储金运动后出现的一些问题,及时提出一些具体的指导意见。如虑及日方的反对,官方特别强调储金演讲不可"涉及排外举

---

① 救国储金团要电一束[N].申报,1915-04-22(10).
② 谕饬禁阻勒办储金[N].大公报(天津版),1915-05-28(3).
③ 湖北救国储金之最近谭[N].申报,1915-04-30(6).

动,贻人口实"①。针对储金运动中出现的一些强迫认储行为,官方作出指示,"输将须出自个人自由意见,凡百执事,万不可有勒迫情弊"②。官方对储金运动的发展起到了一定保护作用,这体现在对日本的交涉上。救国储金运动的迅速发展引起了日本方面的警惕和干涉,不时寻找借口,向官方提出抗议并要求官方将此项运动予以取缔。湖北沙市发起救国储金运动后,日本领事即威胁当地商会,声称如果因之发生交涉商会应对其负责,致使储金"为之顿挫"③。山东发起救国储金运动后,日人面见"蔡巡按使,言此次东省救国储金会之发起实含有排外意味,请为禁止"④,官方对此婉言解释,并对其无理要求置之不理。天津、奉天日本总领事馆各请本省将军禁止救国储金,因此举含有排日性质。直隶将军答称,"救国储金乃为救国起见,未便干预"⑤,"俾使国人咸知政府保护该款之深意"⑥。

第二节 运动中的官民合作

随着中日围绕"二十一条"交涉的深入,日本欲壑难填的本质暴露无遗。官方对救国储金运动的态度,经历了一个较为明显的转变过程,由起初时的观望、反对到逐渐默认、支持并积极参与。官方态度的转变,促进了救国储金运动的开展。官民之间良好的互动,推动了救国储金运动的顺利进行。

---

① 张巡按使顾全邦交[N].盛京时报,1915-05-25(6).
② 中央禁迫储金[N].盛京时报,1915-06-08(6).
③ 楚客.沙市各界之救国热[N].申报,1915-06-17(6).
④ 某国人指储金为排外[N].申报,1915-05-31(7).
⑤ 译电[N].申报,1915-07-13(2).
⑥ 储金运用法之核拟[N].大公报(天津版),1915-05-31(5).

一、争取官方储金

救国储金运动是发自民间的一场爱国运动,鉴于此前各项官民合办事业的不良后果,民众对官方普遍怀有一种不信任的情绪。"吾国一举一动失信用者屡矣,虎头蛇尾、义始贪终。即筹款而言,自昭信股票以至直、皖、湘、鄂等省公债,舆夫,各项官民合办之事业当其创始莫不揭正当之办法以为招徕,然不旋踵即自由背弃不复履行,腾笑贻讥殊非细故"①;"官不信民,民不信官,或争意气或生猜忌或攘利权",因此,民众对官方的举动保持着高度的警惕,担心官方介入后会控制这场运动,从而使运动走向失败。储金运动的组织者为取信于民,特别注意与官方划清界限。如在《简章》中特别规定:"本团干事始终不受政府奖励。"当有团体认为救国储金团是由财政部核准的团体时,储金团事务所专门登报对此事予以澄清,说明储金运动乃由商界发起,并没有禀请财政部核准。然而,由于官方初期对这场运动的态度不明朗,致使"多数富绅殷户尚在观望,各省分事务所成立虽多,而惧官阻止者亦颇不少"②。事实证明,要完全摆脱与官方的关系,独立发动、推进这场运动是非常困难的。作为储金运动的领导机构,救国储金团担负着与官方交涉的职责,积极争取官方储金成为救国储金团着力要推动之事。

救国储金认储目标定为5000万元,联系到当时国弱民穷的现实,这一目标的实现仅靠普通民众阶层的个人认储,确实不易完成。动员与争取官员参与储金以体现官民同仇敌忾的姿态,既是运动组织者策略之谋、权宜之计,也是民众检验官方是否值得信赖的试金石。

---

① 平之.救国储金[J].东方杂志,1915(6):10-11.
② 救国储金纪要[N].申报,1915-05-15(10).

在储金运动之初,中华救国储金团总事务所干事虞洽卿,以救国储金是民国人人应尽之责相号召,表示"商民既创捐巨款,政界亦应尽义务"①,已达通力合作之举。为此,他曾致电政事堂及各部,请北洋政府"通电各省将军、巡按使,遇有储金开会,无须会同劝导,以结民心而张国势"②。各地报纸也陆续发表评论,认为救国之责,"不仅国民当之,官界之负担为尤重",要求政界"激发天良,以尽其应尽之责",否则"其罪亦不容于死,死且遗万事之唾骂焉"。③这些都反映出民众对官方参与储金的殷切期待。

救国储金是国民应尽之责,除商民认捐输将外,政界也有应尽的义务。为此,虞洽卿曾专门函电袁世凯,恳请大总统下令各部各省将军、巡按使暨中交两银行、各铁路局、邮政局、电报局一律举办月薪储金。

> 北京政事堂转呈大总统钧鉴:救国储金佐日开干事大会除已存中国银行四十余万外,当场又认七十余万,以商民及劳动界居其多数,富绅殷户尚在观望,各省分所成立者虽多,而惧官厅之阻止者亦颇不少。本团宗旨纯粹爱国交涉虽和平解决武备不能不赶紧筹办,此项储金用途业由大会决定,专备国家添设兵工厂之用,商民爱国心切,当六日前后市面震惊之时中交两银行纸币存款非但无丝毫提取,而存储者且日见其多,近更愿以一月薪水作为储金,民心若此,民国前途之幸也。京内外官吏同为国民关系尤切,可否恳大总统赐予提倡,饬下各部各省将军、巡按使暨中交两银行、各铁路局、各邮政局、各电报局一律举办月薪储金,则五

---

① 救国储金纪要:政界亦应尽义务[N].申报,1915-04-26(10).
② 致北京政事堂各部电[N].申报,1915-04-22(10).
③ 官中亦有鉴此爱国心乎[N].申报,1915-04-02(10).

千万之定额不难立集。①

在储金团的积极努力下,北洋政府态度开始松动,政事堂复储金团电稿如下:

> 上海商民呼号救国慷慨储金,爱国之诚达于极点,深为嘉悦。北京社会亦举行储金大会一日间认定一百五万元,其各机关团体自行捐积者,尚不在内,毁家纾难,人有同心,该商民等以血汗之资作众擎之举,国民进步希望无穷,所请各节交内务财政两部查照等因。②

袁世凯批复"深为嘉悦",对救国储金运动表示支持,并且认储11万元。在总统的示范效应下,政界要员也纷纷认储,并且举办月薪储金。官方月薪储金的加入,给予民间巨大鼓舞,有力地推动了储金运动的发展。

在中日谈判前,袁世凯运用舆论与社团力量,发起大规模民众运动,其意原本在制造声势,以造成有利局面。不可否认,中国代表在会议上确实以民众意见及国际舆论为理由,迫使日方撤回了一些苛刻条款。财政部除了同意中国银行接受储金,后来交通银行也奉命参加收储。也由于此事有政府背景,虞洽卿从一开始就称"政界亦应尽义务"。1915年4月24日,虞即请沪海道尹杨小川电呈中央,要求政府各部承担储金任务,已尽通力合作之义务。但到5月7日,日本政府突然发出最后通牒。同时,英美两国也劝中方妥协,以免大局破裂。8日,袁世凯在危急之中宣布接受"二十一条",次日通知日方。

袁世凯因被迫签约深受刺激,认为是"奇耻大辱",于是通电全国官吏,告诫他们若军事、政治、外交、财政再不一一刷新,"亡国之痛"即

---

① 救国储金纪要[N].申报,1915-05-15(10).
② 救国储金纪要[N].申报,1915-05-15(10).

在目前。11日,北京总商会在北京公园社稷坛发起举行救国储金公民大会,号称有20余万人参加,劝募储金105万余元。陇海铁路局督办施肇曾即将此消息通知虞洽卿,称"已由北京商会通电全国商会同时并举,一致进行",要求商会总事务所也"一体通电各省,竭力鼓吹"。

二、官方的积极参与

在救国储金团的积极争取与倡导下,政府态度转变明显。"救国储金政界输款最早由刘冠雄提倡,大总统以救国储金系国民一种爱国热忱,听其自由。若政界以个人名义输款,不加干预。"①为了表示对救国储金运动的支持,袁世凯还发表了对于救国储金的赞词:"毁家纾难,人有同心,国民进步,希望无穷"②,"救国储金发动于一般人民之爱国心理,未有何等之诱引及束缚,然自上海发起以来分行全国,认储之数合全国计不下数十万元,认集五千万元决非难事。中华民国有如是之民气,不独余所欣慰,亦系中华民国前途之幸也"③。对于救国储金一项,大总统也是"极为珍视"④,北京救国储金发起后,袁世凯首先认储1万元,此后又多次认储。据报载,袁世凯及其家属共认储金11万元;副总统黎元洪认储1万元;总长段祺瑞认储5000元⑤;徐世昌5000元,朱启钤4000元,周学熙3000元,周自齐1000元⑥,中央各部部长均认1000元,次长各认500元。

在这种情形下,各地方的军政界也相继行动起来。军政界也由一开始时对运动的观望,逐渐转向支持并参与到运动中去。上海镇守使

---

① 今后政界之救国储金[N].大公报(天津版),1915-05-07(5).
② 专电[N].申报,1915-05-21(2).
③ 大总统之救国储金谈[N].盛京时报,1915-05-21(3).
④ 储金运用法之核拟[N].大公报(天津版),1915-05-31(5).
⑤ 专电[N].申报,1915-05-22(2).
⑥ 某政客之救国储金前途观[N].盛京时报,1915-05-21(3).

郑汝成致函储金团总事务所,声称"上而将领幕僚、下而士卒夫役,减薪缩食,踊跃投储"①,皆尽国民一分子之义务。

1915年5月29日,安徽省召开了救国储金大会,韩巡按使竭力提倡,先认捐数百元交中国银行收储;财政厅及道尹以次各长官也纷纷认捐,将军驻扎蚌埠督办工振遂由军署参谋长李玉麟代表在会上演说,语词沉痛,各职员均愿以本月薪金悉数充作储金。②

广东陆军第一师军乐连连长吕国定组织全队游行鼓吹,劝导各界认储,"各军士除鸣鼓吹号外,并有七八人手执旗帜,各旗所书之字皆是劝人踊跃储金,以挽危局而固国权者","其最足动人之处,则沿途吹出之音韵,隐隐然有曰:爱国诸君须储金,能救我国能保我民,诸君诸君须要齐发奋。声悲而壮,闻者皆为之动容"。③ 此次救国储金,军界等人士非常踊跃,"较之从前国民捐踊跃十倍云"④。

1915年6月13日,余姚组织救国储金会余姚分事务所开会劝储,王知事到场提倡,并当场认储洋200元;警察所内被收容60人,分别将以苦工所得奖励金铜圆数枚,合成小洋50元,由警佐代为缴纳储金。⑤ 6月15日,吉林将军致电中华救国储金团总事务所,军人等自愿认储,已集成2万元。⑥

此外,其他社会各党派也积极参与,如进步党总部获悉救国储金发起及其宗旨后,致电中华救国储金团总事务所"深表同情"⑦,"本党党纲国利民福,际兹时危,应尽天职,仰体元首焦劳,俯察同胞义愤苦力,输将全国普及,誓捐铁血永固金汤,□达各支部讯联资望兼优绅商

---

① 救国储金纲要[N].申报,1915-06-14(10).
② 军政界提倡储金[N].申报,1915-05-30(7).
③ 粤省储金之进行[N].申报,1915-06-13(6).
④ 粤省储金之进行[N].申报,1915-06-13(6).
⑤ 余姚县之储金状况[N].申报,1915-06-18(7).
⑥ 救国储金纪要[N].申报,1915-06-16(10).
⑦ 救国储金纪要:赣省各团体之响应[N].申报,1915-05-03(10).

倡劝国货储金,群策群力卫国竞存,党可亡主权不可失,身可死,地不可割,五族存亡,一言拒□,坚持最后,胜负未卜"①,表达其毁家纾难、积极支持储金的决心。

官方态度的转变对各地储金运动的发展起到了很大的推动作用,这对缓解义愤填膺的民众情绪起到了一种慰藉作用。

对于官吏月薪储金,数月间大多数照办,但还有未实行者。虞洽卿再次致电袁世凯,请求其"令饬内、财两部转咨各部暨各省将军、巡按使转饬各机关于月薪储金一事,各以国民资格切实进行。其已认者,速既照缴;其未办者,赶即举行,勿再视为缓图,以速成功而固国本"②。

虞洽卿的呼吁产生了积极效果,地方官员就月薪储金事宜进行了行政动员。

> 上海来电,官薪储金,已奉部电通咨各省照办,现承各将军巡按使赞成,饬属实行,并蒙电报敝团查照者,已居多数,热心爱国,感佩同深,并有已经举办未蒙电知者,应请赐示,并乞通行各官员,仍以国民名义,存入各本省中交两行,其无中交两银行之处,即存入商会,按旬汇至就近中交两行。③

1915 年 5 月 31 日,广西省陆将军、张巡按使致电中华救国储金团总事务所,桂省月薪储金正举行,规定月薪储金办法,"在职文武各员月薪满三十元至一百元者,按月提储二十分之一;百元以上者按储十分之一,以一年为限"④。"自六月起由大总统提倡,各提倡月俸十分之

---

① 吴承忠致北京进步党电稿[N]. 申报,1915-05-07(10).
② 救国储金近闻[N]. 申报,1915-09-23(10).
③ 各商埠关于救国储金电[J]. 中华全国商会联合会会报,1915(8):34-35.
④ 救国储金纪要[N]. 申报,1915-06-02(10).

一作为救国储金"①,并要求各部院司员每人认缴一个月薪水,可以分两个月内交清。

时任农商部总长张謇率先在该部"拟定募集储金办法",办法规定,凡部中委任官以上职员,均应提出全月薪俸为救国储金之用,由该部会计科汇交中国或交通银行收存,各官署事同一律当可仿照办理。②张謇在委任官以上职员中发起月薪储金,此后积极投身于救国储金运动中,"投身事业二十年来所得之阅历,为筹救国之君子言之"③。

北京内务部来电,月薪储金"已会同财政部,函电京外一律办理";贵阳官方回电,"齐电悉,热诚敬佩,官薪储金已通饬照办";吉林官方回电,"储金事敝处早经赞成举办,并由省垣商会设立储金事务所,通知各属,切实进行,官吏亦以个人名义各向中、交两行存储"。④ 其他各省也积极响应,热情参与此项运动,慨认储金为各界表率。

湖南省当局特在公署内"设立储金库,每月酌提薪资一成,储库备缴",全省各官厅官员先后发起,"警界尤为踊跃"。⑤ 奉天将军巡按使复电,"奉省官薪储金已分别认矣"⑥。江西戚巡按使回电,"赣省官吏储金现正提倡"。云南将军巡按使复电,"官吏月薪储金,滇极赞成,已饬商会发起,联合军商学警各界,会商办法,自当认储"⑦。广东巡按使回电声称,当地军政界发起认储一月薪金,以提倡储金运动。⑧ 龙云将军通饬下属实行月薪储金,并先行认储15000元以作表率。⑨广东将军龙济光收到虞洽卿的劝募电后,即覆电表示"凡济光所辖各镇济本行

---

① 北京救国储金之前途[N].大公报(天津版),1915-05-15(3).
② 北京救国储金大会之前提·政界之赞同[N].申报,1915-05-15(6).
③ 张謇对于救国储金之感言[N].大公报(天津版),1915-06-02(2).
④ 奉省大吏之复电[N].申报,1915-06-18(10).
⑤ 湘省救国储金之踊跃[N].申报,1915-04-30(6).
⑥ 赞成储金之电稿[N].申报,1915-06-13(10).
⑦ 各处来函专录[N].申报,1915-06-14(10);官薪储金之提倡[N].申报,1915-06-21(10).
⑧ 关于救国储金纪事[N].时报,1915-06-23(8);官薪储金之复电[N].申报,1915-06-20(10).
⑨ 提倡储金之电谢[N].时报,1915-06-15(8);总事务所来往电稿[N].申报,1915-06-15(10).

署并陆军师旅局所各项官佐,均各储薪一月,济光于储薪外加储一万五千元,共合一十二万元"①。上海淞沪警察厅厅长徐国梁召集内外各警正、警佐等,提议储金,规定月饷在三十元以上者酌提一个月拨作储金。其他巡长每名酌提两元,警察及队士等每名各提一元,所有这些储金均于发饷时提出,汇缴到警察厅,然后由该厅送交中国、交通两银行存储。② 1915 年 7 月 25 日,山西省临晋县知事贾翰辰致函储金团,"储金关系救国,亟应提倡赞同,业经饬知商会劝集赶办,务使各界同胞上下社会咸悉储金之大义,共增救国之热诚"③。其他各地,如贵州、云南、浙江、湖南、湖北、热河等地官长也先后覆电救国储金团事务所,纷纷表示储金一事"责无旁贷",已饬属遵照办理。

官方除了积极参与储金外,还对储金运动还给予支持与保护。直隶救国储金团派员到地方进行演说之时,直隶天津警察厅转饬各县警署,"俟演说员到境一体维持,保护以便办理"④。官方态度的转变,对于储金运动的发展起到了重要的推动作用。

中日交涉结束后,北洋政府为平息民众的愤怒情绪,在统治政策方面有所调整,对救国储金运动前后态度的转变即是其一。在运动发起的一段时间内,官方对其保持谨慎态度,中日交涉结束后,转而积极提倡、参与这场运动。一方面,中日交涉结束后不久,以总统、副总统、各部部长为首的行政官员参加了在北京举行的救国储金大会,并踊跃认储参储。各级地方官员也积极响应"月薪储金"号召,带头认储、参储。另一方面,官方态度的转变是回应日本要求取缔这场运动的体现。储金运动发起后,日方始终以一种厌恶的眼光密切注视,并不时

---

① 救国储金纲要[N]. 申报,1915-06-14(10).
② 救国储金纲要[N]. 申报,1915-06-15(10).
③ 救国储金纪要:知事之提倡[N]. 申报,1915-07-26(10).
④ 本团推选演说员分赴各县演说(1915 年 8 月 29 日)[A].天津市档案馆,商会档案,档号:J0128-2-002684.

寻找借口,向官方施加压力,要求予以制止、取缔。对此,官方多婉言拒绝。

官方以上态度的转变产生了良好效应。一定程度上形成了官民一心、同仇敌忾、团结御侮、共赴国难的新气象。这使得原本"为政府后盾",支持政府强硬回击日本侵略要求的民众运动,在"二十一条"签订后没有趋于沉寂,反而在一定时间内获得了较为迅速的发展。

综上所述,在救国储金团与政界,无论是地方政府还是中央政府多方面的沟通协调之下,被迫签订"二十一条"后的政府,转变了态度,由原先谨慎的态度转变为支持的态度。其支持主要体现在领导层方面的以身作则,大总统袁世凯、国务院总理徐世昌他们带头储金。这种带动性产生了一种良好的示范效应。正如中华救国储金团总事务所在拟召开联合大会的通函中指出的,"前经奉大总统令饬内务、财政两部通咨各省将军、巡按使举办官薪储金,各省政、军两界之电致敝所所存记者已居十分之九,官界如此热心,我等商民若不一鼓作气,克底于成,岂不贻人讪笑"[①]。由此看出,官界在储金运动中也起到了一定的作用,对此要客观地评价。

官方参与储金的形式有多种,其中最主要的就是月薪储金。除政界之外,还有军界、警界也参与了这场运动。从参与动因来讲,既有爱国主义激情,也有行政命令的压力。

对于救国储金运动能形成全国性运动,学界持有不同的观点。有学者认为是"因有政府之支持,故一经发起即全国响应",而并非商界推动所致。[②] 其所列举的政府支持事项,一是"经财政部核准"[③]。二

---

① 天津市档案馆,天津社会科学院历史研究所,天津市工商业联合会.天津商会档案汇编(1912—1928):第4册[M].天津:天津人民出版社,1992.
② 冯筱才.政商中国:虞洽卿与他的时代[M].北京:社会科学文献出版社,2013.
③ 救国储金纪要[N].申报,1915-04-25(10).

是"有人指责'商会为官场把持'"。三是"当时支持袁氏之进步党也曾致函各地支部,要求与商会合作,协力提倡储金一事,以期速收成效"①。四是"虞洽卿与中央及地方机关及官员保持密切互动",如向政事堂及各部报告储金团成立之事及收到储金的数量;获得财政部同意由中国银行和交通银行为收存储金之所;请求沪海道尹电呈中央要求政府各部承担储金任务,已尽通力合作之义务;电请袁世凯、政事堂、内外部等在全国提倡"官薪储金",并被采纳;袁世凯公开表示支持储金运动,自己及家属认捐11万元,并由此起到带动官员认捐储金之作用。② 这些政府支持事项,都只能视为救国储金运动领导人争取政府支持与配合的措施,虽有主张储金运动的作用,但政府部门及官员的支持和配合仍是以商界的活动为基础和载体的,不足以否定商界在储金运动推广中所发挥的组织和发动作用,至多只能说是政府与商界共同推动了储金运动的开展。③ 时人指出,"救国储金虽属民办,然于商会与政界巧相联络之故,遂致立竿见影易于奏功一时,储金者俨然有风行草偃之势"④。

---

① 冯筱才.政商中国:虞洽卿与他的时代[M].北京:社会科学文献出版社,2013;救国储金团一分子来函[N].申报,1915-10-12(11);大陆报纸时局忧危语[N].申报,1915-10-10(3);救国储金纪要[N].申报,1915-04-25(10).
② 冯筱才.政商中国:虞洽卿与他的时代[M].北京:社会科学文献出版社,2013.
③ 虞和平.资产阶级与中国近代政治运动[M].北京:中华工商联合出版社,2015.
④ 某政客之救国储金前途观[N].盛京时报,1915-05-21(3).

第五章　救国储金运动的衰落

救国储金运动最早在上海发起,短时间内迅速发展到全国各地。随着政治形势的变化,政体的改变、官方不良的政治行为在民众心目中产生巨大波澜,致使救国储金运动迅速趋于衰落、沉寂。

第一节　全国储金团联合会的召开

储金运动自发起后,仅几个月的时间就发展到全国各地,并取得了相当成效。随着时间的推移,民众认储热情逐渐下降,储金数额日益减少。对作为储金发源地的上海而言,储金天数及数额均在收缩。现将上海所收救国储金数额大致状况,统计如表5-1所示。

表 5-1　上海所收救国储金数额

(1915 年 4 月 9 日—1915 年 10 月)

月份	实收天数/天	实收金额	日平均收金/元
4	19	325464 元 银 1778.5 两≈244.3 元	17142.5
5	26	284260 元 银 1413.6 两≈194.2 元	10940.5

续表

月份	实收天数/天	实收金额	日平均收金/元
6	25	87050 元 银 338.3 两≈46.5 元	3483.9
7	24	22243 元 银 1915.8 两≈263.2 元	937.8
8	22	10955 元 银 163.1 两≈22.4 元	499.0
9	10	2299 元 银 16.2 两≈2.2 元	255.7
10	8	27337.3 元 银 406 两≈55.8 元	3424.1
合计/平均	134	759608.3 元 银 6031.5 两≈828.5 元	5674.9

注：依据《申报》1915 年 4 月至 10 月第 10 版公布的数据统计而成。详情见附录二。银两折合银圆换算（1915 年 4 月至 9 月洋厘平均值七钱二分八厘折为银圆），依据：中国人民银行上海市分行.上海钱庄史料[M].上海：上海人民出版社,1960.

从表 5-1 可以看出，就储金天数而言，上海救国储金运动自发起以来，共储金 134 天，截至 1915 年 8 月，储金天数均在 20 天以上；9 月后，开始急剧下降。就储金数额而言，6 月之前，月平均收储在 3000 元以上，随后收储数额开始收缩，9 月日均仅仅收储 200 元左右。

全国情况亦是如此。全国实际收储数额与预定数额相去甚远，至 9 月，全国仅收 800 余万元，其中"现款者只居半数"。面对这一形势，为进一步推动救国储金运动，争取达到预期目标，中华救国储金团总事务所越来越意识到加强各地联合的重要性。"开办至今尚未全国一律"，"推厥原因，或有地方偏僻民智未开，视储金为缓图者；或有灾浸之余民力未逮，因此未办者；更有已经举办仅报省城事务所，而未函报敝所者"。中华救国储金团总事务所决定召开全国储金团代表联合会，共商良策，以利进行。

经过紧张的磋商和筹备，1915 年 9 月 9 日，全国储金团各省代表联合会在上海召开，参加会议的有 20 个省份及华侨各埠代表共 69

名。9月11日,开正式会议,会议选举虞洽卿为第一次储金代表联合会正会长,邹静斋为副会长。会议首先就储金运动进行与否投票表决,代表们认为此事关系救国,"凡属国民均应负责,决议储金一致进行,不达目的不止"①。9月14日,继续开会,正会长提出议案9条:统一事务所章程;期限、储数、用途;公推章程起草员;各事务所经费;请求电报免费;请求邮电储金;联合会应设于何处;联合会之经费;储金满六个月后,其利息应否由中、交两银行照发。经过讨论,会议推定王伯辰、李荫堂、盛竹书、陈赢生、谢敬虚、张心芜、于范亭、袁履登、洪承祁九人为章程起草员。会议决定储金额仍为5000万元,俟实收到现款五分之一时,开全国联合大会公决处分。与会代表一致同意储金联合会附设于中华救国储金团总事务所内,并按照全国商会联合会章程,再次选举副会长一人。经与会代表认真讨论,一致推举直隶代表王伯辰为副会长。会议还就《中华民国全国救国储金团简章(草案)》进行了讨论,并全案通过。为继续推动储金运动的进一步发展,储金团做出了一系列的努力。储金联合会做出储金全国一致进行的决定后,立即发出紧要通告,强烈呼吁"凡我国同胞速图兴起"以"极力进行"。9月22日,中华民国全国救国储金团联合会邀集报界记者召开茶话会,请各报一致鼓吹进行。为进一步落实官商各界月薪储金,"经各省代表联合会公恳"由虞洽卿等人再次致电袁世凯,请求其"令饬内、财两部,转咨各部暨各省将军、巡按使,转饬各机关,于月薪储金一事,各以国民资格切实进行。其已认者,速既照缴;其未办者,赶既举行,勿再视为缓图,以速成功而固国本"。②与此同时,联合会又派代表冯润田、施省之、卞月亭、严子钧、邹静齐、王伯辰等人进京与中国、交通银行商讨,希望银行给储金人增息及发息。

---

① 救国储金近闻:致北京政事堂电稿[N].申报,1915-09-23(10).
② 救国储金近闻:致北京政事堂电稿[N].申报,1915-09-23(10).

为增加储金团工作的透明度，更好地推动储金运动的发展，中华救国储金团总事务所依据储金团自创建至8月下旬四个多月以来的所有经过手续情形，编纂并出版了《救国储金之源流》一书，并分送全国各储金团，上海各公所、会馆、学堂、各团体、各干事，以及存有"巨数储金"者。

然而，这些决议、努力并未得到广大民众的认同、支持。他们认为，既然储金运动在开始时规定以六个月为期，如若储金不足额就加息发还，且在银行收条上亦注明这一条，那么在储金运动进行已近六个月，而全国储金收数尚不足1000万元，距原定目标相差甚远的情况下，储金团主其事者，理应发还储金，而不应出于垄断，不顾储金人的愿望，将发还储金时间展期，收缩储金原定目标。他们针对各省联合会的决议提出疑问：如果不按照原约发还储金，那么储金团事务所"置信用于何地耶"，甚至在会议进行之中，就有人要求发还储金。1915年9月14日，中华救国储金团总事务所在爱而近路纱业公所召开储金团联合会，旁听席有人突起，手中持有中国银行救国储金收条，大声喊道："收条书明如满六个月者，以四厘给息，经救国储金团事务所之议决发还原主；如总事务所之议决有指定用途者，自当拨将收据作废，今六个月期限已到，吾辈不知有他，应照原约如数收回，以全国人信用。"面对这一突发事件，虞洽卿拍胸并大声保证："上海一部分之储金七十五万元，概由鄙人担保发还，决不使储金人损失毫厘，以践原约。"[①]

储金运动之议在提出时曾规定，"其总数如在一年之内不能收足五千万元者，准可自行收回，偿以五厘子息"，储金运动指导性文件的《简章》对此也有规定。年底储金不足5000万元，储足六个月后，一律

---

① 储金联合会纪事（二）[N].申报，1915-09-15(10).

加息发还。1915年9月5日,中华救国储金团总事务所为筹议各省代表联合会而召开了储金干事预备会,决议在各省代表联合会中,按照《简章》第十一条付议,以表信用。但是,在各省代表联合会上,上海方面的主张(即按照规定发还储金),没有得到多少代表的赞同,"除二三处赞同赞成者外,余均主张进行,于是上海不得不随多数一致进行"①。

一波未平一波又起。在各省代表联合会即将结束时,储金代表联合会收到直隶救国储金团来电,声称天津《日日新闻报》载有筹安会借用储金200万一则。得此消息,储金代表联合会"惊惶万状",决议停会,致电北京救国储金团,请其迅速向中国、交通两银行查实。北京救国储金团收到此电后,迅速向该报社诘问并向两银行查询,认定此消息不实,并回电储金代表联合会。储金团为释群疑,特在各报刊登了以上电稿。尽管如此,这一事件在民众中仍产生了很坏的影响,从而使民众要求发还储金的愿望更加强烈。不久,又有报载,"储金一举是由商会中人受政府运动之数人发起,初曾约明不足五千万元则发还所缴之数。今未收足定额理应发还,不意竟为官府把持而失前言",并认为"此种举动大拂舆情"。② 尽管事实并非如此,储金团事务所也专门做出解释,"储金为救国起见由马君佐臣(非商会中人)发议创办,实系民意机关,官场何以把持? 况弊团全国储金统一简章,首重国民自行处分字样,政府亦何所运动",并认为《大陆报》的说法是讹传。但事情并未因此而好转。而当储金团事务所未能及时就储金发还做出决议时,一种不信任的情绪弥漫于整个社会,对于储金团事务所、虞洽卿的不满、愤怒、指责、猜疑在民众中迅速传播。随着时间的推移,这些情绪不断得到强化。作为表达这些情绪的一种方式,储金者个人、团体纷纷致函《申报》等报馆对储金团事务所或是正面规劝,或是旁敲侧

---

① 马佐臣来函[N]. 申报,1915-10-14(11).
② 大陆报之时局忧危语[N]. 申报,1915-10-10(3).

击,或是愤怒地指责。这些充分表现在当时民众的函件上,兹举例如下:

> 当救国储金发生之始,明白宣言,以六个月收足五千万,为开办兵工厂之用,如至期不能收足,一概给息发还,决不有丝毫失其信用之语。即各处救国储金团开会之时,亦无不有同此声调之演说。今为时已五月,综全国实收之数只四百万,缺额有四千六百万元之多……今日似宜将储金如数发还,以践最始之约言并痛切报告全国父老兄弟知之,则此后吾国信用必因此而渐巩固,苟以后另谋救国善法重整旗鼓,应响者必万倍于今日。①

> 救国储金一事发起以来已届六月,当时各界踊跃输捐,满望五千万之定数指日可成,不料,迄今所收之数较之定额相去远甚,则前定不能足额发还存户之约应即实行,以昭信用。敝公司同人存数虽微,然而原约具在,当此谣诼纷传之际,敢请尊处(中华救国储金团总事务所——笔者注)从速宣布发还之期,俾得收回存款,是所至祈。②

> 洽卿先生台鉴:……值此浮言纷传之际,而发还之期迟不宣布,令人不能无疑。虽公曾有愿为担保决不使储金者受丝毫损失之言,然时至今日,绝非以数语春暖可以释群疑。为今之计,惟有速即宣布发还之期,既可以息浮言保信用,更可以表明我公之心迹,我公何乐而不为哉。③

> 收条上既注明,如六月期满收数不达五千万者,如数加利发还,以全信用。虞洽卿亦具是意。该团何至今尚不宣布发还之

---

① 储金联合会旁听人来函[N]. 申报,1915-09-17(11).
② 泰记公司致储金团总事务所函[N]. 申报,1915-10-13(11).
③ 松江陆姓致救国储金团干事函[N]. 申报,1915-10-15(11).

期,以践前言也? 令人殊为不解……①

储金团何至今尚不宣布发还之期,令人殊难揣测……②

现下期限已满,例应退还,各储户议论纷纷,何以储金团总事务所置若罔闻? 令人可疑。兹特专函该事务所外,合再善书呈请贵报登入来函一门,以待各储户公同筹谋对付之策。③

储金一事不能收完全效果,识者早已知之。不慎之于始而谋虑于后,徒失信于吾民耳。④

以上类似的函件尚有很多,以至于《申报》主笔发出如此哀叹:"储金人急欲索还之投稿仍纷至沓来,有正言规劝者,有微词讥讽者,本报实载不胜载。"⑤

虞洽卿在各省联合会上的表态,虽然暂时安抚了民众的情绪,但是事情并没有因此趋于好转。尽管储金团事务所为继续推行储金运动做出了很大努力,包括派代表到北京跟中国、交通两银行商谈,为储金者所存储金加息一厘,但民众似乎并没有因此而增加对储金运动的兴趣。民众要求发还储金的呼声与努力并未因此而消减,个人、团体致函储金团事务所、《申报》,要求发还储金的函稿纷纷而至,救国储金运动逐渐走向衰落。

第二节　中华救国储金团总事务所的困境与储金发还风波

中华救国储金团总事务所陷入两难境地。面对民众的要求、报界

---

① 罗店洪仰廷来函[N].申报,1915-10-20(11).
② 金铭来函[N].申报,1915-10-24(10).
③ 张文熙等来函[N].申报,1915-10-19(11).
④ 庄彬度来函[N].申报,1915-09-20(11).
⑤ 杂评三:储金人稍安毋躁[N].申报,1915-10-22(11).

的呼吁,中华救国储金团总事务所若不发还储金则势必违背民意失去民心,这样不仅运动无法进一步推行,而且会影响储金组织者的个人信誉,甚至会带来更大的麻烦。当时报纸曾有如此描述,"闻储金团事务所曾接恫吓函件,要求发还","昨有曾出储金者数人语本报(《大陆报》——笔者注)拟向法庭起诉"。① 可是如若发还储金,则意味着违背全国救国储金各省联合会的决议,会给全国储金运动带来很大负面影响,也会因此遭到其他省份的反对。特别是中华救国储金团总事务所乃是储金运动的发起者,居于全国的领袖地位。另外,如若发还储金,储金团办公经费问题该如何解决,亦是困扰当时储金团事务所的一个难题。因为按照储金运动发起之时的规定,办公经费由储金团事务所诸干事自行认储,无论如何不从储金项下开支分文。但在各省事务所开会之前,中华救国储金团总事务所方面"开办至今,各项万不得已之经费计一万一千余元"②。如果储金全部发还,这部分款项应如何解决? 这是个不容回避的问题。

民众纷纷致函报界要求发还储金,使人想到储金发起时民众纷纷致函报界响应、支持储金运动的情形。面对此情此景,《申报》主笔曾略带惋惜感慨道:"今日索还储金之人非前日踊跃储金之人耶? 何以前则热心救国,今则淡然置救国于脑后欤? 呜呼,民意可知矣。"③《申报》等各大报纸是储金运动的支持者、鼓吹者,对于储金运动的推行、发展起到了重大作用。面对储金发还这一问题,广大民众亦希望《申报》等各大报纸在这方面发挥积极作用。"发起储金之初,贵报提倡不遗余力,今亦当玉成于后,倡议速行退还各储户,以全信用。"④

---

① 大陆报之时局忧危语[N].申报,1915-10-10(3).
② 救国储金之进行[N].申报,1915-09-07(10).
③ 杂评三:来函[N].申报,1915-10-15(11).
④ 胡详钧等来函[N].申报,1915-10-21(11).

面对民众的要求,报界想到储金之议发起人马佐臣。认为马佐臣既能体民意提出储金之议,并提倡储金不足额则发还,"今多数国民以为不幸而力不足,不能成救国之志愿,则惟有发还以保信用而或犹未可者,则此问题之解决,我又乌能不再望马君之一言耶"[①]。马佐臣为此专门致函报界表明态度:"(联合大会以来)历时已经数旬,(储金)毫无进步可言,与其徒劳精神,被人诽谤,不若一概发还,以践前言。"并声称已把此意告知中华救国储金团总事务所,请其开职员大会,公决发还。

发还储金是大多数民众的吁求,但也有部分人反对发还储金,力主继续推进。如何协调两者的关系是储金组织者不可回避的问题。另外,如若储金发还,中华救国储金团总事务所的办公经费该如何解决。对此马佐臣提出了解决方案:

> 凡储金满六个月而欲收回者,应于到期后三个月内,各持收条向中、交二行或原储处连利息一并收回。如三个月之后,不来取去,准做进行算。将来按联合会所拟章程办理。……至经费一事,自不得由少数干事或阁下(指虞洽卿——笔者注)独任,应由利息项下扣去几分,想储金者万无不赞成者也。[②]

民众强烈要求发还储金,储金团迟迟未能做出答复,民众因此对储金团产生的怀疑、误解、指责甚至谩骂。对此,储金团事务所负责人虞洽卿出面做出解释:

> 和德日昨匆匆由甬回沪,迭见报端,屡登储金事函件,窃思储金一事,彼此均热忱救国,昭昭此心天日共鉴。当全国联合会开会时,上海一埠原分进行及收回两派,和德之所以迟迟有待者,实

---

① 储金问题[N].申报,1915-10-12(11).
② 救国储金发起人马佐臣来函一[N].申报,1915-10-23(11).

缘多数储金尚未到期,特请代表晋京与中、交两总行磋商利息,盖增加一分息金,为储户争一分利益,当为储金诸君所共谅,故拟俟代表回沪后,职员会议议决宣布,不料收回派诸君纷纷指责,急不能待,兹定于下星期开会,讨论办法便可发表,至进行派所储之数,不过期限用度稍宽,其储金用度仍旧照第一条章程自由处分办理耳,特此布告。①

经过讨论,储金团于1915年11月4日发表通告,宣布发还储金。兹录该布告如下:

中华民国救国储金团上海事务所紧要通告

救国储金自经全国联合会议决一致进行以来,曾由联合会登报发布通告并举派代表赴京与银行磋商加息等事,以期款归救国实际而又不损于储金者原有之本息。然上海一埠九月三日大会议定六个月不足额,按照简章第十一条办理,故当时即定有两种办法,在联合会曾经声明,愿意进行者,相与合力进行;其不愿进行者,悉听自行收回。现复于十月廿六日邀集各职员及前举之代表共同决议,按照以上两项办法分别实行,为此通告上海储金诸君:愿继续进行及前经承认进行者,自阳历元月一号起存息改为长年五厘换给存单;其有不愿继续者,按照存单上之日期扣足六个月,于阳历十一月五号起(即阴历九月廿八日)得持存单向中国、交通两银行连同本息照章收回。由本事务所登报销号,以昭实在。倘有满期过两个月后不领者,即同愿意进行诸君,由本事务所按照联合会议决章程办理,用途仍归储金人自行处分。再,以上办法虽分两种,而对于此次联合会所议定统一简章仍奉行无

---

① 虞和德启事[N].申报,1915-10-24(1).

违,合并声明。①

1915年11月5日上海开始发还储金,是日"一般执有已过六个月期之存单者纷纷至银行挂号领取,极为拥挤。闻持单而往,因无力挤轧未领取者甚多"②。"中国银行即发出三万元左右,息金助费则有一百四十余元。"③

关于储金团事务所的办公经费问题,在发还储金通告发出后,有人致函储金团事务所干事,建议将发还储金时应付之息,悉数留存,作为储金人捐赠事务所之经费。储金团事务所认为,该所经费曾经声明由各干事担任捐集,不动储金,今欲使储金人分担其责,殊负初心,但数日以来除由干事捐助外,不敷尚巨,故通告储户:凡有情愿捐助者,于(储金)收回时在存单上批明"息金助费"四字;不愿者仍照原定章程将本息一并收回。④ 储金团事务所明确提出"息金助费"完全自愿的原则,体现了储金团以信用为重的价值取向。

但在发还储金的具体操作过程中,这一原则却未能得到完全遵守。储金人领回储金要经过三道程序:一是去销号处销号;二是到核对存根处核对存根;三是至发款处领款。据上海银行方面声明,销号处为储金团事务所所设与银行无涉。⑤ 时人为我们留下了当时发还储金情景记录:

> 销号处内置有长桌一桌,上除笔墨账簿及销号图记外,另备息金助费木戳三方。销号之际先迫人以息金助费,人之愿意与否不顾也。司其事者系形似下流社会者二三人,若有不愿以息助费

---

① 中华民国救国储金团上海事务所紧要通告[N]. 申报,1915-11-04(1).
② 发还救国储金之开始[N]. 申报,1915-11-06(10).
③ 再志救国储金之信用[N]. 申报,1915-11-08(10).
④ 救国储金上海事务所来函[N]. 申报,1915-11-06(11).
⑤ 上海中国银行来函[N]. 申报,1915-11-22(11).

者,彼等即冷嘲热骂,任其呆立窗前不肯立予销号。于是所销之号愈少则等候之人愈多,前者不得出,后者不得进,拥挤数小时而时间至,而窗门闭,等候之人无可如何只得且怒且骂,一哄而散,如是者一而再再而三,其有不能忍耐者,怨愤之余即将收据撕破不愿再来取款……①

尽管在发还储金的具体操作过程中,存在诸多不足之处,中华救国储金团总事务所发还储金的决定,还是得到了社会舆论的赞许。"愿意继续进行者,还给存单,不愿继续进行者,发还本息",被认为是"两全其美之善法"。在办公经费问题上,中华救国储金团总事务所提出了"息金助费"自愿的原则,也得到了社会的赞同。

发还储金体现了储金团的信用。储金运动进行期间,曾有人严肃指出,鉴于此前办理此类活动存在的弊端,运动能否达到预期的目的相对来说是次要的,"所最宜注意者,则达的后之如何使用,不达的后之若何处置也"。他特别强调办事人员一定要信守承诺,因为"吾国一举一动失信用者屡矣,虎头蛇尾,义始贪终。即就筹款而言,自昭信股票以至直、皖、鄂、湘等省公债,舆夫各项官民合办之事业,当其创始莫不揭正当之办法,以为招徕,然不旋踵即自由背弃不复履行,腾笑贻讥殊非细故"②。中华救国储金团总事务所发还储金的做法,得到了当地社会舆论的嘉许。《申报》曾为此专门发表《救国储金之信用》《再志救国储金之信用》等文章对其做法予以赞同。发还储金展示了救国储金办理人员的信用,也体现了社会诚信建设的进步。

然而,发还储金的举措,在其他地区却引起了不同的反应,有赞成者,有反对者,还有观望者。扬州救国储金团事务所得知上海发还储

① 发还救国储金燃犀录[N].申报,1915-11-21(10-11).
② 平之.救国储金[J].东方杂志,1915(6):11.

金的消息后,立即召开干事会,经众决议,"按照总所办理,至于进行办法仍鼓涌前进,不以未足额遽而灰心"①。汉口救国储金团得知上海发还储金后,"不愿附和,拟禀请官厅处分,改作他用,不料储金各户闻信大为反对……皆前往储金团要求仿照办理。该团干事无可如何,刻已商妥中交二行,照单发还,其愿捐息助金者听"②。滨江救国储金团事务所召集各干事及中国、交通、殖边、储蓄各银行代表会议善后办法,决议归还本款、所有利息统归慈善会、事务所所需经费由各干事分担。③苏州救国储金团决定按照中华救国储金团总事务所办法,登报声明主张发还储金。广东储金团接到中华救国储金团总事务所发还储金的来函后,专门召集干事开会讨论,多数主张依照上海办法发还,"否则失信国民嗣后救国事业不能再办"④。随着时间的推移,效仿上海发还储金的地方越来越多,"自沪上发还储金连日汉、厦、苏、甬、绍及郓城、哈尔滨亦仿办"。这让反对发还储金的北京救国储金团感到"不胜诧异"。⑤

北京救国储金团反对中华救国储金团总事务所发还储金的做法,为此特通电各省各地储金团,要求对中华救国储金团总事务所的举措予以强烈谴责并令其立即改正,已发储金由虞洽卿负责补偿。⑥北平报界积极鼓吹进行,对上海发还储金多有责难。⑦直隶救国储金团对上海发还储金的举措也表示"惊诧交集,痛惜骈至",认为"总团此举事前并未与各省磋商,事属擅行,殊与联合会公决一致进行之宗旨相背"。在直隶救国储金团看来,当全国各地储金积极进行时,中华救国

---

① 储金会议纪事[N].申报,1915-11-15(7).
② 汉口储金实行发还[N].申报,1915-11-19(6).
③ 滨江储金议决发还[N].申报,1915-11-27(6).
④ 广东发还储金之决议[N].申报,1915-11-24(6).
⑤ 北京储金团又将开联合会[N].申报,1915-12-02(6).
⑥ 北京储金团致浙之电讯[N].申报,1915-11-21(7).
⑦ 京中救国储金之意见[N].申报,1915-11-30(6).

储金团总事务所突然宣布发还储金,违背全国救国储金团联合会公决一致进行的决议,对运动的发展会产生严重的消极影响,于是,通电全国各省储金团,"祈贵团飞电总团纠正,并嘱即行阻止发还,其已发还者应由虞洽卿先生个人担负补偿责任,以符议案而维将来"。吉林救国储金团认为,上海发还储金的举动"虽不得已,然托词大会议决,迹近破坏";支持联合会副会长、直隶救国储金团负责人王伯辰"赴沪面诘""务请严重交涉,由虞君即速登报声明截至发还,其已发还者,概由虞如数垫补以为最后之解决"。[①] 安徽安庆救国储金团事务所以没有接到发还储金的正式通告为由,不同意立刻发还储金。"日前迭接北京、天津储金团来电,以上海发还储金未经全国联合会公决,应即截至发还,取消(发还储金)通告,仍应积极进行"。安庆救国储金团事务所的主张没有得到民众的认同,民众强烈要求按照上海的做法发还储金,甚至有人以匿名信件的形式,质问甚至威胁储金组织者蔡正,要求发还储金,否则"以手枪与蔡君共事"[②]。

对于民间储金是否发还,官方也提出了不同意见。京中财政部主张以储金购买民国四年公债票发还给储金人;法制局、铨叙局主张暂时把储金封存"以观将来";内务部、交通部则认为发还储金有损于国,无利于民,不必交还。

黑龙江省各储户闻知上海发还救国储金后,提议索还储金,然而此事受到官方的反对。黑龙江省朱将军为此召开茶话会,表示反对发还储金,"若听信若辈鼓吹,要求发还,则从前的爱国热心岂不尽付流水乎",因此,坚决主张继续推行这项运动,并要求各县代表规劝各县人民仍照从前办法办理。[③] 广东发还储金的举措亦受到

---

① 本埠:储金团之近闻[N].大公报(天津版),1915-11-23(3).
② 用武力索还储金[N].大公报(天津版),1915-12-04(6).
③ 纪黑省之储金茶话会[N].申报,1915-12-25(6).

官方阻挠。广东官方接到内务部、农商部来电,认为储金一事关系国家体面,是立国根本也是人民爱国程度的晴雨表,因此绝不能轻易发还,要求按照当地情形,竭力维持,赓续猛进,务使民心固结,不至观望,并望密约储金团干事,晓以大义,面加鼓励,总期玉成,毋令瓦解。广东官方一面饬属遵照,一面兑现此前曾许诺之储金的一部分(10万元),以资提倡。①

上海发还储金的举措,受到北京、天津等地的强烈指责。这一指责除针对以虞洽卿为首的中华救国储金团总事务所外,还把矛头指向上海民众。"(上海发还储金的举措)殊与联合会公决一致进行之宗旨相背,本应电请全国公同诘责而某对待,惟该埠毗连租界,为吾国法律所不及,或因别种困难情形,致出此不得已之办法,然此种办法究属违章。"②从天津、北京方面而言,强调上海方面情况的特殊性有为以虞洽卿为首的中华救国储金团总事务所开脱"罪责"、给予谅解之意。然而,这一表述对上海民众而言则又存在着另一种解读,"储金之或主进行或主发还是非姑勿论,惟在沪人方面方以不能达到目的,不得已退而保全前言之信用为憾,而津团令各省诘责电则曰'该埠毗连租界,为吾国法律所不及',一若沪埠人民形同外化,无可理喻也者;又若此发还之举大逆不道,恃外抵抗也者。彼为此言与京团电所谓'沪上有特殊情况'形同一口吻"。面对这些指责,沪人感到满腹委屈。"沪人热心救国而首创储金之议,结果乃得此'法律不及'四字之恶谥,伤哉沪人!"③

随着形势的发展,各地相继发还储金,满腹委屈的沪人愤怒地指责曾经指责过他们的天津储金团。"今据广东消息,储金亦决议发还

---

① 密饬禁止发还储金[N].大公报(天津版),1915-12-24(10).
② 天津储金团最近之主张[N].申报,1915-11-23(10).
③ 杂评一:法律所不及[N].申报,1915-11-23(7).

矣。广东固津团意中所谓法律能及之地也,吾不知将何法以处置之?又据天津消息,北方储金以发还、进行两派争持,故拟投票以解决之。使投票而主张发还者多数,则以法律责人之人更将何以自处?总之,今日发还储金固为沪人痛心不忍言之事,既在局外者,犹有能以不得已相谅而况同为储金之团体?"当然,出了口恶气的沪人并没有意气用事,"吾人于此亦何忍断断与人争辩取快?欲藉以勉励沪人,此后勿以人之不相谅而灰心于救国各事而已"①。

面对来自各地的指责中华救国储金团总事务所致函各地储金团,对发还储金一事做出解释,强调发还储金并非出于储金团的本意,而是出于不得已的苦衷,"储金无丝毫勉强之可言,惟有深明大义之君子,可作中流砥柱";发还储金也并不意味着上海方面在储金运动中的退场,上海方面依然会按照全国储金团联合会的决议一致进行,"自今以往,敝所尤当刻励图成,以善其后",并请求"执事仍予力谋提倡,并于亲朋交好之中详为劝导,以策未来而符初念,裨益前途"。②

第三节 天津、北京等地的努力与运动结束

天津、北京等储金团事务所在指责、反对并极力阻止中华救国储金团总事务所发还储金之举的同时,试图力挽狂澜,继续推进储金运动的进一步发展,并为此做出了许多努力。

直隶救国储金团对储金运动的发展抱有乐观态度。在其看来,虽然全国储金实际收储仅400多万元,距离运动发起时所定目标5000万元相差甚远,但毕竟奠定了良好的基础,并且联合会的成功召开,进

---

① 杂评二:沪人勉之[N].申报,1915-11-24(11).
② 上海储金团通函照登[N].大公报(天津版),1915-11-25(3).

一步统一了思想,坚定了推行运动的信心,而且"请求增息、经费、电报汇兑及其他各案、代表请愿皆得完满结果"。在直隶救国储金团看来,所有这一切对储金运动的发展都提供了有利条件,正是积极推广储金深入推进运动的大好时机。直隶救国储金团还对储金运动发展做出鼓舞人心的设想,全国储金"连已认未交四百万,明年(1916年)夏秋间,(原定总数的)五分之一,一千万元必定做到。无论投资何项实业,则发达生计、提倡工艺、推广国货,吾国由贫而富,由富而强,惟救国储金是赖"[①]。即使原定5000万元的数额不易达到,不能举办大宗实业,但可以用已收之款举办小型企业,趁"欧战未已"的大好机会"倡办国货以抵外货"[②]。不仅如此,在直隶救国储金团方面看来,发还储金固然能够表明储金办事人员的信用,但发还储金就意味着此次运动跟以前所办理的各种社会事务结局一样,"虎头蛇尾、五分钟热度",从而"不第贻笑全球,(第)恐外人因是蔑视我之心更甚","令外人窥破我底蕴,后患何堪设想"[③]。正是这种对储金前途的乐观态度,对储金作用的期待,对发还储金可能造成不良影响的担忧,使得直隶救国储金团对上海发还储金的举措感到不理解、震惊,甚至愤怒。因此,除对上海发还储金的行为予以谴责,令其停止发还并负责挽救外,直隶救国储金团还与全国各地储金团加强联系,希望协力推进运动发展(见表5-2)。

---

① 储金团之近闻[N].大公报(天津版),1915-11-23(5).
② 来函照登[N].大公报(天津版),1915-12-14(11).
③ 来函照登[N].大公报(天津版),1915-12-14(11).

表 5-2　各省储金团讨论发还储金事函电小计

(1915 年 11 月 20 日—12 月 12 日)

单位	各省来函(电) 日期	各省来函(电) 态度	直隶省储金团复函(电) 日期	直隶省储金团复函(电) 摘要
吉林储金团	11月20日	沪团发还储金托词大会议决,迹近破坏,务期严重交涉,由虞君登报声明截止,发还者概由虞君如数垫补	11月22日	挽回大局全赖群策群力,望电致沪团并分电各省一致进行
江西储金团	11月24日	储金不赞成发还与敝团宗旨同	11月24日	已分电各省约请纠正沪团发还储金并补储已发还去数,请以此意分电各省赶速电沪阻止发还
安徽储金团	11月24日	总团章程第十一条载明储金如不足额应照加利金如数发还,沪上倡议发还,乃为顾全信用,未可厚非,惟皖省与沪较近,风声所及亦有索还之举,且有报函云称如不急筹发还,决将手枪共事。惟有变通办理,愿储者固无他议,索还者悉听其便	11月28日	原定章程于八月在申开联合会后已归无效,至索还储金者以手枪恫吓,应请官府拿办,仰乞继续初志,力挽狂澜,敝团当要求中、交两行按照新章非经联合会公决用途,不得擅行发还
热河储金团	11月25日	敝团仍赞助进行	11月27日	既不赞成发还储金,请速电上海并通知各省,以期群策群力
贵州储金团	11月30日	贵州储金虽微,又因国体未定,一般人遂怀观望,闻沪款发还,事务所逐日受外界诘责,已涣之人心能否挽回,实无把握		
山东储金团	11月24日	北京、天津既反对发还,上海来信亦谓有其特殊原因,他省仍可照旧进行,是发还并无根据前联合会议决照旧进行,则此次发还与否,仍须俟将来全国联合大会决定办法	12月3日	既蒙赞助,于大局前途实深庆幸,望竭力继续进行

续表

单位	各省来函(电) 日期	各省来函(电) 态度	直隶省储金团复函(电) 日期	直隶省储金团复函(电) 摘要
南京储金团	12月3日	本团因被三数人之鼓荡,原亦有发还之决议,经与军、政、商、学各界商洽维挽,宁团即登报声明取消前议,照旧进行	12月11日	上海救国储金发生两种办法,影响苏宁,幸蒙诸大志士始终维持,将此风潮消灭,实深钦佩。干事长卞荫昌上南京冯上将军书:公共储金异常踊跃,不意忽有上海发还储金之举,影响所及其害莫大,随即致电各省继续办理,近悉维沪上发还储金之风潮,惟我公之办法最生效力,仰恳大帅按照维持上海之良策,通电全国各省将军巡按使一律仿办
浙江储金团	12月8日	贵团联合各团会议善后,足见关怀大局,佩甚,所嘱赞同,容集议一次,再行电闻		
广州储金团	12月10日	粤省救国储金经龙上将军、龙巡按使极力提倡,昨续缴十万元,现正积极进行,务请一致进行	12月12日	尊处储金继续进行,实深庆幸,既有龙上将军、龙巡按使躬行提倡并诸同志维持其间,将来吾国得免沦亡,全为诸公是赖,承嘱一致进行,极端赞成。另致电龙上将军、龙巡按使表谢意,并通电上海及各省储金团

资料来源:天津市档案馆,天津社会科学院历史研究所,天津市工商业联合会.天津商会档案汇编(1912—1928):第4册[M].天津:天津人民出版社,1992.

  直隶救国储金团为进一步推动运动开展做出了种种努力。首先,他们再次强调储金的重要意义,认为其对个人"无些微损失,尚有大利可获",对国家大有裨益,"无论投资何项实业,则发达生计、提倡公益、推广国货,吾国由贫而富,由富而强,惟救国储金是赖"。① 其次,为稳住形势、保全储金信用、坚定储金人的信心,直隶救国储金团商准银行,在原先规定四厘利息基础上增加一厘,按日计算发放息金,并更换新式收据,以资信用。发放息金的过程,也是进一步宣传储金作用、动

---

① 储金团之近闻[N].大公报(天津版),1915-11-23(3).

员民众参储的过程。在发还储金的过程中,储金团各干事及其他社会各界人士对储金的益处、储金用途,再次做了清晰的阐释,起到了良好的作用,有人"将所得之息仍交银行复作储金者,或有现储者"①。发放息金的成功,展示了储金团的信用,一定程度上坚定了天津民众对储金运动的信心。最后,准备再次召开全国储金联合大会,明确新形势下储金的用途。为此,直隶救国储金团特通电各省事务所征求意见,并得到部分地区支持,据天津方面声称,"赞成者有二十省之多"②。为筹备联合会的召开,直隶救国储金团督促各地储金团,按照其所寄简章规定的内容、程序认真准备的同时,自身也按照简章做了积极准备工作。

为了确保储金得到科学有效的利用,直隶救国储金团事务所提出储金的五个用途:一是创办轮船公所;二是附设惠通公司(即兴办蒙古实业);三是接办汉冶萍矿产;四是设立银行;五是组织纺纱厂。并就此向天津工商研究所、商务会征求意见。经过充分论证,他们认为组织纺纱厂是最佳选择。

为体现储金用途的民主性、尊重储金人的自决权,天津储金团专门组织召开全体干事大会、天津境内储金人全体大会,讨论储金用途。"救国以实业为前提,实业必择有益于民生、可能发展全国土料者莫过于纺纱事业。"储金用于创办纺纱厂的提议得到了广泛认同,并在随后召开的全省联合会中获得全体代表一致赞成,并将其确定为直隶救国储金团在全国联合会上提交的议案。③ 与此同时,全省联合会还按照简章当众公选与会代表,他们是卞月庭、孙仲英、杨欣甫、冉鹏飞,并赋予全权代表资格。

为遏制上海发还储金带来的连锁反应,北京救国储金团通电各

---

① 直隶救国储金团发息启事[N].大公报(天津版),1916-01-19(2).
② 储金团公函[N].大公报(天津版),1916-03-10(6).
③ 本埠:救国储金团公启[N].大公报(天津版),1916-05-02(6).

地,主张储金继续进行,反对发还储金。然而,效果似乎并不理想,"各处发还者相继而起"。为坚持自己的主张,北京储金团决定"联合十团再开(联合)会议",同时对发还储金的"恶行"继续予以强烈谴责。有趣的是,此次谴责更多的是针对所谓"效尤"者,而对"始作俑者",上海则给予理解与同情。"全国联合大会议决进行,并无发还之说,沪团忽将发还一层与进行连类而及,大背议案。细察原因,该地五方杂处、乱党造谣、贪鄙之人谤毁交加,虞君和德等为表白心迹,故登报声明进行发还听人自便,此限于地势不得以之苦衷,乃汉、厦各团不加深察,亦复效颦,其行为直同破坏。"①

中华救国储金团总事务所在宣布继续与发还两种办法同时实行后,为了尽量减小因发还储金引发的连锁反应对整场运动所带来的不良影响,进一步推进储金运动,一再通电各省、各埠事务所不要发还储金,要遵照全国联合会决议统一简章切实进行。同时,对上海发还储金一事重新做出解释,认为上海发还储金是当时联合会中的提议之一,是符合联合会决议的,其他各地则没有同样的提议,因此,效仿上海发还储金是不正确的,应该予以制止。另外,为了坚定民众对储金运动的信心,运动的组织者有些夸大其词地表示,"上海大宗储金取而复储者且日见其多,足见上海人爱国热忱未尽稍减"②。

已决定发还储金的广东救国储金团,受到官方的干预后亦表示,已"重整开办",并为储金进行积极呼吁,对天津召开储金全国联合会表示支持。③

以上种种迹象,仿佛昭示了储金运动在经历了一次低潮后重新走向新的高潮,但事实并非如此。上海储金自从实行继续与发还两种办

---

① 北京储金团又将开联合会[N].申报,1915-12-02(6).
② 中华民国救国储金团全国联合会虞和德启事[N].申报,1915-12-09(1).
③ 本埠:储金团之进行[N].大公报(天津版),1915-12-23(6).

法并行以来,尽管储金团做出了一系列的努力,希望能够继续推行,然而,这一切都似乎徒劳。天津、北京试图重新召开储金全国联合会,最终也没能顺利召开。上海方面存满六个月的储金被相继领回,所剩无几,而继续者又"毫无进步",以至于储金团事务所也是形同虚设。储金团事务所的存在已变得毫无意义。1916年7月9日,中华救国储金团总事务所在《申报》上发表通告,宣布储金一律发还,请储金人到中国、交通两银行取回储金,以"保信用而资结束"①。7月12日,中华救国储金团总事务所发布解散通告。7月25日,中华救国储金团总事务所在《申报》上发出了撤销通告,并希望尚没有取回储金者赶快到银行取回储金。7月31日,中华救国储金团总事务所再次发出通告,宣告储金团撤销后,所有上海中国银行尚未取去储金,仍可以直接向中国银行领取;上海交通银行尚未取去的储金已移交虞洽卿办理,"俟花名细册核对明确即将对付"②。其他地方与上海的情况亦相差无几。上海发还储金并撤销中华救国储金团总事务所后,无锡、南京、天津等地也相继发还储金③。关于民众要求发还储金情况,由津直各界人士要求发还储金来函可见一斑(见表5-3)。

表5-3 津直各界人士来函小计

储金单位或储金人	来函日期	意见	备注
张绍九、杨建章、刘兆麟	1916年8月3日	应仿照上海总团发布一律发还,以重信用	
汪湘、周锡候	1916年8月3日	直隶一省仅储十余万元,筹办实业恐非济事,应照上海办法发还,以重信用	

---

① 上海储金事务所通告[N].申报,1916-07-09(1).
② 上海储金事务所紧要通告[N].申报,1916-07-31(1).
③ 实行发还救国储金[N].申报,1916-08-05(7);南京中国银行发还救国储金广告[N].申报,1916-08-11(1);地方通信:救国储金发还消息[N].申报,1916-08-12(7).

续表

储金单位或储金人	来函日期	意见	备注
天津瑞昌恒全体同人	1916年8月3日	同上	
肖世仁、杨绪昌、刘绍云、张彤乔	1916年8月3日	同上	
赵鹤年、陈贻斋、陈励青、徐少农、田润之、邵焕廷、乔景周、魏墨林、徐荩候、杨承三、何仙洲、冯质华、王子固、冯星恒、卢石湖、李鉴堂、潘右铭、刘晓舫、任雨三、魏鹏九、马学文、赵瑞华	1916年8月3日	上海储金总团已取消,储金发还,各省相继发还,我省应仿照而行,况直隶储金十余万元无进行之能力,无维持之必要,诸君实无处置储金之权力	
效忍堂、衍德堂、伊川堂、琴鹤堂、谦益堂、耻吾堂、荫余堂	1916年8月3日	帝制议起,乃知政府纯为自私自利之念,而无救国救民之举,已捐者方自悔恨,未捐者益复灰心,发起者知此事终于无成,乃有发还之议,上海已发还,京中各部亦多抵以公债票,此款既以救国为名,且有捐布足数既行发还之宣言,即宜践行前言,人之捐以储金为救国,非应募公司之股份,如以干事长名义挪作他用,为犯罪行为	
顾昌泉	1916年8月4日	储金团发起时原立章程如筹款不足五千万仍行发还,况上海总团已取消,储金发还,我省所储十余万元,欲办实业也无济于事,天津如失信用,他日如有急需筹款更属为难,应照上海办法一律发还	
旅津储金人一千七百卅二人	1916年8月4日	前办理储金及金融维持会等任意开销,除自己挥霍外,又调剂私人,兹更欲藉办实业为名,间接瓜分储金,于心何安,倘果执迷不悟,难免不有意外	来函点明致王伯宸、杨晓林、李越臣、刘俊卿及默认赞成不发还诸人

续表

储金单位或储金人	来函日期	意见	备注
行商公所	1916年8月4日	敝所同人,共储一万二千余元,经讨论金谓救国储金发起于上海,设有总团,一切办法应以总团为根据,今总团既经发还,我省自应随同,无论全天赞成与否,敝公所同人之款,亦必单独提出	
曹云阶	1916年8月4日	应维持信用,上海总团业经取消,首先发还,我省亦早应发还,以归一律	
李玉林	1916年8月4日	刘俊卿、杨晓林、王伯宸、李越臣暨诸赞成不发还者自问良心有无自私自利存乎其间,如欲办实业,不如将此次会议赞成不发还者按人均而分之,不然他日之暗争无底止耳	
张小琴、王大纲	1916年8月4日	不过系办实业为名,实为肥己,各省早已发还,劝你们四位主张不发还诸君回头,作良心上之主张,以固储金之信用	函致刘俊卿、杨晓林、王伯宸、李越臣
旅津一千七百廿三人	1916年8月4日	王、杨、李、刘诸人向来把持公事,声名恶劣人所共知,名为兴办实业,实为自私自利,欲间接瓜分而已	
吴树琴、李振卿、徐仁甫	1916年8月4日	应仿照各处一律发还,以重民信,兴办实业势成孤立	
储金一分子	1916年8月4日	储金以救国而起,各处均已发还,当以发还为妙,以之办实业,区区之数,其信几何	
刘孟扬	1916年8月4日	鄙人主张发还,欲藉以维信用,将来如举办他项事业再有借重人民财力之处,尚不难劝集,今上海及他省均已发还,人即不疑我等干事有意把持,亦必疑各银行此款业已无着,影响所及,于举办公益前途,阻碍甚大	
王镜如、杨承三、门俊卿凌文卿、乔景周、林伯矩朱临侯	1916年8月4日	储金系个人主张,应否发还,亦可由个人裁断,上海及各省均已发还,直省自同一律,无讨论之必要,区区之数留办实业,即使足敷所用,因本微赔累,将何以对储户	

续表

储金单位或储金人	来函日期	意见	备注
高廷如	1916年8月4日	章程由筹款如不知五千万仍行发还等语,上海储金总团早经取消,并发还储金,他省亦多仿办,应赶各省之后将储金发还	
吴鹏翔	1916年8月5日	原定章程六个月无用即行发还,今已年余,既然无用,理应发还,以昭大信,现上海亦议决发还,天津事同一律,如以少数人把持欲办实业,不过为自己从中谋利之计,将失信于民	
储金一分子	1916年8月4日	上海储金总团已取消,储金发还,天津事同一律,以举办实业为词主张不还,试问十余万元有何实业可办,执事等是何居心	
徐乃庚、康恩桂、李宝怡王文藻　王怀保	1916年8月4日	上海既将储金发还而直隶之储金只十万余元,兴办实业无济于事,若谓救国则更远矣,是以主张律发还,以免捣乱	
吴建屏	1916年8月4日	发起时原拟凑款五千万元创办兵工厂,故定名为救国储金,此项储金自不得拨作别用,且规定以六个月为限,如不足数仍然发还,储金者合群力以救国也,如建纺纱厂而用储金,诚属私心自用	
救国储金一分子八十五人	1916年8月4日	区区储金,既无救国之可言,更无实业之可创,社会一般人心皆以发还为是,且储金者并非全是津埠人民,即创实业,我等异乡寄迹,亦不思得此利益,如干事者仍不以发还为然,恐激成莫大之风	
储金人	1916年8月4日	储金发起于上海,上海事务所既已撤销,各处分所无存在必要,上海既已发还,而天津独异,即失信用,且当日储金为救国之宗旨,并不在兴办实业,若以此款办实业殊违众意	
鲁明斋	1916年8月4日	请执事及时广劝绅富集资创立相宜工厂,一面登报劝已储现金附入股份,想多乐从	

续表

储金单位或储金人	来函日期	意见	备注
刘鸿书	1916年8月4日	我津地应办之公益颇多,如兴学务,办实业,如以此款兴办其一,非但多活贫民,而挽救利权外溢,对发还储金不能赞同	另外意见相同之人耿瑞林、刘鸿来、于宝珍、华文采、卢文荣、周子江、刘寿昌
一千八百元储金代表人	1916年8月4日	主不发还者不外自私自利而已,清目以观前途,自当有对待之法	致刘俊卿、杨晓林及主持不发还诸君
美丰公司同人	1916年8月5日	各处将储金如数发还,敝行各友所储之款本拟早为恳商,为因中、交两银行禁止兑现,是以滞滞未发,敝行友人公共议决将所储之款如数收回,想储金性质本无强迫,愿储愿收之权当听储金者之自由	
王维杰、苗书林、邵近仁宫宝善	1916年8月5日	直隶储金十余万元何能救国,总以维持信用赶速发还为是,闻前次预认之储金现在均未交出现款,如决定不将我等储金发还,请问所预认之储金能否令其如数交出,如其不能,则我等之金钱不令取回,我等将以设局诓骗与尔等起诉	
爱礼司	1916年8月5日	悉上海贵会团已取消,储金各各返还原主,谅直隶一致进行,请将敝行所储之数交下	
郭巨卿	1916年8月5日	上海总团既经表决发还,天津势应相继发还,以维信用,而固南北团体,组织实业乃另一问题,招集股份以当事人信用为准,入股者各随心愿,不能相强,若以储金办实业,是当日以提倡储金为名,阴蓄挪办实业之实,并使将来热心公益者视为畏途	
曹良驹、刘雁汀	1916年8月5日	储金以发还为宜,兴办实业殊为不合	

续表

储金单位或储金人	来函日期	意见	备注
谦信公司暨同人	1916年8月5日	应照上海办法一律发还,直省储金无几,欲办实业亦无济于事	
陈励清、李丽衡、郑焕章、张舜卿、卢石湖、邵焕亭、冯质华	1916年8月5日	应按上海办法按户发还,以全信用,若以此款改办他项事业,名实不符,信用攸关,且储户不能同意	
陆新之、钟筱周、汪悦萱、高惠村、张舜卿、王实甫	1916年8月5日	上海既以不足五千万之数按原定章发还,直隶自应根据总团办法全数发还,无讨论余地,储金与集股性质不同,不能并为一谈	
侯裕昆	1916年8月5日	应按上海办法发还,以付南北统一之大局	
赵勉忱	1916年8月5日	章程具在,诸君倘能顾名思义,维持信用,请速登报定日发还,无丝毫讨论之价值	
董海平	1916年8月5日	当仿上海先顺舆论,取决发还为幸	
浦廉方	1916年8月5日	津团集款甚微,即要兴办他种实业,亦必询请储金多者之是否同意,不如照申团发还,办法最为得当	
于惟浚	1916年8月5日	应按定章与上海办法发还,以之兴办实业则与储金初意不合	
刘清扬	1916年8月5日	其由贵团随意处分,有失创办时之信用,不如照章发还	
李殿翔	1916年8月5日	上海总团既经全数发还,本埠自视同一律,办理实业恐不能作经久之基本	
李友松、李佩波、张蔼村、汪旭初、张月庭	1916年8月5日	自应以总团为向背全数发还,倘自为风气,一有不慎,流弊滋多	
张增发、于家祺	1916年8月5日	众议论有说把持公款私自肥己的,不如顺从舆情及早发还	
罗人智	1916年8月5日	应按当初宣言速将救国储金发还	
陈谔臣	1916年8月5日	现上海既已发还,天津一部亦难维持,稍一不慎,即受人指摘	

续表

储金单位或储金人	来函日期	意见	备注
储金一分子	1916年8月5日	储金以上海为总汇之点,总汇业经将储金发还,各处当亦相同,未便中途截留	
沈扬安、董瑞祺、宋汉云、许本厚、孟震侯、张夏时	1916年8月5日	上海总团已取销,储金发还,直隶储金团已失设立之根据,原来目的已不能达,直隶一处不发还有反国民当日储金之真意,兴办实业以此十余万元能组织何种实业,零星储金又如何折成股本	
储金人	1916年8月5日	储金天下发还,独津地不发,不知何意,一言以蔽之曰把持权利而已矣	
孙静轩	1916年8月5日	不赞成实业,乞还原款	
刘铭斋、李春融、王式忠、黄钰昌、王骏、李瑞霖、阎凤藻	1916年8月5日	应仿照上海总团办法全数发还以维信用,对于兴办实业一事绝不承认	
张子斌	1916年8月5日	阁下为会长,为何无权发还,竟听刘某之言,刻下各处怨声满耳,若办实业可另招股	致卞月庭仁兄函
朱亮枚	1916年8月5日	上海总会决议发还,天津事同一律,鄙人不愿附股实业	
蔡吉顺	1916年8月5日	顺主张发还	
张冠英	1916年8月5日	储金一事当然发还,已无疑义	
韩际云、李含章、穆文华	1916年8月5日	闲话少谈主持发还	
黄克一	1916年8月5日	各处皆发还,为何天津不发,信用若失以后不好办了	
冯铁珊、李佩芬	1916年8月5日	兴办实业,资金太少,只有发还一道最为名正	
陈少坡、刘志程、孙法周、臧玉亭	1916年8月5日	救国储金之款既非国家应用,即请发还	
孙亚夫、王少川	1916年8月5日	以发还为是,办实业与以前宗旨不同	

续表

储金单位或储金人	来函日期	意见	备注
木易氏	1916年8月5日	储金发还,人心大快,兴办实业,别有肺肠	
陈慕远	1916年8月5日	储金目的在救全国,非谓单救一省,各处皆发还,津埠自应一律	
宋庚	1916年8月6日	不愿赞成发还,缘此事为国耻而起,一经发还,则国耻顿忘,既有愿意凑集之款而成之局,瞬息散之岂不惜哉,曾记得历次开会有某公助认若干万,某君助认若干千,三次共已近百万,至今方晓实在只十万余金,岂当日大老官用意为激动一班平民乎,抑或特程大广之中沾名而来乎,故今议兴办实业必须慎之于始,务宜拒绝当日空心大老官,以防后钓实利,宜筹划完善妥实方法,须请政界护,报界提倡,商界劝销,则无有不发达者	
天津储金人全体		直隶救国储金团干事千古,发还储金是为正办,兴作实业决不赞成	
紫溪氏		储金发还,理所当然;若兴实业,干事揽权;中饱染指,即在目前;自私自利,罔顾耻廉;嗟彼舆论,不我相连;息金奉赠,为酬谢钱;哈哈嘻嘻,这算玩完	
唐山储金团事务所	1916年8月11日	实业虽属可办,然与储金宗旨与储金人初意不合,储金者乃储金人之金,非储金团之金,所储之数既不能达到目的,应即照章发还	
李甫等	1916年8月	上海总团既经全数发还,分团自应随之发还,无开会讨论征求意见之必要,倘再迟疑莫决,实于信用有莫大关系,将来再遇公益事项,人将怀疑观望,至于创办实业,乃区区储金必至虎头蛇尾	

续表

储金单位或储金人	来函日期	意见	备注
杨芝华、李敏之、李尚勖、陈少亭、陈又田、傅兰舫、龚鹤章、辛树人、何玉书、阎幼章、贺效康、赵嘉琛、刘蔼如	1917年8月27日	前年同人组织救国储金音乐会所得余资五百余元统归救国储金，嗣因储金停办而存储至今，现在顺直一带水灾甚重极待赈济，拟将此项储金作为赈济之用	

资料来源：天津市档案馆，天津社会科学院历史研究所，天津市工商业联合会.天津商会档案汇编(1912—1928)：第4册[M].天津：天津人民出版社，1992.

通过表5-3函电可以看出，天津和直隶的民众主要诉求就是发还储金。从他们要求发还储金的理由中，可以分析出人们对救国储金运动没能达到预期数额(5000万元)、"二十一条"最终签订、政体变革(袁世凯帝制自为)的失望、失落、沮丧、愤怒、焦虑、无助、难以置信的情绪及社会心理。通过投书报界，要求发还储金，释放内心的焦虑与无助，隐晦表达对政局的不满情绪。

他们要求发还储金，表面的目的或原因是"二十一条"已签，救国储金不再需要。事实上，隐含着更重要的目的或原因，即对袁世凯称帝的反对，这是一种政治态度的表达。此外，可能还有思想层面的原因，即当时民众对民国的理解，对国民义务的理解。作为国民一分子，民众对自己的义务的理解发生了一种改变，其认为现在民国已经不存在了，整体已经发生了改变，国民的身份也随之改变，不再是国民一分子了，重新回到了专制体制之下了，该体制下的臣民，也就没法再推行救国储金运动了，再进行储金的这种思想基础已经不存在了。这些语言的文字背后，折射了时人对当时政治形势、政治国家政治状况的不满，十分隐晦。

另外，从社会诚信建设这个角度来分析，随着工商业经济的发展，尤其是随着商品经济的发展，人们对契约意识、规则意识的要求越来越高，要求社会推进社会诚信建设。而发还储金是一个利大于弊的事情,有利于社会诚信建设,有利于维护救国储金运动组织者的社会诚信、社会声誉及其社会影响。

经干事会公决登报征求储金人意见,大多数储金人赞同发还。于是,直隶救国储金团决定与中国、交通、保商、盐业、直隶各银行筹议发还手续,并决定自 1916 年 8 月 14 日起发还储金。[①]其他各地的储金也陆续发还,轰轰烈烈的储金运动逐渐衰落。

---

① 天津市档案馆,天津社会科学院历史研究所,天津市工商业联合会.天津商会档案汇编(1912—1928):第 4 册[M].天津:天津人民出版社,1992.

第六章 救国储金运动的回顾与反思

救国储金运动未能实现预定目标,以失败而告结束。这一结局是社会环境影响、运行机制不完善、架构转移、政治热情与经济理性冲突等多种因素综合作用的结果。虽然救国储金运动最终失败,但其历史意义却不容忘却,不容抹杀,其经验与教训为此后掀起的历次民主运动提供鉴戒。

第一节 运动走向衰落的原因

救国储金运动走向衰落,运动组织者多次做出自我批评,认为是自身信誉、威望未能孚众,办理不善造成的。[①] 其实这一结局不仅是运动组织者个人信誉的问题,而是社会背景制约、运行机制缺陷、储金用途争议等多种因素综合作用的结果。

---

① 本埠:上海储金团通函照登[N].大公报(天津版),1915-11-25(3).

一、时空背景的制约

　　这场运动发起时的社会经济背景在一定程度上制约了它的发展。近代以来,由于长期的社会动荡、天灾人祸,至民国初年民众已是普遍贫困。特别是1915年,我国很多地区又发生了大规模的自然灾害,这使本已经贫困的民生更是雪上加霜。是年6月下旬,浙江发生水灾,"淹毙人畜颇重"①;赣、皖、湘、鄂发生了水灾,"冲毁田庐,淹毙人畜不可胜计"②。7月中旬,广东发生水灾,"坍塌房屋,淹毙人畜,不可胜计","省垣一带,水势徒涨丈余,居民露踞屋颠,交通几于断绝"③,"各县被水者多至数十县"④;又因难民"避水楼居,午炊遗火,遂兆焚如,附近同兴街全系火油、火柴店,油箱炸裂,油随水浮,火随油著,瞬息之际,数路火起不可响迩"⑤,大火给当地人民的生命财产造成了巨大损失,仅店铺就焚毁2000余间;"粤省水火奇灾创巨痛深"⑥。7月下旬,广西发生水灾,情况严重,当地政府"竭力筹拨款项,然杯水车薪无济于事"⑦。7月27日夜,上海风暴大作,继以倾盆大雨"吹倒树木,坍塌房屋不计其数","风灾之大为数十年来所未有",灾民众多,急需救济。⑧ 在我国南方地区发生水灾、火灾、风灾的同时,北方也发生了水灾,且在哈尔滨等地区还出现了痢疾、霍乱等流行性疾病,情况颇为严重。⑨

---

① 中国大事记[J].东方杂志,1915(8):1.
② 中国大事记[J].东方杂志,1915(8):2.
③ 中国大事记[J].东方杂志,1915(8):7.
④ 平生.广东灾后之财政[N].申报,1915-07-31(6).
⑤ 中国大事记[J].东方杂志,1915(8):7.
⑥ 平生.广东灾后之财政[N].申报,1915-07-31(6).
⑦ 中国大事记[J].东方杂志,1915(8):9.
⑧ 中国红十字会筹办上海风灾贫民急振募捐广告[N].申报,1915-07-31(1).
⑨ 纪滨江之时疫[N].申报,1915-07-31(6).

面对严重的自然灾害,北洋政府多方筹集资金进行救助,然而苦于经费支绌,财政拨款远远不能满足实际需要。政府救助体系的弱化,突显了社会自我调控体系的作用。面对突如其来的灾难,社会各界展开了多种形式的募捐活动,仅中国红十字会就筹办了广东水火奇灾募捐、江浙水灾募捐、上海风灾贫民急赈募捐和筹备时疫医院募捐。① 这些各种各样的募捐活动在很大程度上转移了民众对储金运动的注意力,影响了储金的收储,继而影响到储金运动的开展。储金运动领导人虞洽卿指出,"救国储金……全国共八百余万元,而现款者只居半数,然适当数省被灾,金融紧急,力与愿违,自在意中"②。

1915年在民间发起救国储金运动的同时,北洋政府也在发行四年内国公债。③ 由于官方的干涉,许多地方将募集公债视为必须完成的任务优先办理,对救国储金则视为缓图。如汉口商会认为救国储金运动的开展会妨碍内国公债的募集,主张先办理公债,再提倡储金。④ 汉口商会的态度决定了当地储金运动的迟缓且低效。武昌救国储金团迟至8月1日才成立,这是因为"军巡两署以储金恐与劝募公债有碍,饬商会总理殷友于俟公债缴解后再办"⑤。所以,武昌商会直到公债劝募完毕,才开始劝募储金。吉林军界认为救国储金是爱国之举,理应认储,只是因"摊认公债",而显得有些力不从心。⑥ 即使在储金运

---

① 中国红十字会广东水火奇灾急赈,中国红十字会敬募衢属水灾急赈,中国红十字会谨募上海风灾贫民急赈广告,中国红十字会英界时疫医院开幕广告[N].申报,1915-07-31(1).
② 救国储金近闻[N].申报,1915-09-23(10).
③ 1915年4月1日,北洋政府发布的《四年内国公债条例》规定:公债以400万元为额;年利率为每年6厘;以未经抵押债款的常关税款,及张家口等征收局收入并山西全省厘金为担保;公债偿本付息由中国、交通总分行和政府委托的外国银行、中国殷实商号或海关税务司署支付;此项公债的债票及息票,得自偿付本息之日起,除海关税外,得用以完纳一切租税及其他种种现款之用;此项公债得随意买卖、抵押,其他公务上须交纳保证金时,得作为担保品。
④ 湖北救国储金之最近谭[N].申报,1915-04-30(6).
⑤ 武昌储金团今始成立[N].申报,1915-08-05(6).
⑥ 救国储金片片录[N].盛京时报,1915-05-18(6).

动发源地上海,储金运动的开展也受到了四年内国公债推行的影响,如沪南泉漳会馆曾收到内国公债驻沪经理处信函,要求将其筹集到的2万元储金款,拨出1万元购买公债票。① 以上事例可以看出,四年内国公债的发行在一定程度上影响了储金运动的开展。

不利的社会经济背景对救国储金运动的开展形成一定程度上的制约,同时,官方的不良政治作为对运动的开展也造成了严重影响。救国储金运动是为了反对日本提出的侵略要求,支持政府对日交涉而发起的一场爱国运动。然而,"二十一条"的签订,特别是帝制问题的发生,严重违背了民众的意愿,直接导致了运动的失败。

这一影响首先表现为民众储金认储热情的降低。储金运动之所以得到广大民众的热情支持,得以迅猛发展,是因为广大民众希望政府在对日谈判中采取强硬立场,拒绝日方提出的侵略要求,维护民族的利益与尊严。然而,袁世凯政府最终还是接受了日本的侵略要求,签订了"二十一条",这在民众心理层面投下了浓重的阴影,造成了巨大心理落差,影响了运动的发展。江西省的储金发展情况证明了这一点。江西救国储金团分事务所自成立以来,各界人士热心劝导,一时解囊投储者非常踊跃。但是,政府宣告中日交涉和平解决、"二十一条"签订后,储金之热度遂"有一落千丈之势"②。前清御史谢远涵热心于储金运动,一直为运动的开展出谋划策奔波劳碌,中日交涉后的民情,使他不无遗憾地承认:"救国储金因以锐减。"在社会上层看来储金发展情况不容乐观,在一般民众眼中情况也是如此,"中日媾和,储金之收数即有一落千丈之慨"③。此外,条约的签订削弱了这场运动的号召力。储金运动因中日交涉而起,交涉的结束使这场运动有丧失存在

---

① 救国储金之热忱[N]. 申报,1915-04-15(10).
② 赣省储金冷而复热[N]. 申报,1915-05-21(6).
③ 金铭来函[N]. 申报,1915-09-16(10).

依据的可能。面对这一形势，储金运动的组织者为鼓舞民气，极力强调"二十一条"的签订是万不得已委曲求全之策，中国的形势依然严峻，亡国的危险依然存在，储金依然必要。然而，这未能挽回条约签订后，储金紧迫性降低的局面，储金以救国的感染力、号召力受到削弱。

"二十一条"的签订使民众备感失望，认储参储的热情随之下降，这似乎预示了储金运动已走到尽头。然而，事实却并非如此。相反，储金运动在此后一定时间内得到迅速发展。其中官方对储金运动态度的转变是重要原因。

救国储金运动虽然是一场由民间发起的运动，但官方的态度对其的发展却起着重要作用。中日交涉结束后，北洋政府为平息民众的愤怒情绪，在统治政策方面有所调整，这主要体现为对民众爱国热情的嘉许，对民众爱国行为的肯定，对民众某种"过激"行为一定程度上的容忍、让步，希望以此来安抚民众，巩固自己政权的合法性基础，提高民众的认同度。对救国储金运动前后态度的转变即是其一。在运动发起的一段时间内，官方出于对日交涉的谨慎，而对储金运动保持了某种程度上的沉默，甚至有些限制。中日交涉结束后，转而积极提倡、参与这场运动。中日交涉结束后不久，以总统、副总统、各部部长为首的行政官员参加了在北京举行的救国储金大会，并踊跃认储参储。各级地方官员也积极响应"月薪储金"号召，带头认储、参储。官方态度转变的另一个标志是对日本要求取缔这场运动的拒绝。储金运动发起后，日方始终以一种厌恶的眼光密切注视和高度警觉，并不时寻找借口，向官方施加压力，要求官方将此项运动予以制止、取缔。对此，官方多婉言拒绝。如1915年5月31日《申报》转载了《山东日报》的一篇报道，"某国人见蔡巡按使，言此次山东省救国储金会之发起实含有排外意味，请为禁止。经当道蔡公详为解释婉辞答复矣"；1915年7月13日《申报》报道，"天津、奉天日本总领事馆各请本省将军禁止救国储金,因此举含有排日性质之故。直隶将军答称:'救国储金乃为救国起见,未便干预。'"

官方态度的转变产生了良好效应,在一定程度上形成了官民一心、同仇敌忾、团结御侮、共赴国难的新气象。这使得储金运动在"二十一条"签订后,没有趋于沉寂,反而在一定时间内获得了较为迅速的发展。

然而,这一良好态势并没能持续多久。随着筹安会的出现、帝制问题的发生,救国储金运动因之而趋于沉寂、失败。相关资料证明了这一点:

救国储金……自帝制发生,遽然涣散。①

国体问题发生后,各处谣言纷传,人民皆报不安之念,救国储金受其影响致忽形停顿之象。②

近因改革国体之影响,各处多有发还者。③

在昔东三省各界人士对于储金之进行异常狂热……至筹安会发起,君主之声洋溢于上,而倾心共和者目击此国体动摇,不以富国强兵是务,惟急急于个人之自私自利,而攀龙附凤者尤具万能之力,自谓热心救国谁其凉之?至是悔念中烧,已交者金思索回,未交者遽而停辍……储金一事目下谓为之停顿。④

哈尔滨储金团"现款方收至八万余元而筹安会忽然发生,储金一事遂无人过问;顷闻政府将有提此款充变更国体经费之风说,各界皆不赞成,多有持收据向各银行索款者"⑤。

安东自储金倡办以来"非不踊跃,现因国体变更……民国已

---

① 电请维持储金[N]. 大公报(天津版),1916-07-06(6).
② 救国储金之将来[N]. 盛京时报,1915-12-04(3).
③ 官吏干涉发还储金[N]. 盛京时报,1915-12-31(3).
④ 储金受君主制之影响[N]. 盛京时报,1915-09-17(6).
⑤ 储金近闻[N]. 盛京时报,1915-11-14(7).

改为君主",故而各界纷纷索还储金。①

锦县储金自发起以来进展迅速,但最近"两三个月之久分文未收,推其故实受筹安会之影响"②。

直隶救国储金"自劝募以来,预认及现储者总计为数颇多,嗣因帝制发生,所有预认之储金均未交付"③。

自帝制发生后,储金大生阻力。④

山东救国储金"方在群力并进之间,而北京筹安会徒然成立矣,遂又将恢复帝制之声浪传入鲁民耳鼓,于是各界对此情形敢怒不敢言,于储金一项竟以欺骗视之……以致近来多发索还之议"⑤。

自国体问题发生,全国人民之心目,尽注于是,而救国储金之声浪,顿形寥寂,救国储金之进行,顿见沉滞。⑥

帝制问题的发生对救国储金运动造成了巨大冲击,致使其急剧衰落。这与当时民众的政治心态有关。对于当时社会心理状况,报界曾有这样的记录:

救国储金议起,而国人翕然从之者,无他,以救国危而使之安其道莫善乎储金。故以此救国人人心理之所同也,故一呼而百应也。今筹安会变更国体之论起,而国人反若惶然不安者,无他,以救国危而使之安其道,要无关乎国体,故以此筹安人人心理不免有所疑也,故惶然而不安也。⑦

---

① 各界索还储金[N].盛京时报,1916-02-18(6).
② 储金会选举代表[N].盛京时报,1915-10-22(7).
③ 直隶储金详数[N].大公报(天津版),1916-08-04(6).
④ 储金团定期开会[N].大公报(天津版),1916-07-23(6).
⑤ 虎头蛇尾之救国储金团[N].盛京时报,1915-11-26(3).
⑥ 月评二[N].大公报(天津版),1915-10-04(5).
⑦ 讷.储金联合会[N].申报,1915-09-07(11).

昨日之国庆会各团体照例开会也，商民照例悬旗也，学界照例放假也，然一种无精打采之状见于意表，或则唏嘘太息，或则丧气垂头，是固共和临别时之现象也。今日国庆过矣，此后恐将永无次日矣，而记者犹断断言之者，所以表示我恋恋不舍之征意也。国人有同心者乎？其勿视此已过之国庆为明日之黄花可矣。①

北京某西字报谓：近日上海人对国家政治之态度异常淡漠，又谓关心时局者绝少。自表面观之固有此种现状，然试一究其心理，时人关心于国家之政治与时局甚切。盖政治与时局为人民所系，安危之故切于身家。今上海人惶然不安之征象已表现于外。虽缄默而恐惧与希望之心交并萦绕，未尝须臾稍息，此则上海人之真相也。②

以上三则材料都出自《申报》评论员之笔，它们分别记录了1915年9月、10月、11月三个不同时段内民众对时政的冷漠态度。政治学原理表明，政治冷漠是人们的政治态度在政治行为上的一种表现，其中对政府信任度的下降，是民众政治参与积极性下降的主要原因之一。③ 这三个月也正是袁世凯帝制自为紧锣密鼓的筹备时期。随着帝制问题日益明朗化，民众的心态经历了一个从"惶然不安"到"唏嘘太息、丧气垂头"到"异常淡漠"的过程。政治形势日益恶化，民众越来越感到失望，政治热情也越来越低。愤懑、无奈、落寞种种复杂的情绪充斥于民众的心中。

官方的不良政治行为在民众心里投下了浓重的阴影。这一现象的出现，与当时的民国理念有关。民国初年，一般民众，特别是底层民众对共和制政体怀有普遍的好感，并寄寓了深厚的期望。在时人看

---

① 讷.国庆过矣[N].申报，1915-10-11(11).
② 上海人之心理[N].申报，1915-11-15(11).
③ 孙继虎.政治学原理[M].武汉：华中科技大学出版社，2013.

第六章　救国储金运动的回顾与反思　169

来,民国不同于清朝,共和不同于帝制,共和之国是国民之国,帝制之国是君主之国。"夫国家者,国民公共之国家,而共和国家尤以人民为主体;国家之亡不亡,实系于国民之身。"①救国储金运动的发起,很大程度上是基于民众的这种理念,"自中日交涉解决后,中国一般人民奔走呼号,'救国''救国'之声遍于道路,一种悲愤之情状实为前数年所无,此何故也?无他,前数年为专制时代,国家之存亡治乱,恒视官吏为转移,而人民不得与闻也……今则民为国家主体,有国而后有家之议,已了然于胸中"②。正是这种民国理念驱使了广大民众积极参与储金运动,踊跃认储、参储。然而,袁世凯帝制自为,改共和制为君主制,使国家又回到了专制时代,民众的国民身份也随之改变。既然曾经寄托了无限期望的民国已不复存在,曾经为之欢呼雀跃的"国民一分子"的资格已不复存在,国家已不再"以人民为主体",那么民众心目中虔诚的民国情愫,似乎已是被现实嘲笑的对象。"自谓热心救国谁其谅之"③,时人发出了这样的哀叹。一种被欺骗的感觉充斥于民众心中。民众对储金运动的目的、必要性产生了极大的怀疑,甚至对此前参与这场运动深感懊悔,"已认储储金者深恨初时失于检点;未认储者颇觉洋洋得意且自夸有先见之明"④。储金将被用作变更国体经费的消息不胫而走⑤,这无异于火上浇油。压抑在民众内心中的愤懑与不满,犹如一座座在地下运行的火山,势必要宣泄、喷发,而依据《简章》规定,索回到期的储金,恰巧成为宣泄这一愤怒情绪的最佳选择。

以中小商贩、工人、手工业者、城市贫民为主体的社会底层民众属

---

① 救国金进行种种[N].大公报(天津版),1915-05-19(3).
② 论人民之爱国心[N].大公报(天津版),1915-06-10(2).
③ 储金受君主制之影响[N].盛京时报,1915-09-17(6).
④ 虎头蛇尾之救国储金团[N].盛京时报,1915-11-26(3).
⑤ 储金将被提用为变更国体经费之事,报界对此曾有报道,如1915年10月30日《盛京时报》披露奉天行政公署接到财政部函,拟将奉天全省之救国储金全数提交,作为变更国体的经费。

于弱势群体,相对于某些激烈的反应形式,如用武装革命的形式推翻现有政权,用游行请愿的方式予以反对抵制等,他们似乎更愿意采用某种消极的、隐蔽的抵抗方式以表达内心中的失望与不满,毕竟这种方式对他们来说相对安全些。他们都是一些平平凡凡普普通通的世俗中人,生存对于他们来说是第一位的,平静的世俗生活对于他们来说是第一位的,他们并非不爱国,并非不期望国家富强,并非不希望社会进步,并非不想为此出一份力、尽一份责,也并非不对逆历史潮流而动的行为表示愤慨、反抗,然而,这也并不意味着他们就会义无反顾地拿起武器进行"武器的批判"。激烈的政治活动,毕竟充满了不可预知的变数与危险。英雄气概、无畏精神永远值得人们敬仰,却不是每一个世俗中人都能做到,他们对不良政治行为的反应往往是"敢怒不敢言"。这也就决定了他们的反抗方式:以《简章》第十一条的规定(储金如不足额,经总事务所议决后,由中国银行将所存之款照加利金如数发还)为依据,强烈要求发还到期储金,以此表达心中的愤懑与不满。

民国理念是救国储金运动赖以存在的政治支柱。政体的改变、官方不良的政治行为在民众心目中产生巨大波澜。在运动过程中,民众政治心理从起初时的热情参与转向政治冷漠,这一心理的变化决定了其行为,要求如期返还储金,并逐渐退出参与队伍,致使救国储金运动迅速趋于衰落与沉寂。

二、运行机制的缺陷

"二十一条"的签订对运动的发展造成了严重影响,官方以积极姿态的介入使运动得以持续、发展,帝制问题的出现使运动赖以存在的基础坍塌,运动走向失败成为必然。但是运动的失败还有其自身的原因。

"凡事预则立,不预则废",作为一场社会运动,需要制定明确的目标,这一点毋庸置疑,问题的关键是制定的目标是否科学可行。救国储金发起时将储金目标定为5000万元,对此,运动发起人马佐臣曾做出过解释,认为"非有此数不能成事"。然而,对于能否达到这一目标却没有相关的论证分析。作为整场运动指导性文件的《简章》在制定时也没有考虑这一点。时人对目标的实现持有乐观态度,认为以中国四万万人而言,每人仅需数钱就可以实现目标。但事实证明这种看法显然过于乐观。截至1915年9月,全国储金团代表联合会召开时,全国实收储金400多万元,即使加上尚未交储的数额,总共也只有800多万元,这与5000万元的预定目标相差太远。因此,储金目标的制定感性化、理想化,缺乏科学的论证分析,致使其难以实现,是这场运动失败的原因之一。与此同时,月薪储金实行中,储金自愿原则的背离,也是其中一个原因。

储金有多种方式,其中月薪储金较为普遍、影响也较大。月薪储金之议在储金运动发起之初就曾有人提及,但作为储金的一种重要形式,其并非出自各"公司、行号、伙友"的自发提议,而是发轫于上海商界,来自总商会的决议。这一决议的提出,究竟在多大程度上符合民意,特别是社会底层民众的意愿,是值得思考的一个问题。从月薪储金之议的提出与内容规定中不难发现其中所存在的强制性成分。在某种程度上,认储一个月的储金,成为一种必须完成的任务。然而,这一颇具强制性色彩的储金方式,在民众政治热情高涨时,并没有引起反对。相反还获得了一定程度上的支持。月薪储金在上海实行并初见成效,这鼓励了运动的组织者将其视为一项良策,因而通电全国各地予以推广。① 同时,致电中央、地方各级官员,请求推行官吏月薪储金,这一提议也得到赞同。② 月薪储金在各级官员中相继展开。

---

① 救国储金团要电一束[N]. 申报,1915-04-27(10).
② 办理月薪储金之覆电[N]. 申报,1915-05-23(10).

月薪储金的推行,得到了民众一定程度上的支持,这对储金运动的发展起到了重要推动作用。但其弊端也是明显的,储金已不再完全是个人自愿的行为,而是带有了某种强制性色彩,官方月薪储金的推行更是如此。许多史料证明了这一点,如:

>哈尔滨"道里商会……全体大会议定各商除自由储金外,统行提拨一月薪金作为储金"①。

>奉天省工、商两会"已会定办法除由两会派人劝导外,查各铺户每日卖款之多少提取百分之二以作储金"②。

>奉天"巡按使张贞午为提倡救国储金起见,照会商务总会,传令十七行来署会议,定自六月一号起各商户日卖百元者捐洋两角,千元者捐洋两元。此项捐款专备救国之需"③。

>奉天"高等厅沈梁两厅长……通令各厅、县司法一部分官吏……以一月俸给量力捐纳"④。

>广东"龙将军在行政公署召集陆军全体军官开救国储金大会,当经议决上至将军,下至司务长各认捐薪一个月"⑤。

>长沙"刘省使以救国储金事召集政务厅及四科科长等会议进行事宜,并规定署内人员储金办法:月薪在二百元以上者认储三成,一百元以上者认储二成,百元以下者认储一成,均在下月薪俸内照扣"⑥。

从以上资料可以看出,月薪储金在推行过程中采用了类似于行政命令的手段,这背离了储金自愿原则。慑于权力的威力,社会舆论的

---

① 救国储金之大会议[N].盛京时报,1915-06-02(7).
② 工商两会妥定储金办法[N].盛京时报,1915-07-15(6).
③ 拟加铺捐[N].盛京时报,1915-06-11(6).
④ 司法界提倡救国储金[N].盛京时报,1915-06-02(6).
⑤ 粤省全体军官储金[N].申报,1915-06-03(7).
⑥ 续纪湘省之救国储金[N].申报,1915-05-05(10).

压力,许多处于社会底层的工人、学徒、职员、伙友要在并不丰厚的薪水中扣除一个月或数个月的薪水以认储。这种做法在某种程度上成为一种强制性的摊派,因而引起了社会不满情绪。对此,曾有人坦言:"储金其由本愿者固不乏人,然职卑薪微者不无怨言,亦是人情之常,现在政界救国储金忽有停办消息,一般政界人员得此消息非常高兴。"①

在月薪储金推行过程中,针对这种颇具强制性色彩的做法,曾有人提出异议,如安徽巡按使在接到中华救国储金团总事务所请求发起月薪储金的电报后表示,"此项储金系本爱国热忱,应听其自由乐输,富者千万不为多,贫者锱铢不为少,若必举办月薪储金将视为摊派之举,专失初意"②。奉天学界也认为"储金本出于个人救国之热诚,多少悉听其便,始足以振起爱国之真精神。若一律规定数目,则迹近勉强"③。然而,这种反对声音似乎过于微弱,没能引起各方面足够的重视。自愿的储金变成了强制性的摊派,逐渐引起了各界的不满。北洋政府意识到这一问题的严重性,通电各地,禁迫储金,"对于储金一事,不妨尽力提倡,惟不得稍涉勉强;至于人民认储之数,宜听其自行输将,不得遽行强派,以免种种流弊"④;"(储金)输将须出于个人自由意思,凡百执事万不可有勒迫情弊,致令本大总统所厚望者,仅成一般人民等觖望"⑤。官方的劝谕起到了一定成效,但月薪储金依然在各界、各地相继展开。

总体而言,月薪储金的实行取得了一定的成效,然而,其效果是有限的。截至全国救国储金团联合会召开,除官薪储金外,"全国共八百

---

① 政界救国储金停办消息[N].盛京时报,1915-08-07(3).
② 举办月薪储金之斟酌[N].申报,1915-06-08(7).
③ 储金救国志闻[N].盛京时报,1915-06-04(6).
④ 谕饬禁阻勒办储金[N].大公报(天津版),1915-05-28(3).
⑤ 中央禁迫储金[N].盛京时报,1915-06-08(6).

万,而现缴者只居半数"。官方月薪储金的推行也并不顺利,许多地方其实根本就没有办理,即使已经声明办理者也多认而未储。① 月薪储金背离了储金自愿原则,带有了某种强制性色彩,引起各方面潜在的抵制,从而为运动的失败埋下了伏笔。

储金自愿原则在实际操作中的背离,是颇值得深思的现象。运动组织者为了保证储金目标的实现,提出并强调储金自愿原则,但又在不自觉中破坏这一原则。这一现象的产生既与当时急于求成的社会心态有关,又与时人赋予这场运动过高的期望有关,还与传统政治体制的运作方式的潜在影响有关。

储金自愿原则是这场运动得以兴起、发展的基石。在储金运动开始时,运动的组织者鉴于此前举办各种社会活动中存在的强迫现象,特别强调储金自愿原则,强调储金者个人的权益,规定储金不能有任何强迫行为,明确规定储金团事务所"不收受储款,亦不代人存储,且永不派人在外催收及募捐等情,以绝弊窦而昭郑重"②。然而,随着储金运动的展开,运动组织者急于求成的心态日益明显。月薪储金的提出、实施和推广证明了这一点。颇具强制性色彩的月薪储金的提出,没有遭到上海民众的反对,反而获得了一定程度上的支持。各地对上海推行的月薪储金的方法多有所借鉴、遵从,尽管有人曾对此提出过异议,但更多的是认同与支持。官方亦如此。这说明运动的参与者也存有急于求成的心态,并且愿意为储金目标的早日实现,而在一定限度内容忍颇具强制性色彩的月薪储金的存在。因此,储金自愿原则在实际操作中的背离是与急于求成的社会心态有关的。

救国储金运动被赋予很高的期望,运动的组织者对运动失败可能造成的不良影响看得非常严重,这使运动的组织者对能否达到储金目

---

① 救国储金近闻[N].申报,1915-09-23(10).
② 中华救国储金团事务所紧要广告[N].申报,1915-04-07(1).

标深感忧虑。在时人看来,救国储金运动绝不仅仅是一次经济动员活动,而是一次民族主义的大动员;对政府而言,它是民气盛衰的一个标志;对于列强而言,它是中华民族凝聚力的一次展示;对于旨在侵略中国的日本而言,它是一种隐形的示威与反抗。"救国储金之功效不仅及于物质上已也,其关系于精神上者尤大。"如若届期储金能够实现预期目标,其"对于物质上发生之效力且不论,而即此未死之人心、方兴之民气已足以壮政府之气而摄敌人之胆。以为外交之后盾,则外人不敢过视觊觎;以为政府之监督,则官吏不敢肆行无忌"。如届期不能实现预期目标则其影响甚巨,甚至有人对运动失败所造成的后果,"非吾所忍言者矣"。[①] 正是储金运动被赋予了太多的期望,使储金运动的组织者对于运动能否达到预期的目的而深感忧虑。他们认为,运动若不能达到目的不仅会对运动组织者个人威信产生不良影响,更会对民风民气产生不良影响(储金之议提出之时,就明确指出要以此观占民气)。因而如何确保储金目标的按时完成,成为运动组织者首先要考虑的问题。月薪储金形式虽与储金自愿原则有悖,然而在实行中却颇具成效,因而为运动组织者所青睐也就不足为奇了。

官方月薪储金的开展一般是按照官衔大小,自上而下依照行政命令予以推行的。认储一定数额的储金成为一种必须完成的任务。尽管有人对违反自愿原则的月薪储金提出反对意见,甚至北洋政府也曾发布禁迫储金令,但官场中的潜规则、特定政治生态下人们的行为模式,决定了禁迫储金的效力有限。传统官僚体系的运作方式决定了这一方法合乎惯例。这种运作方式是长期以来形成的,它在无形中影响到人们的思想,久而久之形成了一种惯性思维,从而使自上而下完成一定数量的任务成为各种活动普遍采用的一种模式。就储金运动而

[①] 张贻志.对于救国储金之讨论[J].留美学生季报,1915(3):9-13.

言,月薪储金的提出一定程度上也是这种模式的产物。正是长期以来形成的这种惯性思维、惯性行为模式,使月薪储金背离储金自愿原则的严重性,没能被运动的组织者、广大的参与者及时察觉,并采取有效措施予以制止。

　　自愿应是建立在民主平等的基础上,个体在慎重思考后所做出的理性选择。自愿原则所体现出来的是对行为主体所做选择的尊重。对于民众而言,权力意味着强制性,它与自愿原则显然是背离的。储金运动的组织者在运动发起时极力强调储金自愿原则,强调储金者权益,然而随着运动的开展,又逐渐背离了这一原则,为达到预期的目标,走上了依靠某种强制性手段来推进运动的道路。这使储金自愿原则流于一种姿态的展示,一种增强号召力的手段。储金自愿原则的背离所展示出的是传统思维模式、行为模式对储金运动发展的强大的制约力。这种惰性力量是隐形的、强大的,是传统社会向现代社会转型的一个制约性因素。储金自愿原则的背离,在一定程度上昭示了社会转型的艰难,为运动失败埋下伏笔。

　　虽然中华救国储金团总事务所在上海建立,各地也相继成立了分事务所,总事务所与分事务所之间,看似构成了一个遍布全国的救国储金团的网络,但是,实际上各分事务所尤其是较大城市的事务所,不受总事务所的统一领导和指挥,认为"对于上海有联络之义务,无隶属之必要"①,总事务所与分事务所之间仅就成立或开会情况交换意见,总事务所对"各县商会办理储金情形未能详悉"②。因此,有学者指出,救国储金团总事务所是"自封的","整个运动既未能形成一个精神上的领导中心,也没能产生一个组织上的领导中心","尽管确曾有一种举国一致的团结精神,各项活动也是在全国范围内进行,但整个运动

---

① 直隶救国储金团简章[N].大公报(天津版),1915-05-20(5).
② 调查储金情形[N].大公报(天津版),1915-08-28(3).

未能达到全国一致行动的效果"。① 这种各自为政、缺乏统一的组织领导,无论在宣传,还是动员方面,使得各地救国储金运动都无法有效地运转,给整场运动的深入发展带来严重阻碍,这也是救国储金运动很快衰落的重要原因之一。

三、储金性质不明及用途不定

储金颇具捐款色彩的储蓄性质,其用途的不确定性及社会诚信度低是造成社会上层参与热情冷淡、参储数额偏小的原因。

"救国储金"这一名称,在运动发起之初是与"救国捐"并用的。日本提出"二十一条"后,1915年3月中旬有人提议捐献十分之一的家产为政府扩充军备。上海商人马佐臣在提出救国储金时,号召"凡系中国人民亟应捐去其财产十分之一作为'救国捐'",若一年内实现5000万元的目标,这项资金用途视具体情况而定,国家若有急需则此款全数提交政府,用来增强国家武备;若扩充军备非当前之急需,则用来创办实业。若不能实现预定目标,允许储金人自行收回,并偿以五厘利息。② 《简章》的制定充分采纳了马佐臣的意见,规定储金用途根据中日交涉的结果分为两个方面:若中日交涉失败,储金提交政府,用以建造兵工厂、战舰;若建造兵工厂、战舰不是急需,则注重实业。如不能实现原定目标,则偿以四厘利息,允许收回。从以上规定中可以看出,"救国储金"的捐款色彩相当浓重。

其实,若从民众认储动机考虑,民众认储这一行为更多的是出于爱国热情,而不仅仅是获取经济利益。在当时很多人心目中这项"储金"与"捐款"没多大差别,也不愿追究其具体差别。获取利息的诱惑

---

① 罗志田.乱世潜流:民族主义与民国政治[M].上海:上海古籍出版社,2001.
② 西报载爱国华人之稿件[N].申报,1915-03-31(10).

对他们而言并不是积极参储的主要动力。

但是,也应该注意到,救国储金与单纯的捐款是有区别的。这体现在对储金人权益的规定上:储金由个人或集体直接交存到银行,由银行发给存款证明;若储金在一年内不能实现5000万元的目标,储金存足六个月,允许收回,并偿以四厘利息。若储金提交政府扩充军备,则由政府发给军需公债票,且国民对其用度有监督权;若此款用来创办实业,则发给股票。为了动员社会各界认储、参储,储金团事务所极力强调两者之间的区别,并专门发表通告再三解释,力图使人们相信救国储金不同于无偿的捐款,而是既能表达爱国热情,又能增加个人收益的良策。为避免民众引起误解,运动发起不久后,相关记录往往只提"救国储金"而不再提"救国捐"。

然而,"救国储金"中的"储金"性质是相对的。如果把救国储金仅仅看作单纯的储蓄存款,即单纯的经济投资,那么从资本的天性而言,追求经济利益最大化是其终极目的,如何实现经济利益最大化,是储金参与者首先要考虑的问题。然而,在储金运动指导性文件《简章》中,对于这一点的规定却含糊不清:5000万元的目标实现,款项提交政府后,由政府发给军需公债票;创办实业,则发给股票。这里所指出的只是一些原则性的规定,而仅仅依靠这些规定是无法实现储金人经济利益最大化的目标的。比如,储金提交政府或创办实业,个人能否收益、收益多少、如何收益、收益权如何得到保障等一系列问题都没有答案。5000万元的目标不能实现,储金存足六个月后,可以收回,并偿以四厘利息,这一承诺是明确的。但这一明确的承诺也不能实现储金人追求经济利益最大化的目的。举例而言,在民间发起救国储金运动的同时,北洋政府也在推行四年内国公债。公债年息六厘,利率较储金要高,且公债以国家税收作担保,从投资风险成本考虑,购买公债券相对于认储储金似乎也更有保障。也就是说,若从经济理性这个角度考虑,投资救国储金不能实现储金人经济利益最大化的目标,是不符合理性原则的。救国储金既有捐款的性质,又不同于单纯的捐款;既有存储的性质,又有别于以获取经济利益为最终目的的存储。因此,救国储金是一项颇具捐款色彩且富有特殊使命的储蓄。这一性质决定了其组织者试图以经济利益为驱动在吸纳社会资金成效方面的乏力,也决定了储金人的小额参储成为一种普遍形式。

储金用途的不确定性,也是影响储金社会参与的因素之一。储金运动发起之初,储金的用途被规定为增强国家军备,或办兵工厂,或建陆军、海军。这一用途的规定对于动员广大民众认储、参储产生了巨大号召力。当时中日交涉正在进行之中,如果交涉失败,可能会引发战争,而中国军事装备落后,急需资金。因此,正是现实的紧迫感、危机感,使储金用作扩充军备,得到了民众广泛的认同与热情的支持。与此同时,《简章》中也提及在扩充军备不是当时急需的情况下,储金将用来创办实业。这一用途的规定,在当时没能产生多大的号召力,甚至有人在认储储金时,明确表示反对储金用作创办实业。

"二十一条"最终签订,中日交涉结束,增强国家军备的紧迫性有所降低,储金用作军备的呼声也随之降低,相反,储金用作创办实业的声浪颇高。主张储金用来创办实业者多来自社会上层,如张謇对储金用作军备的规定一直持反对态度。他认为即使5000万元的目标能够实现,这部分资金全部用来扩充军备,成效也未必显著;军事实力是建立在综合国力基础上的,因此应该首先发展实业,增强国家的经济实力,并提出将储金用作创办棉纺织厂。[①] 与此同时,也有人提出储金应用来创办银行、创办教育等。1915年9月,全国救国储金团各省代表联合会召开时,这一问题成为与会代表讨论的一个重点,然而,最终也

[①] 张謇.对于救国储金之感言[M]//张謇研究中心,南通市图书馆,江苏古籍出版社.张謇全集:第1卷.南京:江苏古籍出版社,1994.

没能就这一问题达成一致意见,没能对储金用途作出明确规定,只是有些含糊其词地表示,"会议决定储金额仍为五千万元,俟实收到现款五分之一时,开全国联合大会公决处分"。

上海发还储金后,直隶救国储金团试图力挽狂澜推进储金运动。为了确定储金的用途,增强储金的号召力,提出了储金用途可供选择的五项方案,并就此广泛征求各方面的意见,虽然最终选择了组织纺纱厂作为储金的用途,但也有一些人不赞同。

通过以上分析可以得知,社会各界对储金用途一直存有不同意见,储金运动的组织者对储金用途的规定也在不停地调整,导致储金用途不明确。储金的用途,不仅关系到民众爱国心情的表达,而且关系到个人收益的获取,其不确定性影响了社会上层人士的积极参与。

近代以来,财政困难一直是困扰政府的难题之一,晚清政府如此,民初政府也如此。为拓展财政经费来源,政府向外借债的同时,向社会集资成为一种可供选择的经济手段。因而举办了一系列形式多样、名目繁多的筹款集资活动,如晚清昭信股票的发行,民初国民捐的推行等。然而,这些活动在推行过程中存在着诸多不足,其中最为严重的就是失信于民,在社会上造成了严重负面影响。因此,社会信誉,特别是政府的信誉不高。这使民众对官方举办的此类活动保持高度的警惕,甚至在一定程度上形成了民不信官的局面。尽管储金运动不是官方发起的,但官方曾失信于民的记忆却依然对运动的社会参与产生潜在的影响。对官方会操控这笔资金的担心,影响了社会上层对运动的积极参与,这也是社会上层对该运动参与冷淡,存储数额有限的原因之一。时人就曾指出这一点,"(储金运动发起一个多月以来)富者名流仍未一露头角者,考其原因或有种种,然当此政府损失信用之秋,未尝不以权归政府难收实效为大虑"①。

四、政治热情与经济理性的冲突

民族主义高涨是近代社会思潮的一个显著特点，与之相应，民主运动的产生与盛行构成了近代历史的一个重要内容，救国储金运动便是其一。然而这场运动又有其独特之处，这鲜明地体现在储金以救国的理念，即经济民族主义的色彩上。因而可以从民众参与的政治热情与经济理性的关系这一视角来审视这一运动。

正如以上所分析，广大民众参与救国储金运动，从以获取最大经济利益为目的经济理性角度考虑是不明智的；然而，从民族主义的角度考虑又是可以理解的。这正是救国储金运动的特点之一。救国储金运动是建立在民族主义之上的一场社会运动，其迅速兴起证明了民族主义所具有的巨大号召力，其衰落、失败则体现出经济理性原则对运动发展的制约。储金运动的兴衰证明了仅仅依靠政治热情来推进一场社会运动是无法长久的。上海救国储金运动的发展过程印证了这一点，时人为我们留下了生动而富有感情的描述：

> 中国银行收存救国储金以来，每日收数总在万元以上。及见本月三日报告收数仅二千三百四十元，合之交通银行亦仅二千九百三十元，与前相较，不及三分之一。此前吾国人每有一事发生外人辄讥我曰："一□日五分钟。"吾乃深惧救国储金一事仍蹈一□五分钟之辙也。嗟夫！嗟夫！②

忆自救国储金发起之初，一般热血者轰轰烈烈解囊相助，一若五千万之收款不难立刻而集之势。曾几何时而竟烟消云散，风

---

① 加赋问题之研究[N]. 申报，1915-05-15(11).
② 觉迷. 自由谈之自由谈[N]. 申报，1915-06-06(14).

过便无浪矣！比来卧薪尝胆之声寂焉无闻,储金之收款为数寥寥矣！前闻某君论吾国人爱国之热度,所谓如东风之过耳一过便无踪迹,诚哉斯言！①

救国储金……每况愈下,迨至今日储金声浪一落千丈。报载上海逐日收数仅及百数十元,即以所收总数计之亦只七百十余万元,积之定额实惟廿分之三,转瞬年终焉,能望达目的乎？警告国民当始终勿懈,勿蛇尾虎头致为外人讪笑我国民热度仅有五分钟可也！②

……盖有益国家之事,上海每先各地而起,亦先各地而衰,观于自提倡救国储金以来,日所收者必在一万以外,而近数日间已不及一万矣。岂外患稍安而爱国之心亦减耶？抑上海之财力至此已竭耶？③

以上是对上海救国储金运动发展历程的描述,同样适合其他各地储金运动的发展情况。因而,这是一种普遍现象。对于这一现象产生的原因,时人曾联系国货运动的发展情况做过对比分析:

储金与国货同时倡之,其声之高不分上下。今则储金已成弩末而国货之声尚未减。此二事之目的同也,结果何以若斯之异哉？或曰此二事对于国家之目的虽同,而对于个人之利益则不同,此结果之所以异也。④

这一分析虽过于笼统,却指出了经济理性对储金运动发展的制约作用。近代以来,列强不断向中国输入商品,进行经济侵略。相对而言,这些商品质优价廉,颇得国人青睐。这对民族工业的发展造成很

---

① 梁溪汉裔.自由谈之自由谈[N].申报,1915-08-19(14).
② 甫鱼.自由谈之自由谈[N].申报,1915-08-20(14).
③ 救国储金[N].申报,1915-05-25(2).
④ 测国民之心理[N].申报,1915-07-13(10).

大压力,因此产生了近代以来持久不衰的国货运动。认储储金与购买国货都能够表达爱国热情,都能得到社会舆论支持、赞扬。如前文所分析,救国储金是一项捐款色彩颇重的储蓄,即使如储金运动组织者所宣传,储金能够给储金人带来一定的经济收益,那也不是短时间能够做到的事。况且储金需要依靠经济实力,联系到储金运动的参与者主要来自社会中下层,经济实力有限,因而不可能持续存储。相比之下,购买国货似乎是一种更为便利,又易于实行、能够实行的爱国热情表达方式。这也决定了储金运动与国货运动两种不同的命运。

高昂的政治热情能产生极大的社会动员能力,在短时间内聚集巨大的能量,从而使储金运动迅速掀起高潮,一时形成风起云涌、轰轰烈烈的局面。然而,高昂的政治热情却无法持久,建立在这一基础之上的社会运动也会因之衰退。由此可知政治热情与经济理性的关系是对立统一的,它们之间存在着内在的联系,也有不可调和的内在冲突。就储金运动而言,更多的是体现了二者之间的冲突。当储金运动发起之时,高昂的政治热情,突破了经济理性的制约,使广大民众踊跃认储、参储,但当政治热情消退后,潜在的经济理性就会发挥作用从而使人们认储热情下降,影响储金运动持续、深入地发展。

储金运动的组织者也充分认识到,仅仅依靠政治热情无法使运动得以持续、深入地发展,试图调整政治热情与经济理性之间的紧张关系,力图使储金参与者既可以表达爱国热情,有利于国;又可以获取个人经济利益,有利于家。这体现在其储金动员宣传上,"储金性质与捐款不同,捐款纯为慈善事业,已经捐出则永不为我有,储金则带有储蓄性质,由吾人自行存储于银行并有年息四厘,既可以此多金为国家兴办实业,而吾人仍不失为债权者坐享其成"[①]。

---

① 张贻志.对于救国储金之讨论[J].留美学生季报,1915(3):9-13.

国家政体的改变,对储金运动造成了巨大的冲击。面对这一形势,运动的组织者试图用增加储金利息的方法以推进储金运动的发展。全国救国储金团各省代表联合会结束后,储金团派代表进京与中国、交通两银行商讨给储金人增息及发息一事,即出于这种动机。① 上海储金团发还储金的同时做出如下声明:"愿继续进行及前经承认进行者,自阳历元月一号起存息改为长年五厘,换给存单。"②这一声明也体现了这一点。反对发还储金的天津、北京等地的储金团,为推进运动发展都曾宣布增加储金利息。然而,这一方法没能成功,储金运动无可挽回地走向失败。

储金运动组织者的种种努力宣告失败,这一事实说明政治热情与经济理性两者之间的矛盾在一定程度上是不可调和的。当筹安会出现、袁世凯称帝的事件发生,民众政治热情的骤然下降,认储热情也随之下降,即便储金运动组织者用增加储金利息的方法,试图力挽狂澜,也无补于事。救国储金运动的兴衰似乎证明了高昂的政治热情可以迅速掀起一场社会运动,但不能使一场社会运动得以持续、深入地发展。

近代以来,社会急剧转型嬗变剧烈,基于民族主义曾发起了种种爱国运动,但这些运动往往虎头蛇尾。诚如有学者所指出,"危机的加剧尚未足以使中国人完全摆脱那种传统的对政治和国事的漠然"③。对于这一现象的成因,固然要具体分析,但依靠政治热情发起的社会运动无法持续长久,应是其中一个重要方面,因而似乎可以从经济理性与政治热情关系这一视角予以审视。

救国储金运动理念是号召大家储蓄,用于支持政府创办兵工厂,

---

① 储金团之近闻[N].大公报(天津版),1915-11-23(3).
② 中华民国救国储金团上海事务所紧要通告[N].申报,1915-11-04(1).
③ 罗志田.乱世潜流:民族主义与民国政治[M].上海:上海古籍出版社,2001.

加强国防力量，从而在对日交往中形成自身优势。简单地说，官方对救国储金运动也有一个逐步认知、深化判断的过程，其态度也经历了从消极到积极的转变。在这个过程中，救国储金团的宣传与沟通协调，对于官方态度的改变，起到了积极的促进作用。从经济层面来讲，救国储金运动带有一定的市场经济的意识色彩，带有一种契约意识、规则意识，带有一种现代的经济理性成分。以往封建社会的捐款一般出于政治目的，如向皇帝效忠。就这一点而言，它们之间有很大的差别。虽然储金与捐款都是一种经济行为，但这种经济行为背后的考量是不一样的。前者没有太多政治考量，更多的是基于现代民族国家基点的考量；后者更多是建立了一个专制政治、专制王权、封建皇权的政治考量。

第二节 运动的历史特征及影响

救国储金运动发生于日本提出灭亡中国的"二十一条"之时，因此，这场运动具有鲜明的救亡图存的性质。救国储金运动充分体现了国人强烈的民族忧患意识和赤诚的爱国热情。它是民族自觉历程中的重要里程碑；是自强不息的民族精神的体现；是民族主义旗帜下的一次较为成功的社会动员；是民族凝聚力的一次整合与显现，其经验与教训为此后掀起的民主运动提供了借鉴。由于种种原因，一度轰轰烈烈的救国储金运动渐趋沉寂。这是国人所不愿看到的结局，却也是一种不可避免的结局。救国储金运动最终失败，但其历史意义却不容忘却，不容抹杀。

一、救国储金运动的历史特征

救国储金运动是反日运动的重要组成部分,它强调中日外交的紧迫性,认为储金以救国,以民力为政府后盾是最好的选择,呼吁社会民众踊跃参储,协力救国。救国储金运动是在封建君主专制被推翻、民主共和国建立的背景下发生的,它不同于推进政治体制变革的维新变法运动,也不同于着眼军事斗争、维护民族利益的拒俄运动。运动组织者认为政治体制改革已经结束,重点应放在建设方面,全体国民应致力于经济社会建设和国防建设,致力于国家发展;认为与日本的外交谈判之所以陷入被动,是因为自身军事实力的虚弱。救国储金运动体现了一种直观、朴素的对救国方式的理解与认知,是一场"眼光向内"的自强运动。

救国储金运动波及范围广,持续时间较长。在短时间内,运动波及全国各地,20余个省份都参与了这场运动。从运动持续性而言,救国储金运动持续时间相对较长,一般一场运动会持续两三个月,时间相对较短,而储金运动持续了一年多时间。

从运动发起阶层来看,救国储金运动是由民间,主要是由上海商界首先发起的,并得到社会各界一定程度上的认同、支持和参与,甚至官方也由一开始的保守逐渐转变为积极支持。

从运动社会动员来看,各地救国储金团都具有一定规模,人数较多;有着明确的组织者、领导者,骨干成员,并有比较明确的层级和职责分工;有着相应的组织纪律、活动规约,用以明确组织内部人员行为规范、利益分配、行动准则等事项。领导整场运动的绅商阶层,具有一定的经济实力,支持救国储金团的活动,维系该组织运行、发展以及公益活动的开展。这场运动与维新派著书立说、办报兴学等社会动员方式有着相同之处,也因时代不同有着较大差异。通信技术的发展,尤其是报刊的普及应用,使得信息传递的速度、便利性有了很大提升。整场运动能够在短时间内遍及全国,信息传递依靠的主要是报刊媒介。以《申报》《大公报》《时报》等为代表的媒体,是这场运动的发起方之一,在舆论宣传、动员方面发挥了极其重要的作用。这与晚清昭信股票所采取的行政动员、国民捐采取政党动员等都有着显著差别。救国储金关系着国家危急存亡,在最初时常以救国捐称之,但"非寻常爱国捐等可比"。

从运动社会参与来看,救国储金运动具有社会参与广泛的特点。在中日矛盾上升的时候,各个阶层之间关系逐步弥合,体现出中日民族矛盾逐步上升为中国社会主要矛盾的发展倾向。这场运动几乎遍及社会各个角落,波及各个社会阶层,参与面非常广泛,上至总统,下至乞丐、妓女,各阶层都有参与。绅商阶层是运动的领导者,依托自身组织体系(商会、行业协会等)、经济实力,设立组织机构,为运动的发展上下沟通,左右联系,奔走呼号,殚精竭虑,成为运动带头的组织者、领导者和表率榜样。以教员、学生为主体的中小知识分子是这场运动的重要参与者,在运动过程中发挥了组织、思想宣传和引领的作用。官僚群体的参与,经历了怀疑保留、容忍到参与的过程,态度逐渐明朗,给予运动有力的支持。官方的态度转换,肯定运动的正当性、合法性,为运动正名,极大鼓舞了社会各阶层参与运动的积极性。底层民众是运动重要参与者,储金数额虽然相对较少,但范围广泛、三教九流人数众多,影响深远,体现了运动的影响力、参与度,壮大了运动的声势。同时,在运动发起及推广的过程中,报界也积极奔走呼告,发挥着舆论宣传与引导的作用。

从运动烈度来看,相对于同期的抵制日货运动及后期的五四爱国运动,救国储金运动烈度较低,相对温和,更多体现为一种非暴力的特征,强调以和平的方式表达爱国热情,不因"爱国而激为逾越范围之举动",这也是民众青睐储金运动的原因之一。

鸦片战争以来,侵略与反侵略一直是中外关系中的一个重要方面,屡屡失败的交涉结局以及随之而来的更多权益的丧失,使国人慢慢认识到国际交往中的丛林法则和弱肉强食的残酷现实。爱国进步人士的摇旗呐喊,使民智水平有了一定程度的提高,广大民众日益认识到国家的强盛,要依靠实力,在实力不足以与列强对抗时,外交中处于弱势地位是必然的,这种情况下"宜出以镇静,处以隐忍"[①],采取非暴力斗争手段,争取时间努力于自身实力的增强。

救国储金运动的初衷为"战,则供国家军备;和,则专注于发展实业",这得到了民众的广泛支持。同期开展的抵制日货运动则更直接,烈度更强,甚至出现诸多非理性举动,容易引起外交上的矛盾与冲突,也容易造成社会失序、社会动荡。因此,官方对类似于这种活动,控制是比较严格的,不希望这种运动对社会秩序造成更多冲击。同样,对于社会精英阶层,尤其是绅商阶层而言,抵制日货可能会使自己的直接利益受损。所以,他们对这种运动一般都持谨慎态度,对抵制日货运动造成的危害有一种清醒认知。基于两者抗争烈度的不同,运动持续时间和结局也不一样。救国储金运动持续了一年多的时间。事实上,随着中日矛盾日益深化,以"救国储金运动"命名的反日运动多次出现,这也体现了这种社会抗争形式的生命力。抵制日货运动往往是迅速掀起,也会迅速衰落。

从储金用途来看,储金供国家"兴办军工企业"之用,与19世纪60年代洋务运动的兴办军工企业没有太多的差别。但其资金募集方式,即动员社会资金办理军事企业,与洋务运动中运用国家财政拨款的方式又有着本质上的不同。这场运动没有完整系统的纲领,也缺乏思想

---

① 字.爱国[N].申报,1915-04-05(10).

理论的深入阐释,其贡献更多体现在实践层面上,其在思想启蒙、社会动员等方面发挥了积极作用,这是救国储金运动的价值。从这个意义上讲,这场运动是一场温和的改良主义的民众爱国运动。

从思想特征来看,救国储金运动体现了思想的多元性。民国初年是社会转型时期,社会上各种思想纷杂,既有中国传统的民本思想,传统的中华民族的义务本位文化观,传统的忠君报国思想,也有源于西方的民主思想。民国,大家理解为民众之国,民众作为国民一分子,要尽国民义务。加上社会达尔文主义的盛行,使得中国上下,不但是知识界还有社会各个阶层的视野拓展了,不再像晚清闭关自守、盲目自大,而是开始对世界的认知逐渐深入,对中国在国际社会当中的地位,对国与国之间的交往法则、交往规范有了更多的认识和了解。此外,在这场运动中,中国传统思想也在起作用,比如"天行健,君子以自强不息"等。因此,一定程度上而言,救国储金运动是中国人民的一场自救运动。

总而言之,救国储金运动包含了多种思想,是多元思想的混杂,这也是社会转型时期中国社会思想的一个真实性体现。从其思想发展演化的趋势来看,人们的思想由封建思想逐渐地向民主思想过渡,从原先封闭、夜郎自大的心态逐渐转向国际视野。

二、救国储金运动的历史影响

"救国储金是长期救国的法宝。"[①]以反对"二十一条"为目的的救国储金运动,是反日爱国运动的重要组成部分。虽然持续一年多,高潮期也仅仅只有几个月,但在中国近代史上留下了深远影响,以储金表达救国的这种形式得以保留。当此后为应对外强侵略等开展民族

---

① 救国储金是长期救国的法宝[N].时报,1937-10-14(3).

主义运动时,政府当局会运用"救国储金"这种方式筹集资金,提出以此种方式创设工厂等。①

广泛的社会动员使国民思想在中国人民中得到普及,救国储金运动在动员的广泛性上超过了以前历次反帝爱国运动,从而为大规模反帝爱国运动向纵深发展提供了条件。救国储金运动作为抵制日本帝国主义吞并中国阴谋的一项具体措施,有着极大的号召力,它的广泛开展使北洋政府摊派的公债大受影响,"民皆以所有作为储金,再无余款来购公债票"②。

救国储金运动虽未能达到原先预定的5000万元的直接目标,但在唤醒民族意识、爱国意识及社会诚信建设等方面取得了很大成效。

运动与绅商阶层的组织倡导有着密切关系。他们在劝募民众积极储金之前,往往首先认储。鉴于此前晚清昭信股票、民初国民捐等运动多失信于民,他们特别注重社会诚信建设,希望以自身的表率取信于民,从而推动这场运动的发展。为此,他们函电交驰、日不暇给、历经艰辛、鞠躬尽瘁。当储金因种种原因无法足额完成,民众要求发还之时,他们进退维谷,陷入两难。权衡利弊后,他们决定以诚信为重,发还储金。储金运动归于沉寂,他们深深自责并为此而扼腕痛惜,甚至声泪俱下。他们的工作虽然存在缺点、不足,但总体而言是富有成效的。可以说正是他们的策划、推动,使得这场爱国运动有声有色、轰轰烈烈。

各地储金团在运动推行过程中相互联络、相互激励、相互借鉴、相互学习,共同推进运动的开展,这充分体现了国人的团结协助意识。在储金发还问题上,各地曾有过矛盾、争议,但其基点是建立在何种方式更能有利于国、有利于民之上的。另外,在注重社会诚信方面,各地

---

① 冯筱才.政商中国:虞洽卿与他的时代[M].北京:社会科学文献出版社,2013.
② 四年公债尚未足额之原因[N].大公报(天津版),1915-08-23(3).

有诸多相似之处。上海发还储金的选择是以保全社会信用为目的。天津、北京等地虽不主张发还储金,却主张发还储金利息以全信用。当天津等地最终意识到运动已无法推进时,他们还是选择顺应民意,发还储金。储金运动的善后处理,体现了尊重民意、注重诚信的特点,这是这场运动的可贵之处,体现出时代的进步。

此外,救国储金运动在社会整合方面发挥了重要作用,为日后各种民众爱国运动的动员奠定了基础。国民意识的觉醒促成了救国储金运动的发生,反过来,运动又进一步促进了国民爱国意识的觉醒。"此次以中国交涉故,中国国民渐有觉醒之状……国民对于国家之责任及时势之情形,此视往昔而大有进步者也。"[①]

民国,时人对此的理解就是人民之国,每个人都是国民一分子,都需要尽自己的力量去建设国家。因此,救国储金运动带有两重目的:一是推进民族国家建设。这涉及外交问题,或者说是由外交问题引发,即由日本逼迫中国签订"二十一条"引发的民族危机。从这个目的来看,救国储金运动体现了一种爱国热情。"二十一条"签订及民国政体的改变,最终导致了救国储金运动的销声匿迹。二是对民国的认同、认可与支持。对政府的信任是运动发起的一个重要因素。从制度设计理念角度来看,救国储金既有传统捐款、惯例习俗等非制度性因素,也有西方商品经济发展中的规约意识、契约意识、规则意识。此外还借鉴了西方经济发展中储蓄的理念。这些都鲜明地体现在救国储金运动章程、手续办理过程中,在救国储金团与中国银行等签订的协议里面。每一笔捐多少、利息多少,以及最后利息、本金的返还,均充分体现出救国储金运动的特征。

关于救国储金运动的性质,从政治上来看,是一场声援政府、抵抗

---

① 冷(陈景韩). 时评:警告国民[N]. 申报,1915-04-11(2).

日本侵略的爱国主义运动；从经济层面来看，是学习西方发展经济模式、发展方式的一种尝试，主要体现在储蓄方面；从思想影响来看，救国储金运动社会参与体现了民国初年人们社会生活的画像，一定程度上折射出辛亥革命后新思想、新观念对民众日常生活的影响。鲁迅曾对辛亥革命后乡村社会生活与人们思想观念有过生动描绘，认为辛亥革命的影响极其有限，这在其小说《风波》《阿Q正传》中都有鲜明的体现。与鲁迅的负面认知、消极评价不同，救国储金运动体现出辛亥革命后人们思想观念正在缓慢却坚定地变革着。

为了抵制日本提出的"二十一条"，为了维护敏感的民族自尊，为了心中虔诚的民国，广大民众，特别是社会底层民众基于"天下兴亡，匹夫有责"的朴素理念，基于对民国的想象，基于强烈的爱国热情，节衣缩食，踊跃认储、参储，涌现出了许许多多感人的事迹。为了免受外国人讥讽华人只有五分钟的爱国热度，为了中国能够自立于世界民族之林免受列强的欺凌，运动之中有许多人自残，甚至自杀，希望以这种特殊的方式来警示世人、激励同胞，将运动进行到底。对于这些似乎有些过激的行为，作为后人，可以有不同的看法、不同的意见，但是，对其行为中所体现出来的对救国储金运动所寄予的热切期望，对国家命运的深沉忧虑、赤诚爱恋，对民族强盛的殷殷期盼，永远值得后人景仰与学习。作为个体的生命已消融于历史的浩瀚，但其精神已与民族的血液融为一体，历史应该记住这些无言而卑微的生命，他们也理应活在后人的记忆中。近代以来，为挽救历经沧桑的国家，广大民众付出了热血与生命。

救国储金运动因国家政体的改变而迅速趋于沉寂，然而不能因此否认官方在这场运动中所发挥的作用。以袁世凯为首的北洋政府各级官员自上而下的认储、参储，不管其动机如何，客观上却在社会上产生了良好的示范效应，营造了良好的社会氛围，在一定时期内形成了官民合作上下一心的良好局面,这对于储金运动的开展起到了巨大的推动作用。在储金的善后处理中,尽管有些官员出于种种考虑对储金发还曾有过干涉,也曾有过挪用储金的想法,但最终还是尊重了民意,使得绝大部分储金得以发还。官方尊重民意发还储金,相对于晚清昭信股票、民初国民捐的善后处理是一种历史的进步。

近代以来,由于屡遭列强侵略,国人的民族自尊心变得格外敏感、脆弱,因而强烈渴望能在短时间内改变这一状况。这种迫切的心情使得储金运动的组织者、参与者都对这场运动寄予了厚望,甚至认为中国兴亡在此一举,因而对运动失败造成的影响看得过重。事实上,中国积贫积弱的局面是长期形成的,要改变这种局面也绝非一朝一夕能够做到,更非一次救国储金运动就能解决,因而对于储金运动的成败不宜看得太重。储金运动能够达到目的固然能够表示国人爱国的热诚,即便不能达到目的也并不表明国家已经没有希望,不可挽救。无数事实证明历史前进的脚步总是缓慢的,需要一代又一代人的不懈努力与奋斗。

国人心中的民国理念是发起这场运动的基石,然而,现实中的民国与民众心中的民国不是一回事,民众心中的民主想象与现实中的民主实践也有着天壤之别。民众的意志没能左右官方的行为,民国的建立也没能改变民族屈辱的地位。"二十一条"的签订,再次表明了中国在国际交往中的弱势地位,屈辱的结局再一次刺痛了自近代以来因屡遭屈辱而异常敏感的民族自尊。

袁世凯的帝制自为打破了关于"民国""民主"的种种美丽想象与憧憬。发生在眼前的事实剥去了笼罩在民众心目中"民国""民主"的迷人面纱,褪去光环的"民国""民主"裸露出现实的丑陋。残酷的现实使广大民众不得不陷入痛苦沉思之中。清醒是痛苦的,可痛苦的清醒远比兴奋的盲从要好得多。开始清醒的民众对官方失望情绪的进一步加深,对民国前途悲观情绪的进一步增长,使参储的热情迅速下降,使救国储金运动赖以支撑的精神支柱轰然坍塌,使运动走向沉寂成为一种必然。

国人曾赋予救国储金运动以深切的期望,可时代的局限终究无法超越,"五分钟爱国热度"的现象再一次重现。历史再一次显现出其严峻与冷凝的本色。这些似乎都印证了民主道路的艰难,从传统向现代转型的坎坷。

"救国储金之无效果,遂致国人之灰之。"[①]储金运动的兴衰是民众民主观念转变过程中的一个界标,失败的结局促使人们从"民国""民主"的迷幻中走出来,直面现实,从而对实现民主建设的艰巨性有了进一步的了解与认识,对民国政体多了一分的清醒与理智,为此后的民主运动奠定了基础。

---

① 豫.再论赈路[N].申报,1922-09-30(14).

参考文献

办理月薪储金之覆电[N].申报,1915-05-23(10).

本埠:储金团之近闻[N].大公报(天津版),1915-11-23(3).

本埠:上海储金团通函照登[N].大公报(天津版),1915-11-25(3).

本埠:储金团之进行[N].大公报(天津版),1915-12-23(6).

本埠:救国储金团公启[N].大公报(天津版),1916-05-02(6).

北京社会心理中之救国储金[N].申报,1915-04-15(6).

北京政界对于救国储金之一解[N].申报,1915-04-17(6).

北京救国储金实行发起矣[N].申报,1915-05-01(6).

北京救国储金成立后之进行[N].申报,1915-05-13(6).

北京救国储金之前途[N].大公报(天津版),1915-05-15(3).

北京救国储金之热诚[N].盛京时报,1915-05-16(2).

北京救国储金大会纪事[N].申报,1915-05-16(6).

北京救国储金大会之前提·政界之赞同[N].申报,1915-05-15(6).

北京第二次救国储金大会[N].申报,1915-05-28(6).

北京储金团致浙之电讯[N].申报,1915-11-21(7).

北京储金团又将开联合会[N].申报,1915-12-02(6).

宾县血书救国[N].盛京时报,1915-07-14(7).

滨江储金议决发还[N].申报,1915-11-27(6).

测国民之心理[N].申报,1915-07-13(10).

昌切.清末民初的思想主脉[M].北京:东方文献出版社,1999.

陈旭麓.近代中国社会的新陈代谢[M].北京:三联书店,2018.

陈用森.告别臣民的尝试——清末民初的公民意识与公民行为[M].北京:中国人民大学出版社,2004.

陈廷湘.晚清民国政府应对民众运动史论[M].成都:四川大学出版社,2016.

陈国清.简论第一次世界大战对中国社会发展进程的若干影响[J].武汉大学学报(人文科学版),2004(1):19-25.

池子华.中国近代流民[M].杭州:浙江人民出版社,1996.

筹办爱国储金续志[N].申报,1915-04-02(10).

储金团总事务所致全国报界函[N].申报,1915-04-27(11).

储金团之成立[N].盛京时报,1915-05-14(6).

储金运用法之核拟[N].大公报(天津版),1915-05-31(5).

储金救国志闻[N].盛京时报,1915-06-04(6).

储金进行情况[N].申报,1915-06-23(6).

储金联合会纪事(二)[N].申报,1915-09-15(10).

储金受君主制之影响[N].盛京时报,1915-09-17(6).

储金问题[N].申报,1915-10-12(11).

储金会选举代表[N].盛京时报,1915-10-22(7).

储金近闻[N].盛京时报,1915-11-14(7).

储金会议纪事[N].申报,1915-11-15(7).

储金团之近闻[N].大公报(天津版),1915-11-23(3).

储金团公函[N].大公报(天津版),1916-03-10(6).

储金团定期开会[N].大公报(天津版),1916-07-23(6).

楚客.沙市各界之救国热[N].申报,1915-06-17(6).

大总统之救国储金谈[N].盛京时报,1915-05-21(3).

大陆报之时局忧危语[N].申报,1915-10-10(3).

第二次救国储金大会[N].大公报(天津版),1915-06-07(2)

丁守和.中国近代思潮论[M].广州:广东人民出版社,2003.

丁希宇.虞洽卿与救国储金运动[N].慈溪日报,2015-08-05(4).

邓文初.民族主义之旗——革命与中国现代政治的兴起[M].北京:中国政法大学出版社,2013.

调查储金情形[N].大公报(天津版),1915-08-28(3).

董长芝,马东玉.民国财政经济史[M].沈阳:辽宁师范大学出版社,1997.

东方通信:中国留日学生总会开会纪[N].申报,1915-03-04(6).

段超.陶澍与嘉道经世思想研究[M].北京:中国社会科学院出版社,2001.

对于救国储金之贡献[N].大公报(天津版),1915-04-25(2).

对于汉口商会之责望[N].申报,1915-05-13(10).

钝银.新祝词[N].申报,1912-01-01(26).

钝鹤.自由谈之自由谈[N].申报,1915-05-20(14).

鄂省之救国储金[N].申报,1915-04-27(6).

发还救国储金之开始[N].申报,1915-11-06(10).

发还救国储金燃犀录[N].申报,1915-11-21(10-11).

方汉奇.中国近代报刊史[M].太原:山西教育出版社,1991.

方渭滨方拱辰函[N].申报,1915-04-02(11).

费正清.剑桥中华民国史:上册[M].杨品泉,等译,北京:中国社会科学出版社,1994.

冯仕政.西方社会运动理论研究[M].北京:中国人民大学出版

社,2013.

冯筱才.在商言商:政治变局中的江浙商人[M].上海:上海社会科学院出版社,2004.

复旦公学提倡救国储金[N].申报,1915-04-14(10).

复汉口商会电[N].申报,1915-04-23(10).

附属小学提倡储金[N].申报,1915-05-02(7).

甫鱼.自由谈之自由谈[N].申报,1915-08-20(14).

妇女发起爱国储金[N].申报,1915-04-24(7).

赣省储金冷而复热[N].申报,1915-05-21(6).

各处来函专录[N].申报,1915-06-14(10).

各界索还储金[N].盛京时报,1916-02-18(6).

各商埠关于救国储金电[J].中华全国商会联合会会报,1915(8):34-35.

公电:东京来电[N].申报,1915-03-03(2).

工商两会妥定储金办法[N].盛京时报,1915-07-15(6).

工业建设会发起趣旨[J].临时政府公报,1912(12):12-13.

关于救国储金之纪事[N].时报,1915-08-28(13).

官中亦有鉴此爱国心乎[N].申报,1915-04-02(10).

官吏干涉发还储金[N].盛京时报,1915-12-31(3).

广东救国储金事务所发起[N].申报,1915-05-06(6).

广东发还储金之决议[N].申报,1915-11-24(6).

贵州救国储金之勇跃[N].大公报(天津版),1915-08-29(5).

郭汉民.中国近世思想与思潮[M].长沙:岳麓书社,2004.

汉口救国储金进行谈[N].申报,1915-05-06(6).

汉口闹市后之鄂闻[N].申报,1915-05-25(6).

汉口储金近况再纪[N].申报,1915-06-05(6).

汉口储金之大问题[N].申报,1915-08-08(6).

汉口储金实行发还[N].申报,1915-11-19(6).

何晓明.百年忧患——知识分子命运与中国现代化进程[M].上海:东方出版中心,1997.

湖北救国储金之近况[N].申报,1915-04-19(6).

湖北救国储金之最近谭[N].申报,1915-04-30(6).

湖北储金之冷热观[N].申报,1915-05-11(6).

胡详钧等来函[N].申报,1915-10-21(11).

虎头蛇尾之救国储金团[N].盛京时报,1915-11-26(3).

黄纪莲.中日"二十一条"交涉史料全编(1915—1923)[M].合肥:安徽大学出版社,2001.

吉林之救国储金[N].申报,1915-05-18(10).

纪江西储金大会[N].申报,1915-05-08(6).

纪直隶第二次储金会[N].申报,1915-06-10(6).

记滨江之时疫[N].申报,1915-07-31(6).

纪黑省之储金茶话会[N].申报,1915-12-25(6).

加赋问题之研究[N].申报,1915-05-15(11).

交通银行史编委会.交通银行史:第1卷[M].北京:商务印书馆,2015.

嗟乎痛哉[N].申报,1915-05-14(14).

金普森.虞洽卿研究[M].宁波:宁波出版社,1997.

京师救国储金之进行[N].申报,1915-05-14(6).

京商会讨论救国储金事[N].申报,1915-05-20(6).

京中救国储金之意见[N].申报,1915-11-30(6).

警界提倡储金办法[N].时报,1915-06-15(8).

敬修小学开储金会[N].申报,1915-06-23(7).

救国捐[N].申报,1915-04-01(10).

救国捐实行之筹备[N].申报,1915-04-01(10).

救国储金[N].申报,1915-04-02(11)

救国储金[N].申报,1915-04-03(10).

救国储金通讯处之讨论[N].申报,1915-04-05(10).

救国储金[N].申报,1915-04-06(10).

救国储金临时通讯处纪事[N].申报,1915-04-06(10).

救国储金临时通讯处纪事[N].申报,1915-04-07(10).

救国储金临时通讯处纪事(四)[N].申报,1915-04-08(10).

救国储金第三日之收数[N].申报,1915-04-13(10).

救国储金之热忱:吴承忠之电稿[N].申报,1915-04-15(10).

救国储金之热忱[N].申报,1915-04-15(10).

救国储金之热度[N].申报,1915-04-17(10).

救国储金纪要[N].申报,1915-04-18(10).

救国储金日记[N].时报,1915-04-18(15).

救国储金团要电一束[N].申报,1915-04-22(10).

救国储金纪要[N].申报,1915-04-25(10).

救国储金纪要:政界亦应尽义务[N].申报,1915-04-26(10).

救国储金团要电一束[N].申报,1915-04-27(10).

救国储金纪要[N].申报,1915-04-27(10).

救国储金纪要:安和小学之积聚[N].申报,1915-04-29(10).

救国储金纪要:赣省各团体之响应[N].申报,1915-05-03(10).

救国储金纪要:轮船之月薪储金[N].申报,1915-05-09(10).

救国储金纪要:学堂减缩火食费[N].申报,1915-05-09(10).

救国储金纪要[N].申报,1915-05-11(10).

救国储金时期之百面相[N].大公报(天津版),1915-05-13(9).

救国储金纪要:北京劝集百余万[N].申报,1915-05-13(10).

救国储金纪要[N].申报,1915-05-15(10).

救国储金片片录[N].盛京时报,1915-05-18(6).

救国金进行种种[N].大公报(天津版),1915-05-19(3).

救国储金纪要:各省各埠分所成立一览表[N].申报,1915-05-19(10).

救国储金大会[N].大公报(天津版),1915-05-24(5).

救国储金[N].申报,1915-05-25(2).

救国储金文[N].大公报(天津版),1915-05-31(10).

救国储金纪要[N].申报,1915-06-02(10).

救国储金之大会议[N].盛京时报,1915-06-02(7).

救国储金纲要[N].申报,1915-06-14(10).

救国储金纲要[N].申报,1915-06-15(10).

救国储金纪要[N].申报,1915-06-16(10).

救国储金团第三次开会志盛[N].大公报(天津版),1915-07-02(1).

救国储金纪要:储数之总核[N].申报,1915-07-17(10).

救国储金纪要:知事之提倡[N].申报,1915-07-26(10).

救国储金纪要:储数之稽核[N].申报,1915-08-07(10).

救国储金之进行[N].申报,1915-09-07(10).

救国储金近闻[N].申报,1915-09-23(10).

救国储金发起人马佐臣来函一[N].申报,1915-10-23(11).

救国储金上海事务所来函[N].申报,1915-11-06(11).

救国储金进行之会议[N].益世报,1915-11-16(3).

救国储金之将来[N].盛京时报,1915-12-04(3).

救国储金是长期救国的法宝[N].时报,1937-10-14(3).

救国储金歌[J].新民报,1915(5):42.

举办月薪储金之斟酌[N].申报,1915-06-08(7).

觉迷.自由谈之自由谈[N].申报,1915-06-06(14).

扩此储金之心[N].申报,1915-04-08(10).

来新夏.北洋军阀史[M].天津:南开大学出版社,2001.

来函照登[N].大公报(天津版),1915-12-14(11).

冷(陈景韩).时评:警告国民[N].申报,1915-04-11(2).

冷.时评:知其名矣[N].申报,1915-06-20(2).

李爱华.周恩来中学时代纪事长编[M].北京:中央文献出版社,2011.

李敬文.中国革命史[M].北京:中国统计出版社,1993.

李明伟.清末民初中国城市社会阶层研究(1897—1927)[M].北京:社会文献科学出版社,2005.

李良玉.动荡时代的知识分子[M].福州:福建人民出版社,1990.

李孝悌.清末的下层社会启蒙运动:1901—1911[M].石家庄:河北教育出版社,2001.

李德福.袁世凯与清末民初的中国政治[M].乌鲁木齐:新疆生产建设兵团出版社,2008.

李金强,赵立斌,谷小水.从帝制到共和:中华民国的创立[M].南京:南京大学出版社,2015.

李金红,雷国新.近代以来中国集权政治的解体与重构[J].理论月刊,2003(11):109-112.

李辉毅.民初救国储金运动与国民思潮研究[D].杭州:浙江大学,2002.

利盛号函[N].申报,1915-04-03(10).

梁启超.梁启超全集 1[M].北京:北京出版社,1999.

梁启超.痛定罪言[J].大中华,1915(6):1-12.

梁溪汉裔.自由谈之自由谈[N].申报,1915-08-19(14).

令各省长官引导人民爱国志趣[N].盛京时报,1915-05-15(2).

刘学照,方大伦.清末民初中国人对日观的演变[J].近代史研究,1989(6):124-143.

刘明逵,唐玉良.中国工人运动史:第1卷[M].广州:广东人民出版社,1998.

刘哲.论中国近代早期的民间排外与国民性[J].社会科学战线,1999(2):122-127.

刘长林.社会转型过程中一种极端行为研究:1919—1928爱国运动中的自杀与社会意义[M].上海:上海大学出版社,2015.

刘长林.关于运动激愤式自杀社会意义赋予的探讨——以1919—1928年社会运动中的自杀事件为例[J].上海大学学报(社会科学版),2008(3):99-106.

刘宇聪.1915—1916年救国储金运动研究[D].天津:南开大学,2007.

罗志田.五代式的民国:一个忧国知识分子对北伐前数年政治格局的即时观察[J].近代史研究,1999(4):45-63.

罗志田.乱世潜流:民族主义与民国政治[M].上海:上海古籍出版社,2001.

论人民之爱国心[N].大公报(天津版),1915-06-10(2).

马敏.官商之间:社会剧变中的近代绅商[M].武汉:华中师范大学出版社,2003.

马振犊,唐启华,蒋耘.北洋政府时期的政治与外交[M].南京:南京大学出版社,2015.

马勇.袁世凯帝制自为的心路历程[J].学术界,2004(2):66-78.

卖艺者之热心[N].申报,1915-05-09(10).

梅兰芳之提倡救国储金[N].时报,1915-05-19(6).

美康南耳大学中国学生致留美同学及侨胞认集救国储金书[N].申报,1915-06-18(11).

奥尔森.集体行动的逻辑[M].陈郁,郭宇峰,李崇新,译.上海:上海人民出版社,1995.

闽垣各界储金救国之踊跃[N].大公报(天津版),1915-06-02(9).

闽人认缴救国捐[N].申报,1915-04-05(10).

闽闻[N].申报,1915-06-23(6).

南开学校提倡长期救国储金[N].时报,1915-06-05(5).

密饬禁止发还储金[N].大公报(天津版),1915-12-24(10).

讷.救国捐[N].申报,1915-04-01(10).

讷.储金用途[N].申报,1915-05-24(11).

讷.储金联合会[N].申报,1915-09-07(12).

讷.国庆过矣[N].申报,1915-10-11(11).

拟加铺捐[N].盛京时报,1915-06-11(6).

宁波市档案馆.《申报》宁波史料集(5)[M].宁波:宁波出版社,2013.

彭明.五四运动史[M].北京:人民出版社,2000.

平生.广东灾后之财政[N].申报,1915-07-31(6).

平之.救国储金[J].东方杂志,1915(6):11.

钱江会馆开会[N].申报,1915-05-08(10).

劝募救国储金歌[N].申报,1915-05-02(14).

若痴.自由谈之自由谈[N].申报,1915-05-04(14).

亨廷顿.变化社会中的政治秩序[M].王冠华,刘为,译.上海:上海人民出版社,2021.

三新公司之凑集[N].申报,1915-05-12(10).

三蕊堂之通告[N].申报,1915-05-08(10).

桑兵.晚清学堂学生与社会变迁[M].北京:北京师范大学出版社,2020.

善与人同之荐书[N].申报,1915-05-07(11).

山东救国储金之继起[N].大公报(天津版),1915-05-01(9).

上海储金事务所通告[N].申报,1916-07-09(1).

上海储金事务所紧要通告[N].申报,1916-07-31(1).

上海储金团通函照登[N].大公报(天津版),1915-11-25(3).

上海中国银行来函[N].申报,1915-11-22(11).

商会集议储金办法[N].申报,1915-04-29(7).

沈潜夫.自由谈之自由谈[N].申报,1915-04-16(14).

时评:爱国之凭证[N].申报,1915-04-01(2).

书业提倡救国储金之办法[N].申报,1915-04-14(10).

水果公所之报告[N].申报,1915-04-22(10).

四年公债尚未足额之原因[N].大公报(天津版),1915-08-23(3).

司法界提倡救国储金[N].盛京时报,1915-06-02(6).

丝业公所开会劝储[N].申报,1915-05-05(10).

宋美云.近代天津商会[M].天津:天津社会科学院出版社,2002.

宋美云.北洋时期天津商会的组织系统[J].城市史研究,1998(Z1):195-206.

上海人之心理[N].申报,1915-11-15(11).

上海市工商业联合会.上海总商会议事录:第2册[M].上海:上海古籍出版社,2006.

社说:说国民[J].国民报,1901(2):1-10.

十一龄幼童管林荪函[N].申报,1915-04-03(11).

顺直商帮之进行[N].申报,1915-12-10(10).

苏全有,景东升.论袁世凯的仇日政策及实践[J].历史教学,2004

(5):2-26.

孙中山全集(3)[M].北京:中华书局,1984.

孙毓堂.中国近代工业史资料(1840—1895):第1辑上册[M].北京:科学出版社,1957.

孙国群.旧上海娼妓秘史[M].郑州:河南人民出版社,1988.

孙雪梅.清末民初中国人的日本观——以直隶省为中心[M].天津:天津人民出版社,2001.

陶菊隐.北洋军阀统治时期史话[M].北京:三联书店,1983.

唐宝林,郑师渠.共和与专制的较量[M].郑州:河南人民出版社,2004.

唐力行.商人与中国近世社会[M].北京:商务印书馆,2004.

唐文权.雷铁厓集[M].武汉:华中师范大学出版社,1986.

汤学奇.晚清政治思想超前发展述论[J].安徽史学,2004(1):80-85.

陶鹤山.论中国近代社会传播网络的拓展[J].南京社会科学,1998(12):48-53.

茗痴.自由谈之自由谈[N].申报,1915-05-04(14).

天津图书馆,天津社科院历史研究所.袁世凯奏议(中)[M].天津:天津古籍出版社,1987.

天津市档案馆,天津社会科学院历史研究所,天津市工商业联合会.天津商会档案汇编(1912—1928):第4册[M].天津:天津人民出版社,1992.

天翼.共和政体之沿革[J].进步,1912(4):43-54.

天津德华学堂长期救国储金会宣言书[N].大公报(天津版),1915-05-07(5).

天津南开学校长期救国储金会宣言书[N].大公报(天津版),

1915-06-02(9).

天津储金团最近之主张[N].申报,1915-11-23(10).

外交团赞美救国储金之踊跃[N].申报,1915-04-05(10).

汪敬虞.中国近代工业史资料(1895—1914):第2辑上册[M].北京:科学出版社,1957.

汪朝光.中国近代通史(第6卷):民国的初建(1912—1923)[M].南京:江苏人民出版社,2007.

王芸生.六十年来中国与日本:第6卷[M].天津:大公报馆出版部,1933.

王志莘.中国之储蓄银行史[M].上海:新华信托储蓄银行,1934.

王尔敏.近代文化生态及其变迁[M].南昌:百花洲文艺出版社,2002.

王尔敏.晚清政治思想史论[M].南宁:广西师范大学出版社,2005.

王天根.清末民初报刊与革命舆论的媒介建构——中国近代报刊史探索[M].合肥:合肥工业大学出版社,2010.

王翔.中国近代手工业史稿[M].上海:上海人民出版社,2012.

王先明.中国近代社会文化史续论[M].天津:南开大学出版社,2005.

王雁."山东问题"与美国的门户开放政策(1914—1922)[M].济南:山东人民出版社,2016.

王冠华.爱国运动中的"合理"私利:1905年抵货运动夭折的原因[J].历史研究,1999(1):4-20.

王金良.社会运动研究:一个学术史的梳理[J].教学与研究,2015(8):101-109.

王振民函[N].申报,1915-04-03(10).

魏宏运.民国史纪事本末[M].沈阳:辽宁人民出版社,1999.

魏延秋.试论北洋军阀政府前期的"维持外交"[J].南京社会科学,2003(6):50-55.

吴景平.近代中国经济与社会研究[M].上海:复旦大学出版社,2006.

吴丕.进化论与中国激进主义(1859—1924)[M].北京:北京大学出版社,2005.

吴其昌.梁启超传[M].长春:吉林人民出版社,2018.

吴星云."到民间去":民国初期知识分子心路[J].东方论坛(青岛大学学报),2004(3):88-93.

吴承忠致电黎、段二公北京[N].申报,1915-03-28(10).

吴承忠致北京进步党电稿[N].申报,1915-05-07(10).

武昌储金团今始成立[N].申报,1915-08-05(6).

西报载爱国华人之稿件[N].申报,1915-03-31(10).

戏园郑重储金[N].大公报(天津版),1915-05-24(5).

锡山殷学炜函[N].申报,1915-04-02(11).

湘省救国储金之踊跃[N].申报,1915-04-30(6).

湘省之端节储金[N].申报,1915-06-27(6).

熊月之.上海通史(第8卷):民国经济[M].上海:上海人民出版社,1999.

徐鼎新、钱小明.上海总商会史[M].上海:上海社会科学出版社,1991.

徐琳.近代中国邮政储蓄研究[M].上海:上海交通大学出版社,2013.

许涤新、吴承明.中国资本主义发展史(第2卷)[M].北京:人民出版社,2005.

续纪湘省之救国储金[N].申报,1915-05-05(6).

徐振华函[N].申报,1915-04-03(10).

学生投江之呈报[N].申报,1915-05-03(6).

学生演剧团定期演剧[N].申报,1915-07-16(10).

学校之永久储金法[N].大公报(天津版),1915-05-18(5).

亚东恨物.自由谈之自由谈[N].申报,1915-04-17(14).

药业公所之报告[N].申报,1915-05-03(10).

印少云.清末民初的国民外交运动研究[M].长春:吉林人民出版社,2004.

印培.自由谈之自由谈[N].申报,1915-05-08(14).

营口道伊荣原来电[N].申报,1915-04-23(10).

应俊豪.公众舆论与北洋外交[M].杭州:浙江古籍出版社,2020.

余英时.余英时文集(第6卷)——民主制度与近时文明[M].南宁:广西师范大学出版社,2006.

俞祖华,赵慧峰.中国近代社会文化思潮研究通览[M].济南:山东大学出版社,2005.

虞和平.商会与中国早期现代化[M].上海:上海人民出版社,1993.

虞和平.资产阶级与中国近代政治运动[M].北京:中华工商联合出版社,2015.

虞和德启事[N].申报,1915-10-24(1).

宇.爱国[N].申报,1915-04-05(10).

宇.敬告海上巨子[N].申报,1915-04-07(10).

谕饬禁阻勒办储金[N].大公报(天津版),1915-05-28(3).

余姚县之储金状况[N].申报,1915-06-18(7).

演艺储金之续闻[N].大公报(天津版),1915-06-02(5).

豫.再论赎路[N].申报,1922-09-30(14).

粤省全体军官储金[N].申报,1915-06-03(7).

粤省储金之进行[N].申报,1915-06-13(6).

月评二[N].大公报(天津版),1915-10-04(5).

杂评一:法律所不及[N].申报,1915-11-23(7).

杂评二:沪人勉之[N].申报,1915-11-24(11).

杂评三:储金人稍安勿躁[N].申报,1915-10-22(11).

杂评三:来函[N].申报,1915-10-15(11).

再纪湘省之救国储金[N].申报,1915-05-06(6).

再纪湘省之救国储金[N].申报,1915-05-15(6).

再志救国储金之信用[N].申报,1915-11-08(10).

赞成储金之电稿[N].申报,1915-06-13(10).

臧运祜.马关条约与近代中日关系[J].湖南师范大学社会科学学报,2018(1):125-133.

曾业英.五十年来的中国近代史研究[M].上海:上海书店出版社,2002.

张海鹏,龚云.中国近代史研究[M].福州:福建人民出版社,2005.

张謇研究中心,南通市图书馆,江苏古籍出版社.张謇全集[M].南京:江苏古籍出版社,1994.

张鸿石.论近代民族主义与中国外交[J].河北学刊,2003(6):173-177.

章伯锋,李宗一.北洋军阀(1912—1928):第1卷[M].武汉:武汉出版社,1990.

章锡琛.日本要求事件之解决[J].东方杂志,1915(6):13-16.

张咏梅.为救国储金敬告女同胞[J].中华妇女界,1915(2):1-3.

张贻志.对于救国储金之讨论[J].留美学生季报,1915(3):9-13.

张巡按使顾全邦交[N].盛京时报,1915-05-25(6).

浙江救国储金事务所.救国汇刊[M].出版社不详,1915.

哲里木盟亦发起救国储金[N].盛京时报,1915-05-18(6).

郑宝恒.民国时期政区沿革[M].武汉:湖北教育出版社,2000.

郑大华,邹小站.中国近代史上的民族主义[M].北京:社会科学文献出版社,2007.

郑剑顺.晚清史研究[M].长沙:岳麓书社,2004.

郑师渠.思潮与学派:中国近代思想文化研究[M].北京:北京师范大学出版社,2005.

郑从金.试论国民性格中观念意识与行为模式的背离现象[J].社会科学,2004(3):84-88.

政界救国储金停办消息[N].盛京时报,1915-08-07(3).

郑宜亭函[N].申报,1915-04-02(11).

直隶储金详数[N].大公报(天津版),1916-08-04(6).

直隶救国储金团简章[N].大公报(天津版),1915-05-20(5).

直隶救国储金总团开会及办理情形之报告[N].大公报(天津版),1915-09-15(9).

直隶救国储金团发息启事[N].大公报(天津版),1916-01-19(2).

致汉口总商会电[N].申报,1915-04-27(10).

中共中央文献研究室,南开大学.周恩来早期文集(一九一二年十月——一九二四年六月):上卷[M].北京:中央文献出版社;天津:南开大学出版社,1998.

中华救国储金团总事务所.救国储金之源流[M].上海:中华书局,1915.

中华救国储金团暂行简章[J].中华全国商会联合会会报,1915(7):2-8.

中华救国储金团事务所紧要广告[N].申报,1915-04-07(1).

中华救国储金团总事务所紧要广告[N].申报,1915-04-27(3).

中华救国储金团总事务所干事名单[N].申报,1915-05-06(17).

中华救国储金团总事务所干事名单[N].申报,1915-05-07(17).

中华救国储金团事务所通告十三[N].申报,1915-05-10(1).

中华民国救国储金团上海事务所紧要通告[N].申报,1915-11-04(1).

中华民国救国储金团全国联合会虞和德启事[N].申报,1915-12-09(1).

中国第二历史档案馆.中华民国史档案资料汇编:第3辑——民众运动[M].南京:凤凰出版社,1991.

中国银行收受救国储金之起点[N].申报,1915-04-10(10).

中国红十字会筹办上海风灾贫民急赈募捐广告[N].申报,1915-07-31(1).

中日交涉中之国民大会[N].时报,1915-03-20(13).

中日交涉之芜湖面面观[N].申报,1915-05-09(6).

中央禁迫储金[N].盛京时报,1915-06-08(6).

钟表同业之劝储[N].申报,1915-05-02(10).

周明,曾向红.埃及社会运动中的机会结构、水平网络与架构共鸣[J].社会学研究,2011(6):1-33.

周晨.中日"二十一条"交涉期间的国民外交[D].合肥:安徽大学,2011.

周策纵."五四"运动史[M].陈永明,张静,译.北京:世界图书出版社公司,2016.

朱英、石柏林.近代中国经济政策演变史稿[M].武汉:湖北人民出版社,1998.

朱英.转型时期的社会与国家——以近代中国商会为主体的历史透视[M].武汉:华中师范大学出版社,1997.

朱英.近代中国商人与商会[M].广州:广东高等教育出版社,2020.

朱英.清末民初国家对社会的扶植、限制及其影响[J].天津社会科学,1998(6):59-67.

朱英.论清末民初社会对国家的回应与制衡[J].开放时代,1999(2):59-65.

主持救国储金之期望[N].申报,1915-04-03(10).

专电[N].申报,1915-05-17(2).

字林报论华人对日方法[N].申报,1915-04-13(3).

总事务所之通告[N].申报,1915-04-24(10).

佐藤仁史.近代中国的乡土意识:清末民初江南的地方精英与地域社会[M].北京:北京师范大学出版社,2017.

附　录

附录一　中华救国储金团暂行简章

第一条　本团以中华国民协力保卫国家为宗旨。

第二条　本团定名曰中华救国储金团。

第三条　本团设总事务所于上海,设分事务所于各省各县及海内外各商埠。

第四条　本团分事务所成立时即报告总事务所。

第五条　本团分事务所须将储金者之姓氏、住址、数目按旬汇报总事务所。

第六条　本团储金全国假定额银五千万元(上海假定十分之一,余由直隶、江苏、浙江、福建、广东、广西、湖南、湖北、江西、安徽、河南、山东、山西、奉天、吉林、黑龙江、四川、云南、贵州、陕西、甘肃、新疆二十二行省,海外各埠华侨分任之)。

第七条　本团储金专备国家添设武备之用。

第八条　本团储金指存各地中国银行,由储金者就近直接交存,领取存单。但于未设中国银行之处，暂由商会收存，按旬汇缴最近之中国银行。

第九条　本团与中国银行订定储金利息长年四厘，以存足六个月计算。

第十条　本储金团事务所概不代收储金。

第十一条　储金如不足定额，经总事务所议决后，由中国银行将所存之款照加利金如数发还。

第十二条　储金皆由储金者自愿直接储存，不得以他种方法间接劝募，以免流弊。

第十三条　储金提用时，由总事务所召集各事务所代表开会议决之。

第十四条　储金用途议决后，储金者得持中国银行存单换取证券，其换给证券之机关及办法，另行规定公告之。

第十五条　总事务所设职员如左：

一、正干事一员。

二、副干事四员。

三、驻所干事四员。

四、干事无定额，分两种如左：

　　（甲）本埠各帮各业及各团体；

　　（乙）各省各埠。

五、主任办事员一员。

六、雇员，区分如左：

（甲）文牍书记；（乙）校核；（丙）收发；（丁）会计；（戊）庶务。

第十六条　前条之干事均尽义务，惟主任办事员以下为有给职。

第十七条　本团干事由大会时公推之，正副干事由干事公举之。

第十八条　本团干事除登报布告外，始终不受政府奖励，但巨数储金者不在此限。

第十九条　各事务所经费由各事务所干事暂时担任捐集,惟无论如何不向储金项下开支。

第二十条　储金人之姓名及数目除每日登报公布外,汇由总事务所造册备查。

第二十一条　分事务所之办法均须安装本章程办理,以归一律,惟第十五条之职员得自定之。

第二十二条　本团之办事细则另定之。

附则:本章程修改时,得以总事务所全体开会公决之。

——中华救国储金团暂行简章[J].中华全国商会联合会会报,1915(7):2-8.

附录二　上海日收储金数目

日期	收储天数 中国银行	收储天数 交通银行	数额/元 中国银行	数额/元 交通银行	银/两 中国银行	银/两 交通银行	总数 当日收数	总数 总共收数
4月9日	第1日		19219				19219元	19219元
4月10日	第2日		15253				15253元	34472元
4月12日	第3日		20064				20064元	54536元
4月13日	第4日		24200				24200余元	78800元
4月14日	第5日		35386		5		35386元 银5两	114147元 银5两
4月15日	第6日		34962		21.6		34962元 银21.6两	149109元 银26.6两
4月16日	第7日		15586		5		15586元 银5两	164705元 银31.6两
4月17日	第8日		14523				14523元	179228元 银31.6两

续表

日期	收储天数 中国银行	收储天数 交通银行	数额/元 中国银行	数额/元 交通银行	银/两 中国银行	银/两 交通银行	总数 当日收数	总数 总共收数
4月19日	第9日		20885				20885元	200113元 银31.6两
4月20日	第10日		13997		19.4		13997元 银19.4两	215030元 银66两
4月21日	第11日		11174				11174元	226204元 银66两
4月22日	第12日		16665		1		16665元 银1两	242869元 银67两
4月23日	第13日		19688				19688元	262557元 银67两
4月24日	第14日		10591		639		10591元 银639两	273148元 银706两
4月26日	第15日		10590		802.5		10590元 银802.5两	283738元 银1508.5两
4月27日	第16日		10622		70		10622元 银70两	294360元 银1578.5两
4月28日	第17日		10292				10292元	304652元 银1578.5两
4月29日	第18日		10572				10572元	315224元 银1578.5两
4月30日	第19日		10240		200		10240元 银200两	325464元 银1778.5两
5月1日	第20日		2743		150		2743元 银150两	328207元 银1928.5两
5月3日	第21日		11135				11135元	339342元 银1928.5两
5月4日	第22日		11839				11839元	351181元 银1928.5两
5月5日	第23日		10769				10769元	361950元 银1928.5两
5月6日	第24日		10275				10275元	372225元 银1928.5两
5月7日	第25日		11831		165		11831元 银165两	384056元 银2093.5两
5月8日	第26日		22001		10		22001元 银10两	406057元 银2103.5两

续表

日期	收储天数 中国银行	收储天数 交通银行	数额/元 中国银行	数额/元 交通银行	银/两 中国银行	银/两 交通银行	总数 当日收数	总数 总共收数
5月10日	第27日	第1日	9176	2793		95.1	11969元 银595.1两	418026元 银2698.6两
5月11日	第28日	第2日	7778	4446	164.7		12224元 银164.7两	430250元 银2863.3两
5月12日	第29日	第3日	10530	2394	5		12924元 银5两	443174元 银2867.3两
5月13日	第30日	第4日	3372	3739			7111元	450285元 银2867.3两
5月14日	第31日	第5日	6429	1,360	10		7789元 银10两	458074元 银2877.3两
5月15日	第32日	第6日	8567	1849	20		10416元 银20两	468490元 银2897.3两
5月17日	第33日	第7日	13178	2375			15553元	484043元 银2897.3两
5月18日	第34日	第8日	8636	3531		150	12167元 银150两	496210元 银3047.3两
5月19日	第35日	第9日	4334	2387			6721元	502921元 银3048.3两
5月20日	第36日	第10日	3333	1979	153.5		5312元 银153.5两	508233元 银3161.8两
5月21日	第37日	第11日	4857	2725	3		7582元 银3两	515815元 银3164.8两
5月22日	第38日	第12日	1534	3231			4765元	520580元 银3164.8两
5月24日	第39日	第13日	12545	4136	26.4		16681元 银26.4两	537261元 银3191.2两
5月25日	第40日	第14日	3441	934			4275元	541636元 银3191.2两
5月26日	第41日	第15日	13098	2468	0.9		15566元 银0.9两	557202元 银3192.1两
5月27日	第42日	第16日	33851	329			34180元	591382元 银3192.1两
5月28日	第43日	第17日	4939	2787			7726元	599108元 银3192.1两
5月29日	第44日	第18日	1310	3046			4356元	603464元 银3192.1两

续表

日期	收储天数 中国银行	收储天数 交通银行	数额/元 中国银行	数额/元 交通银行	银/两 中国银行	银/两 交通银行	总数 当日收数	总数 总共收数
5月31日	第45日	第19日	5514	746			6260元	609724元 银3192.1两
6月1日	第46日	第20日	6636	275			6911元	616635元 银3192.1两
6月2日	第47日	第21日	1814	1635	100		3449元 银100两	620085元 银3292.1两
6月3日	第48日	第22日	2340	596			2936元	623020元 银3292.1两
6月4日	第49日	第23日	1610	1527			3137元	626157元 银3292.1两
6月5日	第50日	第24日	3652	591			4243元	630400元 银3292.1两
6月7日	第51日	第25日	2309	2,070	2.7		4379元 银2.7两	634779元 银3294.8两
6月8日	第52日	第26日	1331	1008			2339元	637118元 银3294.8两
6月9日	第53日	第27日	1919	482			2401元	639519元 银3294.8两
6月10日	第54日	第28日	2189	634			2823元	642342元 银3294.8两
6月11日	第55日	第29日	1808	1049			2857元	645199元 银3294.8两
6月12日	第56日	第30日	957	416			1373元	646572元 银3294.8两
6月14日	第57日	第31日	1481	993			2474元	649046元 银3294.8两
6月15日	第58日	第32日	13102	675	10		13777元 银10两	662823元 银3304.8两
6月16日	第59日	第33日	1260	514			1774元	664597元 银3304.8两
6月18日	第60日	第34日	1805	1699			3504元	668101元 银3304.8两
6月19日	第61日	第35日	1750	510			2260元	670361元 银3,304.8两
6月21日	第62日	第36日	2307	754	210.6		3061元 银210.6	673422元 银3515.4两

续表

日期	收储天数 中国银行	收储天数 交通银行	数额/元 中国银行	数额/元 交通银行	银/两 中国银行	银/两 交通银行	总数 当日收数	总数 总共收数
6月22日	第63日	第37日	4573	203	16		4776元 银16两	678198元 银3530.4两
6月23日	第64日	第38日	1733	201			1934元	680132元 银3530.4两
6月24日	第65日	第39日	640	435			1075元	681207元 银3530.4两
6月25日	第66日	第40日	415	180			595元	681802元 银3530.4两
6月26日	第67日	第41日	345	5097			5442元	687244元 银3530.4两
6月28日	第68日	第42日	1622	357			1979元	689223元 银3530.4两
6月29日	第69日	第43日	2245	580			2825元	692048元 银3530.4两
6月30日	第70日	第44日	4216	510			4726元	696774元 银3530.4两
7月3日	第71日	第45日	230	535		734.2	765元 银734.2两	697539元 银4264.6两
7月5日	第72日	第46日	3744	133	195.4	6.5	3877元 银202两	701416元 银4466.7两
7月6日	第73日	第47日	315	143			458元	701874元 银4466.7两
7月7日	第74日	第48日	603	124		10	727元 银10两	702601元 银4476.7两
7月8日	第75日	第49日	436	1503	66.5	0.6	1939元 银67.1两	704540元 银4543.7两
7月9日	第76日	第50日	227	110			337元	704877元 银4543.7两
7月10日	第77日	第51日	302	120			422元	705299元 银4543.7两
7月12日	第78日	第52日	555	130			685元	705984元 银4544.7两
7月13日	第79日	第53日	1290	101	5.8		1391元 银5.8两	707375元 银4550.5两
7月14日	第80日	第54日	1443	117	13.2		1560元 银13.2两	708935元 银4563.7两

续表

日期	收储天数 中国银行	收储天数 交通银行	数额/元 中国银行	数额/元 交通银行	银/两 中国银行	银/两 交通银行	总数 当日收数	总数 总共收数
7月15日	第81日	第55日	1524	112			1636元	710571元 银4563.7两
7月16日	第82日	第56日	1072	102			1174元	711745元 银4563.7两
7月17日	第83日	第57日	220	129			349元	712094元 银4563.7两
7月19日	第84日	第58日	150	1509		0.6	1659元 银0.6两	713753元 银4564.3两
7月20日	第85日	第59日	204	116		0.5	320元 银0.5两	714073元 银4564.8两
7月21日	第86日	第60日	218	285			503元	714576元 银4564.8两
7月22日	第87日	第61日	114	17		739.1	131元 银739.1两	714707元 银5304两
7月23日	第88日	第62日	15	101			116元	714823元 银5304两
7月24日	第89日	第63日	1887				1887元	716710元 银5304两
7月26日	第90日	第64日	153	12	0.8		165元 银0.8两	716875元 银5304.8两
7月27日	第91日	第65日	222	103	0.5		325元 银0.5两	717200元 银5305.3两
7月29日	第93日	第67日	922	100	140.9		1022元 银140.9两	718222元 银5446.2两
7月30日	第94日	第68日	169	111			280元	718502元 银5446.2两
7月31日	第95日	第69日	515				515元	719017元 银5446.2两
8月3日	第96日	第70日	193	120			333元	719330元 银5446.2两
8月4日	第97日	第71日	136		0.3		136元 银0.3两	719466元 银5446.5两
8月6日	第98日	第72日	144				144元	719600元 银5446.5两
8月7日	第99日	第73日	512		1.4		512元 银1.4两	720122元 银5448.1两

续表

日期	收储天数 中国银行	收储天数 交通银行	数额/元 中国银行	数额/元 交通银行	银/两 中国银行	银/两 交通银行	总数 当日收数	总数 总共收数
8月9日	第100日	第74日	681	1623	6.4	0.8	2304元 银7.2两	722426元 银5455.2两
8月10日	第101日	第75日	620	30	5		650元 银5两	723076元 银5460.2两
8月11日	第102日	第76日	202		0.9		202元 银0.9两	723278元 银5461.1两
8月12日	第103日	第77日	259	401	1.1		660元 银1.1两	723938元 银5462.2两
8月13日	第104日	第78日	223				223元	724161元 银5462.2两
8月14日	第105日	第79日	147		63.2		147元 银63.2两	724307元 银5525.4两
8月16日	第106日	第80日	1052	132	0.3		1184元 银0.3两	725492元 银5525.7两
8月17日	第107日	第81日	530	9			539元	726031元 银5525.7两
8月18日	第108日	第82日	186				186元	726217元 银5525.7两
8月19日	第109日	第83日	808				808元	727025元 银5525.7两
8月20日	第110日	第84日	101	1500			1601元	728626元 银5525.7两
8月21日	第111日	第85日	59	13		0.3	72元 银0.3两	728698元 银5526两
8月24日	第112日		69					728767元 银5526.5两
8月26日	第113日		46				46元	728818元 银5526.5两
8月27日	第114日		104		82.5		104元 银82.5两	728917元 银5608.5两
8月28日	第115日		424		0.3		424元 银0.3两	729341元 银5609.3两
8月30日	第116日		510				510元	729851元 银5609.3两
8月31日	第117日	第86日	87	34			121元	729972元 银5609.3两

续表

日期	收储天数 中国银行	收储天数 交通银行	数额/元 中国银行	数额/元 交通银行	银/两 中国银行	银/两 交通银行	总数 当日收数	总数 总共收数
9月2日	第118日		76		1.1		76元 银1.1两	730048元 银5610.4两
9月4日	第119日		1019				1019元	731067元 银5610.4两
9月8日	第121日	第87日	142	29	3.6		171元 银3.6两	731341元 银5613.9两
9月14日	第122日		629		10.3		629元 银10.3两	731970元 银5624.3两
9月15日	第123日		55				55元	732025元 银5624.3两
9月17日	第124日		46		0.7		46元 银0.7两	732071元 银5625.5两
9月18日	第125日		96				96元	732167元 银5625.5两
9月22日	第126日		44				44元	732211元 银5625.5两
9月25日	第127日		39				39元	732250元 银5625.5两
9月29日	第128日		21				21元	732271元 银5625.5两
10月5日	第129日		100				100元	732371元 银5625.5两
10月6日		第88日	6	6		0.36	6元 银0.36两	732377元 银5625.9两
10月7日		第89日	25357.3				25357.3元	757734.3元 银5625.9两
10月8日	第130日		146				146元	757880.3元 银5625.9两
10月11日	第131日		44		2.9		44元 银2.9两	757924元 银5628两
10月21日	第132日	第90日	1525	1	24.5		1625元 银24.5两	759450.3元 银5652.5两
10月27日	第133日		54				54元	759504.3元 银5652.5两
10月28日	第134日		104		379.6		104元 银379.6两	759608.3元 银6031.5两

注：以上数据均来源于1915年4月至10月《申报》第10版的报道，如《中国银行收受救国储金之起点》《救国储金昨日之收入》等。

附录三　各省储金团事务所纪要一览

省名及侨埠留学	各事务所之地点	成立日期 何界发起 何处收款 设商会否	正干事 副干事（首列一二人之姓名） 驻所	开会纪要（开会几次、会场何处、演说主要、决议何项）	简章 何条与总所稍异
京兆	北京	5月8日成立 银行界商界发起 收款中交两银行 设立总商会内	正干事：冯麟沛君 副干事：施省之君 赵玉田君 驻　所：李镛君 陈佩衡君	开会3次 会场公园 演说分五台	注重京沪联络
直隶	天津	5月18日成立 绅商各界劝导进行 收款中交两银行 设立商会内	正干事：严范孙君 副干事：卞月庭君 严子均君	开会1次 广东会馆	大致相同
直隶	芦台	5月8日成立 商会继续举办 款交中国银行 设立商会内	正干事：周士奎君 副干事：刘洵夫君 张子正君 驻　所：刘作三君 贾鸣山君	分赴四乡鼓劝 决议二次开会	
直隶	保定	款交中交两行 设立王字街			
直隶	邢台	5月20日成立 商学警工联合组织 交存中国银行 设立商会内	正干事：吴金镛君 副干事：杨庚辰君 宋祥霖君	开会3次 醒华茶园 分送演说公启 竭力劝导富室	第九条设正干事一员副干事四员驻所八员由各界推选凡入园者为干事
直隶	张家口	6月2成立 商会首先发起 收款中交银行 设立商会内	正干事：向仲岩君 副干事：李忠华君 翟来臣君 驻　所：阎志生君 史祥甫君	开会2次 东关旧园 痛切团结 分任艰巨	参照京师储金团简章
直隶	正定	6月12成立 纯系商会组织 本积荣美庄代收 设立商会内	正干事：马崇本君 副干事：张绍基君	办法分临时长期两种	纸张笔墨亦由商会担任

续表

省名及侨埠留学	各事务所之地点	成立日期 何界发起 何处收款 设商会否	正干事 副干事（首列一二人之姓名） 驻所	开会纪要 （开会几次、会场何处、演说主要、决议何项）	简章 何条与总所稍异
直隶	秦王岛	6月14成立 工商竭力发起 设立阅报社		开会2次 借阅报社 林君述栋演说激昂 多方提倡鼓吹	
	山海关	6月20成立 联合绅学各界 由信成源汇解京行 设立商会内	正干事：刘宝琛君 副干事：杨文斌君 杨润霖君	统由商会主持	仿照修正简章
	安国	6月23日成立 商会邀集各界组织 收款指定中国银行 设立商会内	正干事：卜文楼君 副干事：冯樾青君 王卜五君	开会2次 假南关乐王庙 演说痛快淋漓 分赴各乡劝导	大致相同
	胜芳镇	7月6日成立 商学两界发起 款交该镇中交银行 设大街关帝朝后院		王君海秋 有演说稿 组织四乡 游行劝导	
	威县	8月18日成立 据由商会发起 款交该镇中交银行 设立商会内	正干事：杨袖海君 副干事：张瑟人君	开会一次 县城之明伦堂 议分十股办法 开会演剧	第三四七八十二等条均待修正
江苏	南京	5月6日成立 绅商学界联合组织 款存中交两银行 设立商会内		开会1次 在贡院内 叶道绳苏狱宗君有演说宣言	大致相同
	苏州	5月5日成立 商会联合各界 款交中国银行 设立刘家滨商会	正干事：吴理杲君 汪恩锦君 驻　所：倪开鼎君 苏绍炳君	开会1次 城内元妙观	印刷由萃城祥号担任义务
	松江	4月7日成立 邀集商学各界 款定按旬汇解 设立商会内	正干事：闵瑞之君 副干事：张福孙君 赵子芳君	开会1次 雷君继兴 演说动听	

续表

省名及侨埠留学	各事务所之地点	成立日期何界发起何处收款设商会否	正干事副干事(首列一二人之姓名)驻所	开会纪要(开会几次、会场何处、演说主要、决议何项)	简章何条与总所稍异
江苏	南通	4月17日成立 农业学校发起	发起人:何尚平君		
	镇江	4月20日成立 邀集各商各界 设立商会内	正干事:吴泽民君 副干事:丁子盈君 　　　　胡健春君 驻　所:王近如君 　　　　吴左卿君	开会1次 美孚洋行李皋字君最为热心	大致相同
	常熟	4月23日成立 商学各界共同组织 商会解苏中国银行 设立商会内			
	南汇	4月24日成立 学绅农商合组 款由地方财政处收解 设立城内地方财政处	发起人:顾忠宣君 　　　　秦始基君		遵照总所简章办理酌定四项
	江阴	4月24日成立 商会联合各界 解沪中国银行		开会1次 著有传单	
	清江	4月26日成立 设立商会内			
	扬州	4月27日成立 设立商会内 款交中交两银行	正干事:孔剑秋君 副干事:浒伯君 　　　　刘龙溪君	开会1次 假大舞台	
	关下	4月28日成立 款交中国银行	正干事:卞宝堃君 副干事:叶家宝君 　　　　苏致厚君	和记洋行有宣言书	
	如皋	4月29日成立 设立商会内			
	崇明	5月2日成立 商学两界组织 款有商界解沪 设立桥镇福记兴内	发起人:王显夫君 　　　　施颂伯君 　　　　陈莲生君	开会2次 桥镇东狱庙	
	盐城	5月4日成立 据有商会发起 设立商会内			

续表

省名及侨埠留学	各事务所之地点	成立日期 何界发起 何处收款 设商会否	正干事 副干事(首列一二人之姓名) 驻所	开会纪要 (开会几次、会场何处、演说主要、决议何项)	简章 何条与总所稍异
江苏	章练塘	5月4日成立 由学界丁文君发起 款交钱庄汇沪 设立商务分所	发起人:杨仲和君 唐佩卿君		
	甪直镇	5月4日成立 学商两界发起 款解苏中国银行	正干事:朱慰元君	开会1次 假保圣寺	
	川沙	5月9日成立 商学各界组织 款由商会代收 设立商会内	正干事:陆清泽君 副干事:陆炳麟君		大致相同
	青浦	5月9日成立 据由商界发起 款由源康衣庄收解 设立在源康衣庄	正干事:施恩需君 副干事:翁长济君		
	无锡	5月10日成立	正干事:孙鹤卿君 副干事:蔡兼三君 孙北君	开会1次	
	淮安	5月12日成立 据由商界发起 款汇清江交通银行 设立商会内	正干事:徐兆嘉君 副干事:何君 张树忠君	开会1次	大致略同
	泗泾	5月16日成立 学界联合各界 款由学界解沪	发起人:吴懋仁君	开会1次	
	徐州	5月16日成立 商学两界发起 款存中交两银行 设立商会内	正干事:赵品成君 张佐卿君 副干事:杨世桢君 周荣正君	开会1次	
	东台	5月17日成立 由商会同仁组织 款由钱庄收解 设立商会内	正干事:丁立棠君 副干事:钱沛恩君	开会1次 在商会宣布 著有劝储公启 议定储款汇存 扬州中国银行	

附录 227

续表

省名及侨埠留学	各事务所之地点	成立日期 何界发起 何处收款 设商会否	正干事 副干事（首列一二人之姓名） 驻所	开会纪要 （开会几次、会场何处、演说主要、决议何项）	简章 何条与总所稍异
江苏	仪征	5月21日成立 学商两界发起 款由同泰昌鲍祥茂收解 设立附城南布业公所	正干事：柳绍宗君 副干事：周茂如君 王景商君	开会2次 会场天宁寺 演说恳切动听 择期周行赴乡敦劝	
	奉贤	5月23日成立 庄行商会发起学界尤为踊跃 设立学堂内	正干事：范光祖君 副干事：庄静涵君	开会1次 学界著有储金歌	
	泰兴	5月25日成立 解沪中国银行		叠次开会 假明伦堂	
	横泾	6月4日成立 市立初高学校发起 暂由商会收解 设立附公益事务所	正干事：钱家麟君		条分目晰
	嘉定	6月6日成立 在上海开会发起 乔增祥君暂收储款	正干事：黄世祚君 副干事：乔增祥君 魏荣斌君		
	海门	6月8日成立 商学两界发起 款由大生纱厂代收			
	泰县	6月12日成立 商会随同各界 款由谦元两钱庄代收 设立商会内		开会2次 城内光孝寺	
	邳县窑湾	8月5日成立 据由商界组织 设立商会内	正干事：李兰阶君		
	新场	款由张信昌绸庄收解	正干事：张绍元君 副干事：潘光泽君 程祖颐君		

续表

省名及侨埠留学	各事务所之地点	成立日期何界发起何处收款设商会否	正干事副干事(首列一二人之姓名)驻所	开会纪要(开会几次、会场何处、演说主要、决议何项)	简章何条与总所稍异
江苏	沭阳	商会程君广泉首倡			
	金山张堰	设立商会内			
	瓜州	设立商会内			
浙江	杭州	5月2日成立 绅商官学各界组织 款交中交两银行 设立旧行宫	正干事:徐斑侯君 副干事:吕文起君 　　　张树屏君 驻　所:顾竹溪君 　　　张镜潭君	开会2次 商会及第一舞台之江小学夏寅庭君有集储计划提作议案	整策周密
	宁波	4月20日成立 同志召集合组 款交中国银行 设立商会内	正干事:黄绍冠君 副干事:余承谊君 　　　秦际瀚君		
	碳石镇	4月23日成立 设立商会内	正干事:徐申如君		
	拱辰埠	4月25日成立 设立商会内	发起人:周君保君 　　　徐补齐君		
	嘉兴	5月2日成立 绅商合组 款汇指定银行 设立商会内	正干事:范古农君 副干事:高如礼君	开会1次 假旧府学 演说感奋 刊布通告劝储	大致明晰
	嘉善	5月9日成立 商学各界发展 款由嘉兴中国银行 设立商会内			
	乌青镇	5月9日成立 款由商会代收			
	西塘镇	5月9日成立 商学各界发展 款由嘉兴中国银行 设立自治公所		开会1次	
	定海	5月11日成立 设立商会内			

续表

省名及侨埠留学	各事务所之地点	成立日期 何界发起 何处收款 设商会否	正干事 副干事(首列一二人之姓名) 驻所	开会纪要 (开会几次、会场何处、演说主要、决议何项)	简章何条与总所稍异
浙江	德清	5月15日成立 以商会为收解机关		议由四乡劝导	
	海盐	5月16日成立 教育会商会发起 款解嘉兴中国银行 设立商会内	正干事:卢悌君君		
	新胜镇	5月30日成立 设立商会内			
	菱湖	6月8日成立 商会会同各界 款解湖州中国银行 设立商会内	正干事:陆积昌君 副干事:陆亦郊君	开会1次 假南圣宫	宗旨相符
	骆驼桥	6月13日成立	正干事:盛逊伟君	开会1次	
	余姚	6月23日成立 县知事助集提倡 款由源昌庄汇宁波 设立商会内	正干事:叶曾初君 副干事:陆卿鹄君 陆如舟君	开会1次 会场邑庙 演说剀切 著有劝储歌	
	上虞 松镇	四月初十日成立 绅商各界发起 款由公所汇解银行 设立自治公所	正干事:俞谭廷君 副干事:何秀川君 王伯稚君 驻　所:叶梧庭君 朱亚卿君	开会1次 在袁公祠 演说兼及国货 议分十项办法	大致相同
	南浔	6月26日成立 商会邀集各界 由事务所按汇沪行 设丝业会馆			
	平湖	7月4日成立 设立商会内	正干事:汤廷荣君 副干事:汪蓉第君 周志刚君		
	景宁	县公署提倡			

续表

省名及侨埠留学	各事务所之地点	成立日期 何界发起 何处收款 设商会否	正干事 副干事(首列一二人之姓名) 驻所	开会纪要(开会几次、会场何处、演说主要、决议何项)	简章何条与总所稍异
广东	广州	5月3日成立 商会发起 直接中交两银行 设商业研究所内	正干事:叶舜琴君 副干事:赵仲莹君 伦明君	有传单数种	
	汕头	5月25日成立 设商会内			
	丰顺	5月23日成立 设立保卫总司			
	潮安	5月31日成立 设立商会内			
	合浦	6月10日成立 县知事首先提倡 款交廉州商会 设立学务委员办事处	正干事:刘润纲君 驻 所:王良弼君 卢苑修君		简章数则 明晰适用
	北海	6月14日成立 商学各界组织 款由商会代收 设立商会内	正干事:梁荫来君 副干事:张树南君		
	奄埠	6月18日成立			
	广宁	7月4日成立 设立明伦堂	正干事:冯应垣君 副干事:陈启人君 冯斯鳌君		大致相同
	蕉岭	7月7日成立 商学各界组织 设立商会内	正干事:李平元君 副干事:林梅孙君	开会1次 假进步党会所	大致相同
	梅县	7月11日成立 商会邀集各界 西街商会 代收汇缴 设立保卫总局	正干事:丘健宾君 副干事:张苇村君 黄汀君 驻 所:冯懋度君 杨润泉君		大致相同
	南雄	7月12日成立 商学两界发起 款由知道商号收解 设立德政上街广善堂	正干事:张公房君 副干事:关挺生君 张庆松君	开会1次 假座明伦堂著 有长篇传单 议决务达目的	大致相同

续表

省名及侨埠留学	各事务所之地点	成立日期 何界发起 何处收款 设商会否	正干事 副干事（首列一二人之姓名） 驻所	开会纪要（开会几次、会场何处、演说主要、决议何项）	简章何条与总所稍异
广东	松口镇	7月25日成立 商学两界发起 款由益万两银号代收 设立保卫局内	正干事：李稽伯君 副干事：陈蓬士君 驻　所：李雨青君		附有意见书关联合会提出作为议案
	钦县	8月1日成立 设立商会内	正干事：黄昭珣君 副干事：陈励如君 邝少彭君	议备整军经武之用	
广西	南宁	6月10日成立			
	柳州	7月7日成立			
安徽	安庆	5月23日成立 商学两界发起 款交中国银行 设立商会内			
	宿县	5月3日成立 商学两界发起 款解蚌埠交通银行 设立商会内	正干事：张正本君 副干事：王荣堂君 邵钦元君 驻　所：陈宗谦君 杨建屏君		
	芜湖	5月3日成立 设立商会内			
	运漕	5月4日成立 设立商会内	发起人：韩照奎君 丁家瑞君		
	蚌埠	5月17日成立 设立商会内	正干事：高蔚轩君		
	青阳	5月20日成立 商会组织 款解大通中国银行 设立商会内	正干事：陈模君 副干事：孙照年君 徐振宗君 驻　所：陈瀚君	开会1次 假城隍庙	大致相同
	大通	5月20日成立		开会1次 假明伦堂	大致相同

续表

省名及侨埠留学	各事务所之地点	成立日期 何界发起 何处收款 设商会否	正干事 副干事（首列一二人之姓名） 驻所	开会纪要（开会几次、会场何处、演说主要、决议何项）	简章何条与总所稍异
安徽	桐城	5月30日成立 设立商会内	正干事：方石臣君 副干事：陈淡如君 张子尹君		
	盱眙	7月6日成立 设立商会内			
	合肥	款汇沪中国银行 设立商会内			
	宁国	设立商会内	正干事：凤佩琛君		
	全椒	设立商会内			
江西	南昌	5月初二日成立 设商团体育会			
	乐平	5月16日成立 商会发起 款由钱号解省中国银行 设立商会内	正干事：汪竹卿君		
	九江	5月16日成立 商会发起 款交交通银行 设立商会内			
	修水	5月 商团首先提倡 款由省储蓄银行转 设商会内			
	临川	6月5日成立	正干事：聂希璜君 熊炳荣君		
	南康	6月6日成立 商会发起 款由商会收解 设立宾兴局	正干事：陈镜第君 副干事：王志鹏君 赖左三君 驻　所：陈德馨君 赖锯龄君		大致相同
	赣县	6月13日成立 商会发起 款由民国分银行转 设立商会内			大致相同

续表

省名及侨埠留学	各事务所之地点	成立日期 何界发起 何处收款 设商会否	正干事 副干事(首列一二人之姓名) 驻所	开会纪要(开会几次、会场何处、演说主要、决议何项)	简章何条与总所稍异
江西	景德镇	7月4日成立 商会发起 款交省中国银行 设立商会内			
	玉山	设立商会内			
	安源		正干事:王殿丞君		
湖北	汉口	5月17日成立 绅学各界合组 款交中交两银行 设立商会内	正干事:李凌君 副干事:罗维翰君 孙涤夫君 驻　所:王海帆君	开会2次 刘元及劝工院 盛竹书等有宣言传单数种务使巨款有济	修正相同
	老河口	4月27日成立 就商会组织 设立商会内	正干事:韩子谦君 副干事:冯汪如君	开会1次 演说动听	
	宜昌	5月1日成立 设立商会内	正干事:李姚琴君 副干事:曹耀卿君		
	武穴	5月28日成立 设江西会馆内	正干事:黄贤彬君 副干事:陈修诚君 叶浓君 驻　所:管德修君 罗庚君	开会1次 传单恳切	
	巴东 野三关	6月4日成立 设高等小学校	正干事:诸汝周君 副干事:夏鸣珂君		
	蕲春	6月5日成立 商会邀集各界 设立商会内		分投演说	
	广济	6月8日成立 款由商会代收 设立商会内	正干事:郭焕章君 副干事:吴晌日君	开会1次 假旧考棚 演说沉确	大致明简周括
	樊城	6月13日成立 设立商会内	正干事:徐光杰君 副干事:白企尧君 周学用君 驻　所:王潮湘君 李延昭君	开会1次 假三间书院 演说痛切时势	

续表

省名及侨埠留学点	各事务所之地点	成立日期何界发起何处收款设商会否	正干事副干事(首列一二人之姓名)驻所	开会纪要(开会几次、会场何处、演说主要、决议何项)	简章何条与总所稍异
湖北	荆门	6月20日成立			
	竹山	6月23日成立设立商会内	正干事:杜光桥君 副干事:何季铣君		
	黄石港	6月27日成立设立商会内	正干事:郑善臣君 副干事:郭省三君 朱芹香君		
	羊楼峒	7月29日成立	正干事:韦伯良君 副干事:徐荣泉君	演说流涕	
	钟祥	8月5日成立设立商会内	正干事:黄慈瑞君 副干事:江晓洲君		
湖南	长沙	5月29日成立商学各界共同组织由指定银行收解设立出品协会	正干事:舒礼鉴君 副干事:吴嘉瑞君 　　　　周国钧君 驻　所:舒重甫君 　　　　徐实宾君	开会1次	大致相同
	湘潭	5月6日成立设立商会内			
	常德	4月29日成立商学各界合组设立商会内	正干事:余嘉锡君 副干事:高杰君 　　　　蒋谦君 驻　所:蔡正潜君 　　　　徐亮寅君	开会1次 有印刷演说稿及传单 誓欲唤醒同胞	
	通道	5月1日成立设立商会内	正干事:杨启桂君		
	桃源	5月9日成立设立商会内	正干事:廖精藻君 副干事:王济川君 　　　　强福康君 驻　所:于廷锡君 　　　　林瑞南君	印刷白话报分送	
	芷江	6月6日成立学商两界发起款由商号转解设立商会内	正干事:邹鸿钧君 副干事:(各校校长等) 驻　所:王麟书君 　　　　田宗周君	开会1次 假城隍庙 有演说传单	大致略同

续表

省名及侨埠留学	各事务所之地点	成立日期 何界发起 何处收款 设商会否	正干事 副干事(首列一二人之姓名) 驻所	开会纪要 (开会几次、会场何处、演说主要、决议何项)	简章何条与总所稍异
湖南	安乡	6月7日成立 设立商会内	正干事:谭玉书君		
	零陵	6月8日成立 商会组织 设立商会内	正干事:杨绍芳君 副干事:胡兆琛君	演说流涕	
	南县	7月3日成立 设立商会内	正干事:孟继清君 副干事:陈竟荣君		
	辰溪	8月5日成立 各界合组 款由湖辰分行转 设财产保管处	正干事:张文卿君 副干事:张辛君 龚均猷君		大致相同
	茶陵	8月6日成立 设通俗演说团	正干事:唐绍文君 副干事:刘栋焕君	演讲员分途劝导	
	益阳	商学工三界发起 设立商会内	正干事:刘厚桐君 副干事:贾绍炎君		
福建	福州	5月12日成立 商学各界发起 款交中国银行 设立商会内	正干事:李馥南君 副干事:陈耀琛君 王修君	开会1次 商务总会 各区派员和平演说 议由各界群策进行	大致相同
	龙岩	5月17日成立 设立商会内			
	厦门	5月18日成立 商学各界合组 款交中国银行 设立商会内	正干事:叶崇华君 副干事:黄庆元君 吴济美君		
	宁德	7月1日成立 由商会发起 款由商会收解 设立商会内	正干事:王振仑君 副干事:彭登溶君		

续表

省名及侨埠留学	各事务所之地点	成立日期 何界发起 何处收款 设商会否	正干事 副干事（首列一二人之姓名） 驻所	开会纪要（开会几次、会场何处、演说主要、决议何项）	简章何条与总所稍异
福建	泉州	8月7日成立 由竺云汉胡亭等诸君发起 款由商会代解闽中国银行 设立商会内		开会1次 有泉州一分子劝告书数种	
	宁洋	8月9日成立 设立商会内	正干事：吴世杰 副干事：赖正浓君 章白川君 驻　所：赖和康君 刘国华君		
	仙游	款由商会解闽中国银行 设立通俗宣讲所	正干事：谢箴廉君 副干事：陈雷君		
河南	开封	6月13日成立 商会邀集各界 款交中交两银行 设立商会内	发起人：罗景甫君 刘雨生君 林伯襄君	开会1次 有白话演说稿及救国宣言书	大致相同
	郑州	5月13日成立 款交交通银行 设西关外宏农里积善公会	正干事：荆乙生君 副干事：杨文卿君 陈恕齐君 驻　所：陈伯敦君 葛百举君	开会1次 旅郑积善公会 新剧演说慷慨淋漓 筹议月租储金	
	新野	7月29日成立 设立城内褒忠祠	发起人：乔墨亭君 赵兰亭君 高子謇君		
	安阳	7月29日成立 设立商会内	正干事：刘振玉君 副干事：李家桢君 李士选君		
	周家口	设立商会内			
山东	济南	5月30日成立 商学界联合发起 款交中交两银行 设贡院墙根教育总会内	正干事：朱五丹君 副干事：张介礼君 张肇铨君	开会1次 山西会馆 有传单及储蓄说	

续表

省名及侨埠留学	各事务所之地点	成立日期 何界发起 何处收款 设商会否	正干事 副干事（首列一二人之姓名） 驻所	开会纪要（开会几次、会场何处、演说主要、决议何项）	简章何条与总所稍异
山东	烟台	4月23日成立 商会邀集各界 款交中交银行 设立商会内	正干事：孙文山君 副干事：陈琦垣君 　　　　黄荫南君 驻所：澹台玉田君	开会1次 群仙茶园 演说泣下 拟徐图勿操切	简章相符
	滋阳	5月5日成立 商会组织发起 设立东门大街道北	正干事：吴健卿君 副干事：夏瑞五君 　　　　许润轩君 驻　所：阚调伯君 　　　　张振民君		
	威海	5月16日成立 由威城刘岛三部合组 按月汇交沪中国银行 设立天后宫			
	福山	5月13日成立 商界发起 款汇烟台 设立商业公所内	正干事：陈钦三君 　　　　邹海峰君	有劝告宣言书	简章简明
	掖县沙河镇	5月24日成立 商会发起 款汇就近中交银行 设立商会内		开会1次	
	龙口镇	5月25日成立 设立商会内	正干事：梁子明君 副干事：孙子浡君 　　　　王辅臣君	开演说会3次	
	蓬莱	5月30日成立	正干事：韩序东君 副干事：张孝如君 驻　所：杨敬轩君		
	长山周村	6月5日成立 商会发起 款汇山东省银行 设立商会内	正干事：张景瀚君 副干事：冯文炳君 　　　　张经堂君	群策进行	简章相同
	临清	6月9日成立 绅商工农各界发起 设立商会内	正干事：马绪曾君 副干事：于占元君		

续表

省名及侨埠留学	各事务所之地点	成立日期 何界发起 何处收款 设商会否	正干事 副干事(首列一二人之姓名) 驻所	开会纪要（开会几次、会场何处、演说主要、决议何项）	简章何条与总所稍异
山东	德县	6月20日成立 商学各界公(共)同组织 款存交通银行 设立商会内		开会1次 秩序不紊	大致相符
	东平	7月17日成立 商学两界组织 款由商会转解 设立商会内	正干事:孙玓臣君 副干事:高石君君 　　　巩象临君 驻　所:张紫升君 　　　张松山君	有白话演说稿分赴四乡实力劝导	大致明晰
	潍县	8月10日成立 商会发起 设立商会内		由县长开会演说	大致明晰
	石岛	6月1日成立 商界发起 款解烟台交通银行 设立商会内			
山西	太原	6月6日成立 绅商学各界发起 款交中国银行 设立商会内	正干事:刘笃敬君 副干事:陆文彬君 　　　兰承荣君 驻　所:裴清源君 　　　渠本澄君	迭经开会	简章详明
	河东	5月卅(30)日成立 商学各界组织 款交运城中国银行 设运城商会内	正干事:杨葆昂君 　　　饶昌龄君 副干事:王芳士君 　　　钟穆秀君 驻　所:阎应桢君 　　　畅毓河君	有劝告宣言书	
	左云	6月28日成立 县长提倡发起 款由商会收解 设立商会内			
	忻县	6月29日成立 绅商学各界组织 设立商会内		演说泣下	

续表

省名及侨埠留学	各事务所之地点	成立日期 何界发起 何处收款 设商会否	正干事 副干事（首列一二人之姓名） 驻所	开会纪要（开会几次、会场何处、演说主要、决议何项）	简章 何条与总所稍异
山西	曲沃	8月1日成立 设立商会内			
	太谷	县长提倡发起 设立商会内			
	临晋	县长提倡发起 设立商会内			
四川	成都	6月4日成立 设立商会内	正干事：刘昌言君		
	达县	5月23日成立 商会组织 设立商会内	正干事：罗琴书君 况集生君 李蕴山君		
	重庆	5月23日成立 商会组织 设立商会内	正干事：古秉钧君 副干事：曾鼎勋君 汪德薰君	演说白话警告 续议储法宣言	简章相符
	万县	5月26日成立 设内商会内	正干事：陈赐轩君 副干事：谢西渔君 李屏东君 驻　所：陈献葵君 李晓渠君		
	梁山	6月4日成立 商会发起 设立商会内	正干事：袁尚纲君 副干事：陈洪畴君 驻　所：张荫谷君 钟进宜君	开会1次	参照京沪办法
	涪陵	6月13日成立 绅商各界合组 款交重庆中国银行 设立商会内	正干事：李次伯君 副干事：彭新太君	开会1次 演说动听 议决循序渐进	大致详明
	广安	6月20日成立 商界发起 款汇中国银行 设立商会内	正干事：王宣宜君 严信之君 朱梧君		简章尚符
	奉节	6月26日成立			
	巫溪	6月29日成立	正干事：李丕宣君 副干事：刘体正君 魏炳麟君		

续表

省名及侨埠留学	各事务所之地点	成立日期 何界发起 何处收款 设商会否	正干事 副干事(首列一二人之姓名) 驻所	开会纪要 (开会几次、会场何处、演说主要、决议何项)	简章 何条与总所稍异
四川	窬泸县	7月1日成立			
	南充	8月27日成立			
	东溪镇	8月5日成立			
云南	云南	6月7日成立 商会集组 款交中交两银行 设立商务总会	正干事:黄玉田君 副干事:罗荣轩君 　　　张青圃君	开会1次 三迤总会 演说激动 毅力进行	大致相符
	蒙自	6月20日成立 商会发起	正干事:李钟毓君 副干事:杨春辉君 　　　董宝书君		
贵州	贵阳	6月6日成立 各界合组 款交中交两银行 设前省议会内			大致相同
	郎岱县	8月8日成立 商学各界发起 款由商会汇省银行 设立商会内	正干事:刘百源君 副干事:李钟岳君 　　　王位宾君 驻　所:刘衍训君 　　　倪河书君		大致相符
陕西	西安	6月15日成立			
	泾阳	6月26日成立 绅商集合组织 设立商会内	正干事:周伯升君 副干事:王信卿君		
	临潼	7月10日成立		县长提倡开会 公园	
	大荔	7月14日成立 绅商集合组织	正干事:周国劼君 副干事:张炳曜君 　　　李缝茂君 　　　张明堂君		
	平利	8月1日成立 设立商会内	正干事:王沛霖君 副干事:武端君 　　　史景星君		大致相同
	白河	6月16日成立 设立商会内	正干事:胡泽崇君 副干事:毛毓清君		

续表

省名及侨埠留学	各事务所之地点	成立日期 何界发起 何处收款 设商会否	正干事 副干事(首列一二人之姓名) 驻所	开会纪要 (开会几次、 会场何处、 演说主要、 决议何项)	简章 何条与总 所稍异
甘肃	兰州	6月1日成立 商学各界发起 款由官银号汇解 设立商会内	正干事：张子卿君 副干事：孟仪亭君 　　　　王星洲君 驻　所：牛厚泽君 　　　　王竹民君	长篇白话劝告及公启	简章详明
	固原	县长提出集储			
奉天	奉天	6月7日成立 商会邀集各界 款交中交两银行 设立商会内			简章详明
	宽甸	5月2日成立 设立商会内			
	安东	5月11日成立 款存中国银行 设立商会内	正干事：王建极君 副干事：王中时君 　　　　姜日德君 驻　所：司宗夔君 　　　　葛常钺君		大致简明
	锦县	6月7日成立 银行界合组 款交中国银行 设立明伦堂内	正干事：蒋宗周君 副干事：朱榕君	开会1次 演说踊跃	手续清细
	八面城	6月11日成立 官警学绅农工各界 联合组织 设立商会内	正副事：彭丽生君 副干事：李映辰君 　　　　黄雪龛君 驻　所：宋愆德君 　　　　李缉之君		
	凤城	6月12日成立 设立商会内	正干事：张沐臣君		
	开原	6月18日成立 学商各界发起 款由商会代收 设立商会内	正干事：丁万钱君 副干事：景祥君 　　　　徐玉魁君		参照沪图简章
	营口	6月19日成立 商界组织 款交中交两银行 设立商会内	正干事：李恒春君 副干事：康寿君 　　　　徐庚孙君 驻　所：郭渔笙君 　　　　张训亭君	开会1次	简章详明

续表

省名及侨埠留学	各事务所之地点	成立日期 何界发起 何处收款 设商会否	正干事 副干事（首列一二人之姓名） 驻所	开会纪要 （开会几次、会场何处、演说主要、决议何项）	简章 何条与总所稍异
奉天	圆昌大洼	6月卅(30)日成立 设立商会内			
	法库	7月2日成立 学商各界组织 款由商会代收 设立商会内	正干事：罗殿元君 副干事：韩锡元君 　　　　陈殿枫君 驻　所：王连仲君		简章相同
	东丰	7月3日成立 商业发起 款由商会代收 设立商会内			简章相同
	怀德	7月8日成立 商学各界发起 款汇公主岭银行 设教育公所	正干事：刘荣君 副干事：唐天林君 驻　所：马鸣銮君 　　　　赵纯和君	开会1次假关帝庙演说传单决议策进	大致相合
	朝阳	7月16日成立 设立商会内	正干事：李毅年君 副干事：刘毓龄君 　　　　叶芳林君 驻　所：范学淹君		
	公主岭	7月21日成立 商界联合组织 款交中国银行 设立商会内			大致清晰
吉林	吉林	5月7日成立 商学各界发起 款交中国银行 设立商会内	正干事：冯兰秀君	开会1次 有公启演说文	
	哈尔滨	5月9日撤离 款交中国银行 设立商会内	徐美梅君 张泮君	开会3次茶园演说宣言沉痛决心誓必有成	
	依兰	6月5日成立 商会发起 款由商会代解哈埠 设立商会内	正干事：程慧卿君 副干事：祁凤文君 　　　　李峨臣君 驻　所：祁凤文君 　　　　荣晓峰君	开会1次茶园演说听从储金破产	

续表

省名及侨埠留学	各事务所之地点	成立日期何界发起何处收款设商会否	正干事副干事（首列一二人之姓名）驻所	开会纪要（开会几次、会场何处、演说主要、决议何项）	简章何条与总所稍异
吉林	长春	6月12日成立 官商各界组织 款交交通银行 设立商会内	正干事：史景齐君 副干事：袁植丞君 孟范九君 驻　所：马益堂君 刘俊明君	有四言劝告书	大致符合
	老烧沟	6月12日成立	正干事：邢辅臣君 副干事：刘纯轩君		
	桦川	7月4日成立	发起人：姜炳南君 滕静波君 黄炳章君		简章明晰
	六道沟	商界发起 款由商号东盛栈代收		开会2次	
	东宁	6月13日成立 官绅各界合组	正干事：郑颐津君 副干事：白金鳌君 袁维山君 驻　所：叶全善君 郝春熙君		
	方正	5月30日成立			
	阿城	6月6日成立			
	张家湾	6月10日成立			
	德惠	6月10日成立			
	同宾	6月11日成立			
	双阳	6月18日成立			
	延吉	6月20日成立			
	诚信镇	6月22日成立			
	磐石	6月23日成立			
	伊通	6月25日成立			
	榆树	6月27日成立			
	五常	7月1日成立			

续表

省名及侨埠留学	各事务所之地点	成立日期何界发起何处收款设商会否	正干事副干事（首列一二人之姓名）驻所	开会纪要（开会几次、会场何处、演说主要、决议何项）	简章何条与总所稍异
吉林	宾县	7月1日成立设粮捐公所内			大致相宜
	农安	7月4日成立设立商会内			
黑龙江	龙江	5月30日成立商界发起款交中国银行设立商会内	正干事：王永吉君副干事：陶景明君　　　孙荣贵君驻　所：耿之光君　　　朱化南君	开会3次茶园有演说宣言书积极前进	大致相同
	呼兰	6月8日成立商界发起款交中国银行设立商会内		开会1次演说痛切	简章简明
	黑河	6月27日成立商会发起款由广信公司收解设立商会内	正干事：白兴浦君副干事：姜维铭君　　　丁序堂君	每星期假茶园演说	
	通河	设立商会内			
	呼玛	7月22日成立商会发起款由广信公司收解设立商会内	正干事：李云阁君副干事：戴作新君　　　李春舫君	开会1次有劝告书	有简章
	穆陵	6月13日成立商会发起款由东顺德解吉林设立商会内	正干事：周钥来君副干事：李永茂君　　　徐福善君驻　所：宋德魁君　　　彭光祖君	开会2次小学校内演说恳切联合进行	有简章
新疆		（未详）			
热河	热河	6月21日成立商会发起款交交通银行设立商会内		有广告浅说	
	朝阳	8月4日成立			

续表

省名及侨埠留学	各事务所之地点	成立日期何界发起何处收款设商会否	正干事副干事(首列一二人之姓名)驻所	开会纪要(开会几次、会场何处、演说主要、决议何项)	简章何条与总所稍异
绥远	归绥	县长提倡商会发起设立商会内	正干事:范聚仙君 副干事:李问樵君 张少甫君 驻　所:李秀甫君 杨睦存君	开会1次	
	包头镇	7月9日成立 款有晋胜银行代解 设立商会内	正干事:郑金声君 程宏君 副干事:穆世培君 赵映璧君	开会3次 关帝庙 演说痛陈利害	大致激昂
	托克托	6月14日成立 由县长营云程提倡组织 设立商会内	正干事:曹槐君 副干事:陈玠君		
华侨	泗水			有筹款宣言书	
	大阪	设立中华商会	蔡际云君		
	横滨	设立中华商会及亲仁会	刘杏村君		
	暹罗盘谷	设立中华商会	陈鹤珊君 林润川君		
	长崎	设立酿金会			
	新加坡	设立难以工党联合会	胡君		
	爪哇巴达维亚	设立中华商会	梁瓒君	有华英文宣劝书	
	三马旺埠		黄军庶君		
	小吕宋	设立广东会馆	陈迎来君 陈芬士君		
	三宾泷		郑俊怀君		
	海参威		马绍谟君		
	双城子		逢学增君		

续表

省名及侨埠留学	各事务所之地点	成立日期何界发起何处收款设商会否	正干事副干事（首列一二人之姓名）驻所	开会纪要（开会几次、会场何处、演说主要、决议何项）	简章何条与总所稍异
留学	克里弗伦城	设立旅美中国学生会	吴钦烈君 尹任之君 尹剑指君	有劝告书及简章	
	意里诺大学	设立留美中国学生会	李豫君 壬金吾君 李子先君		
	密歇根	设立留美中国学生会	陈炳基君		

资料来源：中华救国储金团总事务所.救国储金之源流[M].上海：中华书局，1915.

附录四　广募救国储金致友人书

（1915年6月）

某甫仁兄伟鉴：

云山绵邈，久阔裁笺。想阁下权掌教鞭，春风化众，一番得意，定卜飞腾。弟之意亦兄之志也。惟小学教育，谈何容易五年种树，十载乃成，根本栽培，尤须谨慎。斯种位置，决非年少气盛者所得而凭藉；尤非五日京兆之人，所可假此而作终南之捷径也。故吾谓阁下既入之，即安之，毋旅进旅退，害我青年。况舍此别图，又适为下幽（何出）谷而迁乔（之境）哉。窃愿兄台三思之。

兹有告（陈）者：东亚风云，现已平和解决。公理后必恃铁血，彼以铁血凌人，我徒恃赤血而无黑铁，忍辱含垢，低首言和，不得已亦势之必然也。然于无可如何之中，犹有一线生机，即国民最后之热心救国储金是也。盖当交涉（之）初起之际，人心激动，群思一战，即阁下亦曾有决战之宣言。吾当时闻之所以未急于作复者，以止之不可，恚之不能。及乎（洎）政府审时度势，逐件承认，我知阁下附膺之叹，必油然而生矣！然子产存郑，未动甲兵；勾践沼吴，惟持教育。男儿爱国事丛丛，岂必枪林弹雨中。卜式毁家抒世难，义声唤起待洪钟。吾爱阁下之热心，吾为阁下而赋此，吾尤冀阁下之为洪钟木铎也。惟尊校僻处一隅，于斯事恐不甚详悉，弟请为一述之。

　　救国储金者，凡我同胞，得以其财产十之一，存储于银行，集成巨款，而后为有益国家之事。如练军兴实业是。储法有长期短期之别，短期不限数目，多多益善。长期款不在巨，每日须纳。义声播自沪上，不旬日而及京师，多处闻风继起尤众，津门已开会实行。念我兄乡里领袖，物望所归，果能登高一呼，从者必众。施临时于社会，倡长期于校中，则群策群力，不崇朝可致巨款。集腋成裘，合一郡奚止万金。一邑如是，他邑亦然，聚中国数十万州县之款而集之，财政上之困难问题可解决，而军事可整顿，兵厂可设立，实业可振兴，教育可普及。十年生聚，十年教训，然后国运可以隆盛，圣泽可以不斩。较之玉石俱焚，以神州为孤注之一掷者，（其益）不甚大哉！至于储金之原理，早在洞鉴之中，弟亦不欲以老僧谈，上渎清听。寄上章程一纸，祈转印之，分送他人，裹此义举。弟则洗耳远听（鹄俟），候我理想中之美满的回报。想阁下热心好事，当必有以复我，临池企念，不胜待命之至。

　　顺颂

教安

　　　　　　　　　　　　　　　　　　　　　　弟　某某鞠躬
　　　　　　　　　　　　　　　　　　　　　　某月某日

——中共中央文献研究室，南开大学. 周恩来早期文集（一九一二年十月——一九二四年六月):上卷[M].北京:中央文献出版社;天津:南开大学出版社,1998.

附录五　在天津救国储金团第二次会上演说词
（1915年6月）

（上略）此次交涉,我政府不得已而承识。推其原因,我爱国人必曰:器械不精,军务不良,有以致之。然非我经济界之匮乏,亦必不至有此之大辱,盖巧妇难为无米炊,因财政上之不充足,遂不能自立兵工场,造军械等。械不精,虽有亟勇之军人,亦断不能立足于疆场。故此次之失败,虽纯粹名之曰经济的失败可也。设我国之财政非困难如是者,吾恐他人之哀的美敦书未必至,而我国民之热血亦足可洗今日之羞也(鼓掌)。夫因无财而受屈辱,则今后欲图自强,舍谋经济界上之活动外无他道也。欲谋经济之发展,必先图财政之充足,必先使基本金之有着,然后始可振兴实业,立兵工厂,增进军备,提倡教育。而筹此偌大之基本金,方法不外二道:一则借外债。但此种款,用处须有限制,不能任吾所欲为。况债台多筑一层,吾等人民则多一层担负,而经济界尤困难一步。吾知爱国之士,决不愿借外债以度日,而为波兰、埃及之续也(鼓掌)。其一则国内人民储金,是今日之大会,正所以实行此主义者也。前之所言,则斯言关系国家之前途甚重。然有人云,爱国之事不仅储金,斯言固是矣。但人凡作一事,无款即不足以有为,个人且然,况偌大之国家,能逃出财字之范围哉。(中略)至此次救国储金之开,上海有乞丐捐其平日所集蓄之洋一元,北京有狱犯亦捐所作工之洋数十元,彼等身为乞丐、狱犯,犹知储金救国,我等穷不为乞丐,恶不及狱犯,闻其风当作如何之感愧哉(鼓掌)? 设如万万人咸为彼乞丐,一人一元集之,可得四万万元,则五千方之额不虽满数,而且又八倍之矣(鼓掌)。况我人民现已不仅四万万,储款又不止元,若以狱犯之款预推之,其为数又岂仅为以上所述哉(鼓掌)。且储金一事,无论贫富贵贱,均得以节衣缩食之资,为挟危救亡之举。人人有应输纳之天职,人人有劝导之义务。多集份储金,即多一种事业。吾爱国志士,果欲免亡,则请先为从极易为之储金作起,以冀达于他日国强之境也。抑吾又有言者,则今日在坐诸先生,既已鼓动志气,追出斯会时,仍祈勿忘斯耻,果能于长期储金亦实行之,则更善,且可时时藉此以警醒之也(鼓掌)。(下略)

——中共中央文献研究室,南开大学.周恩来早期文集(一九一二年十月——一九二四年六月):上卷[M].北京:中央文献出版社;天津:南开大学出版社,1998.

附录六　对于救国储金之感言

按救国储金系发于国民之爱国,必为救亡起见,非以补助政府财用之不足也,故此项储金之用途,直隶救国储金团屡次集议,略谓将来用途,宜由国民择其真足救亡之事业,预先指定表明,俟足额后循序进行,不必假手于政府官吏,业已全体赞成议决,盖非不信任政府官吏也,良以此款既出于国民之自愿,无须仰劳政府官吏之调度也,且恐国民一闻用途仍须由政府官吏经手,难免不怀疑缩手耳。然窃料政府官吏任务甚繁,当为之事,尚且日不暇给何至不惮烦而插手于不必为之事,是在我国民好自为之而已,因读张季直先生文感而书,此 以告同胞,毋自馁,亦毋自诿焉,记者附识。

今闾巷之所传说,报纸之所鼓吹,莫不曰救国储金矣。救国危词也,储金美事也。就日内之所闻见,官绅之富,以至丐卒之穷,数万之巨,以逮一圆之细,未尝不艳而称之曰:某某若干,某某若干。然总核其数,则去所悬之额远甚,且亦限于北京上海广州数处,仅有此百万数十万之数,外此鲜可称者。岂中国人爱国热心,或有或无,或多或少,如是其不齐欤?推其本则国家无银行,各省外县各市镇无银行,无金融之机关为之绾毂,而负其信托也。本中之本,则教育未普及,而国家之观念,世界之知识,有通有塞,有大有小,有深有浅也。又其本则农工商实业蹈常习故,不知发展,人口繁,生计促,而力不足以好行仁义也。今国之待救甚矣,五千万之数亦至少矣,然试问此五千万元,能克日而集乎?集矣将何以处之而后为当乎?此则不能无说。

今夫我国固号称四万万人民者,以五千万元之额均之,则人不及一角三分耳。而据所闻见,则储金者多至数万,少则一元,是五千万元之额,固甚鲜少,似万万十万万而不得为巨。顾创此议者之定为五千万元,则固深知我国国民家族习惯厚封殖之常性,又深知政府社会上下信用之未底于孚,故设是五千万之数以为之准,而不敢大言,一若是则犹可几及焉耳,而果能及与否,虽创此议者,固不敢必也。末我所谓须有为之绾毂而负其信托之机关,创议者诚亦知之矣。救国为目前之急,而国家及各省县市镇之银行,决非平地一旦所能成立,必不得已而托诸中国银行。中国银行之信用何若,无意于储金者,必不计度;甚慷慨出储金而付托之者,似信之矣。使其中苟有十分之一或千百分之一而稍有所疑,则此十分或千百分一之影响于未有储金者何若,其影响于中国银行信用者又何若,不然则万万十万万可刻期而致也,胡距五千万之差犹甚也。信用云者,不恃势力,其比例为同等相受,犹言甲乙云尔;然苟非有维持之法,表示之道,则亦不足巩固其信用。今筹救国储金之议者曰:有事则为国家之用,无事则为海陆军及教育之备费。

有事无论矣,即云无事,而海陆军教育二者,皆直接消费而分利者也。以五千万计,言教育不足支全国应设之大学开办经常等费,言海军不足造一头等战舰,言陆军不足当全国一岁费也。孔子之告冉有,盖既富而后言教,其告子贡则足食而后足兵。以教与兵,权富与食,先后缓急之序如此。譬之树然,教育犹花,海陆军犹果也,而其根本则在实业。若骛其花与果之灿烂甘美而忘其本,不知花与果将何附而何自生。

然则此五千万之救国储金,果幸而满额也,为教育海陆军之备费,不如其为实业之备费矣。虽然,实业亦必有的。中日交涉发生以后愤激而言抵制日货者比比也,国际之交涉,商业之大势,兹姑勿论;人之生也,赖衣食住,是故一缕一粟之所便,匹夫匹妇之所同,而一人之身,百工之所为备。我仍其旧而不慕于外物也,则不必言抵制,我而自为之不资于外物也,亦不必言抵制,为其无所为抵制也。且抵制云者,犹必我有可以相当之物,我而无斯物也,是所谓空言抵制。空言之效,揣我国人之心理可齐不可齐,度我社会之事业可久不可久,齐而久矣,是祛风邪之病,而不养其气血,气血虚则营卫疏,风邪终得而袭之,岂计之得哉!我之国不有土地乎,有土地则曷不改良农业而蕃其生产?我之人民不各有耳目手足乎,各有耳目手足,则曷不奋兴工作而给于商市?顾所谓农工商者,犹普通之言,而非所谓的也。无的则备多而力分,无的则地广而势涣,无的则趋不一,无的则智不集,犹非计也。的何在?在棉铁,而棉尤宜先。曷为先棉?鄙人比辑海关贸易册,知每岁进口棉货之代价,最多者盈银一万八千万两,铁之代价,盈银四千六百余万两,是以有棉铁政策之计划。曾言于政府,惜政府不能用,而外患渐迫切,今且日增矣。以我国人所需之棉织物论,即有纺锭三百万织机十万架不为多,减之又减,亦须于十年之内,增百万之锭,而是百万之纺锭,即需资本五千万元,今储金所悬之额,不过五千万元,裁足举此一事，何暇言铁，故不并言铁而先言棉。查东半球之纱锭，据三年前之调查，日本有一百七十余万，印度有三百五十余万，今尚汲汲谋进步，而各有所增。我全国合计中外人在吾境内者，纱锭仅有八十万锭，比之日则二之一，比之印则四之一而且不足，吾当时之计划，曾将进口棉货之价值一万八千万两，分析之为纱布两项，则洋纱六十万箱，粗布斜文等一千五百万匹也，而欲挽回利权，则必需加增纺机九十万锭，一千五百万匹之布，粗斜平均计，需织机五万架，而仍须附设纺机七十五万锭，故纱机为百六十五万锭也，最小之的，欲于十年之内，由政府奖劝而提倡以成之。不言抵制也，我苟日伸一缕，则人市于我者，必日缩一缕，伸而不已，我自为我，奚必嚣嚣言抵制乎？况纱出于棉，棉产于地，则棉地宜广也，棉种宜改良也。迩者政府于扩充植棉有奖矣，改良棉产有奖矣，虽已提倡，要贵实行，实行之藉，且须社会别筹于五千万元之外。我之为是言，得毋疑我隘乎？抑疑我有所蔽乎？必欲广之，无论五千万元之储，军事教育可一岁而尽，即以是五千万营铁工厂，若汉冶萍者二犹不足，而我第一至大之漏卮，仍不能塞也，故不如其隘也。且以是五千万或不足于五千万者为之引，而应声而起者，容尚有相差不远之数，是不足五千万者，或可望其足，苟及五千万，或将不止于五千万，至是乃可以分营他业也。且吾料五千万之棉织业兴，足抵五百万兵之一战，而纺织业之人才且辈出焉，不必海陆军而收海陆军最终之良效，不言教育而厚教育发生之原力以是为备各垒而不帮。

抑有言者，常人必已有余而后及人，其为人之忠，必不如其为己。所谓人者，盖统家庭戚友言之，若其于国知其关连身家者千不得一，知其关连而真实爱之者，万不得一，此为不能遽足五千万元储金额之原素，设移一的以就之焉，则今之知纺织之有利者夥矣。获预于救国之美名，而又获众人皆知之厚利，苟非至愚极蠢而力稍有余者，其必崛兴无疑。至其建设之地，施用之法，又为之指导，为之计划，务使其有百利而无害,其观念当有以异于以海陆军教育为标帜者。且凡纺织业投资之数,皆成为救国储金之数,而五千万元之额之说,或不至于终虚。此则以鄙人投身实业二十年来所得之阅历,为筹救国之君子言之,亦自明其非蔽也,曷共图之。

——张謇. 对于救国储金之感言[N]. 申报,1915-06-01(2)、1915-06-02(2).

附录七　直隶救国储金团第一区演说员钱葆清所至地点及活动情况

(1915年9—11月)

所属县份	到县日期	演说员活动情况与结果			成立分团情况	储金数量
^	^	商务情形及宣讲宗旨	商会绅学各界态度			^
静海县独流镇	9月20日	县知事去津,22日由商会会长杨梦春假戏院旧址开临时演说会,到300余人,解释救国储金大意,亡国惨状	绅商各界态度热诚		近因烟酒加捐,多去天津筹办,待回镇后再开火组织储金分团及劝输储金	北区警界全体储金京钱30千
静海县	9月25日	9月27日在劝学所开会,宣讲天津开会三次办理情形及救国储金将来用途	各学校已组织长期救国储金,商会与独流商会公所对储金互相观望,首领于庸圃、丁聘卿趋向若县长提倡鼓吹定能收效			
青县兴济镇	9月27日	9月28、29日在商会、农会各开会一次,在集市演说一次,宣讲欲保身家即当爱国,储金为救国之必要	乡农屡报旱灾虫灾,期望缓征心切,青县境内新集绅界韩子振、学界郑介卿及商界态度热诚,组织宣讲三次		与兴济救国演说团接洽研究进行方法,对设立分团是否能附属在总团以内,向总团询问	171元

续表

所属县份	到县日期	演说员活动情况与结果			
^	^	商务情形及宣讲宗旨	商会绅学各界态度	成立分团情况	储金数量
沧县	10月3日	开会4次宣讲国家与人民之关系,第四次由县长主持讲明救国储金与国家、人民均有利益,学界协同演说,到会二百余人,会后县长派差下乡,传各村正副面谕劝导	人民对储金尚称踊跃,惟第三次开会时,因报纸宣传变更国体,人民似有观望之心,到会十余人,未演说即闭会	分团开会4次,学界长期储金于8月成立,现又组织商界长期储金	1000余元
盐山县	10月10日	10月15日在劝学所开会,宣讲提倡国货与人民有密切之关系	学界讲习所及小学校93处均成立长期储金,商界50余名自开会日起组织长期办法,城东有工作负贩人等,也组织长期储金	10日晚由商会正副会长劝学所长及各董事开会,布告救国储金原起及简章,传知全县28个堡	161.56元京钱128千文
庆云县	10月17日	10月21日在初级师范学校开会,到会三百余人,宣讲国家危险与人民有密切关系,该县地瘠民穷,并无富绅,近来地方不靖,抢劫盗案重见迭出,人民不堪其苦,地方公益无暇顾及	偏僻小县闭塞不通,对救国储金一事多有不知	商会总理孟锡三,该会未经改组亦未呈报,因不知改组办法及手续,经组织由学界拟设救国储金分团,附在劝学所	118元京钱120千文
南皮县	10月23日	10月25日假警察所余学界开茶话会,报告救国储金章程及提倡国货讨论办法,拟开会演说,均不赞同	本地绅士张姓两巨族均系守旧派,地方公益概不闻问,广置田地,各村农界及村正副均附属之,至公署每有公事除票传外实难召集	商业在泊镇者均附属于河商会,故南皮县学校不兴,商会不能成立,筹备救国储金困难	
宁津县	10月27日	11月3日在城隍庙议事会旧址开会宣讲国家危险现状,提倡国货劝输储金	该县储金以农商两界占多数,学界虽亦筹办,但其款另存,据云是奉巡按使署教育科公函照办的,须有教育科指定用途方可提用	10月30日在宣讲所开茶话会,报告救国储金宗旨及组织分团办法,研究组织分团,各区拟设分团支部	292元京钱228千文

续表

所属县份	到县日期	演说员活动情况与结果			
		商务情形及宣讲宗旨	商会绅学各界态度	成立分团情况	储金数量
吴桥县	11月5日	11月12日在西关集场开会,宣讲救国储金人民应尽之义务,将来用途的确由国民处分近因烟酒公卖清查地亩印花税等同时发生,商民不堪其苦	各机关不时讨论组织办法,不过敷衍从事,有谣传储金款项有提归政府之说,进行不无窒碍。商界储金500元,学界称每月可储京钱300串	12月演说会后,先在商会附设分团	500元
景县	11月13日	11月16日开茶话会,19日开演说会,宣讲国家损失急应补缴,提倡国货输助储金	商会无人办事,劝学所长马文山兼商会会长态度冷淡,县长诸夏云本境风气不开召集开会殊非易易,前报载储金款项有发还之说,人民颇存观望,前奉巡按使函对此事仅可暗中维持	分团临时成立,暂附在货币交换所	2元铜圆435枚制钱6600文
郑家口镇			据商会来函,救国储金发起人及赞成诸公均已公出,开会无人召集,对演说员暂行挡驾		

附录八 直隶救国储金团第四区
演说员王士铭所至地点及活动情况

(1915年10—12月)

所属县份	到县日期	演说员活动情况与结果			
		商务情形及宣讲宗旨	商会绅学各界态度	成立分团情况	储金数量
保定		9月30日各界座谈会,到会仅20余人,报告来意及开会宗旨,一致赞同唱戏联络发起人100名,每人出洋一元为开办费,所卖戏价全数储金 10月4日二次开会,定10日或11日在淮军公所开演说会及演戏,后因雨改期17日举行	各界对储金多抱冷观		
安新县新安镇	10月6日	正值秋收各乡绅富甚难召集,8日由商会副会长辛镜如召集本地绅董开演说会,但无一人到会,仅略散演说篇		须秋收后成立分团	
徐水	10月13日	15日、16日两日在商会开会,各界到会30余人,宣讲提倡储金,维持国货,细加解释	演说会各界欢迎,决定要求知事饬警负责通知召集村正副与绅富开会,由演说员分头讲劝,知事亦甚赞成,该地演说员四人对储金尤其热心	5月份成立分团,商学界均按月储金	
容城	10月25日	该县知事钟毓云商会仅有其名,由知事派人通知各界定27日在城内宣讲所开演说会,但届时到会仅数人,复派岗警分请各界要人,到会亦不多,宣讲了提倡储金维持国货的意义	该处商界腐败已极	28日在劝学所开会,商会会长、学校校长、演说员均未到会,会议冷清,决定由学、商到会诸君负责仿徐水办法成立分团	

续表

所属县份	到县日期	演说员活动情况与结果			
^	^	商务情形及宣讲宗旨	商会绅学各界态度	成立分团情况	储金数量
雄县	10月29日	商会已解散,10月30日由县召集各界在公署开会,到会10余人,宣讲提倡储金及维持国货,31日再开大会,到会者仍是前次数人,本城各界及四乡绅富并无一人到场,拟就集日演说,然听者竟至无人	据知事云,前办公债曾请数次,后至立出拘票始才到场,其绅富之鄙吝可想而知		
容县白沟镇	11月2日	2日由警局召各界开会演说,北局区官均赴城,无人通知,到者甚少,次日在财神庙内召开大会,到会者二十余人,除演说报告外,将演篇分散二百多张			
新城	11月4日	5日在商会大会,到会200多人,宣讲现今国势与应速办储金及维持国货各理由	该县知事高达卿对于此举颇愿提倡,在5日开大会前悬旗结彩,又值大集,故到会踊跃,后又利用小集拟召集乡人开会听讲,奈愿听者甚少	5日开大会后,学、商两界均承认成立分团,惟现因正会长未在,尚须稍缓	
定兴	11月8日	9日在商会开大会,到会二百上下人,将应报告各节说毕复就储金、国货、印花等项详细演说	9日大会首悬旗结彩,县署派警4名,商会原有商团40人排队奏乐迎送各界到会。劝学所长连次开会均未肯到	与劝学员讨论数次,已应负提倡会办之责,与商会会长鹿墨五研究分团成立手续,容与知事见面后促其召集村正副与绅富到会时,再定日开会报告成立	
满城	11月18日	19日在公署召集开会,各界到会10余人,报告一切并交演篇,21日在劝学所召开大会,各界到会者甚少,皆不发一言	开会中观其一切对待语气,一若我辈多此一举	该处无商会,分团不易成立,后知事表示容日当负完全提倡之责,必要时督促其成立	

续表

所属县份	到县日期	演说员活动情况与结果			
^	^	商务情形及宣讲宗旨	商会绅学各界态度	成立分团情况	储金数量
完县	11月22日	22日在商会开座谈会，24日在公署大堂前开演说大会，到会1800人之多，除述明来意，复就储金、国货、印花各项详细讲解	24日大会，衙前悬旗结彩警队分立，各界听讲者均有确定地点，会议三小时，秩序井然无一人喧哗，该处学商之开通，民情之驯顺令人钦佩	大会后再商会研究分团成立手续，推举干事数人，未确定干事长，拟数日内将各乡重要人请来用投票法，以昭慎重	
唐县	11月25日	26日在大堂前开演说会，听讲人在六七百人以上，宣讲储金、国货、印花及国势现象之危急	26日大会，大堂前悬旗结彩，开会三小时，无一人喧哗	大会后在公署研究成立分团手续，由劝学所长及商会会长负全责，决定将四乡绅富及重要分子多招数人举为干事，再行宣告成立	
易州	12月10日	与商会会长等磋商再三，议决容日再召集大会，研究进行	商会会长等云，此时人心较六七月间大有不同，提倡演说本吾辈应尽义务，然若施之于此时，决难受人欢迎		

附录九　直隶救国储金团第六区演说员王恩荣所至地点及活动情况

（1915 年 10—12 月）

地点	到达日期	商务情形及宣讲宗旨	商会绅学各界态度	成立分团情况	储金数量
保定		10 月 19 日借淮军公所开储金大会,到会 600 余人,每位会戏资铜元 40 枚,开支由发起人担任			京钱 500 余吊
高阳	10 月 22 日 二次 11 月 8 日	第一次来因农忙不能措办,磋商约定 11 月 5 日开成立大会。11 月 8 日来,据商会云县长出谕各村正副今日来会,迄无一人来		11 月 9 日往见县长,即在该处成立事务所,推定干事长、干事,由各干事赴四乡找村正、副说明此会宗旨	
莘桥镇	10 月 24 日		据商会云早有此意欲想提倡,奈本地绅界与县长均不甚赞成,商会决然赞成		
蠡县	10 月 25 日	定 11 月 9 日请各界士绅开成立大会	县长云该县绅民不开化		
博野	10 月 26 日	无商会,由县长召集本城绅、商、学在署开会,说明此事非办不可,不能再缓。绅商均定此次下去即向各处说知,竭力提倡,务于庙会办妥			
安国	10 月 27 日	商会报称 7 月间曾开储金会,经会友竭力提倡,四乡村正、副倡导共储 2300 余元,拟 11 月再开会续办			2300 余元

续表

地点	到达日期	演说员活动情况与结果			储金数量
^	^	商务情形及宣讲宗旨	商会绅学各界态度	成立分团情况	^
安平			县长及商会会长云秋收大忙,又听闻国体变动,储金之事不必作矣,经演说始允于以后开会		
饶阳			商会会长、劝学所长、巡警局长等,均云受国体变更影响甚不易办,待县长公出回来再召开储金会		
定县			县长派崔姓接见,据云县署前奉过行知,不准干涉此事,只可着商会办理,据商会副会长云先把讲义片留下,发给四路宣讲员先行宣讲,俟后再行开会		
深泽	11月22日	27日大集在该处演说,说明国体与储金毫无相干,听讲约七八百人,会后邀各村正、副数十人告以回去传告未来之村正副,限三集全数来城会议	储金团成立后因国体问题,各乡均借口迟滞不办		
晋县小樵镇	11月28日	第三日集期当众演说一切利弊,说明君主、民主问题与储金团毫无关系	察看乡间情形,并非为君主民主关系,只就是不乐意出钱而已	储金团成立后即发生国体问题,各乡均不赞成,相隔日久无法可办	
晋县	12月7日	无商会亦无多少买卖			
束鹿县辛集	12月7日	10日大集,当众演说储金宗旨及用途等,会后各商家公共集仪约共储500余元			500元

续表

地点	到达日期	演说员活动情况与结果			储金数量
^	^	商务情形及宣讲宗旨	商会绅学各界态度	成立分团情况	^
束鹿县	12月11日	县长孙澍南云该县城商家甚少,亦无商会,前经县发起储金,本署及各商家共储300余元,连四镇各乡共约派3000元之谱,目下尚未办齐,大约总可办到			3000元
旧城镇	12月12日	13日大集,前往演说宣讲储金宗旨及用途,与人民关系及本国时局等,第二日召集各商号共同商约储金共600余元			600元
深县	12月14日	15日在宣讲所开会,演说储金团宗旨,储金团办法及各处储金团之踊跃储金,将来可做之事业等	据商会云,该处甚不开化,目下又改为君主,这一般国民均不用摊钱,自有君主国管理,除对粮租之外别无所关等语,演说会后无一人储金		

附录十　直隶救国储金团第七区演说员杨生池所至地点及活动情况

（1915年8—11月）

所属县份	到县日期	演说员活动情况与结果			储金数量
		商务情形及宣讲宗旨	商会绅学各界态度	成立分团情况	
栾城	8月13日	18日在商会，开商界演说会，到百余人，宣讲日人乘欧战对我侵略情形，上海有救国储金及维持国货，并述印度、朝鲜、安南亡国惨状；21日分团成立大会，到会千余人，宣讲劝人储金以作救国之预备，维持国货为救贫之良法。22日在城内八蜡庙戏台演说劝人维持国货。23日在城西柴赵村演说维持国货，略点救国储金。24日在城北冶河镇及南客村演说	各界对成立分团及储金一致赞成，大会会场热烈，各界到会踊跃，并有学幼儿童当场储金。有个别顽绅李姓，倡言破坏，对救国储金诬作官家括敛，经严为交涉，幸彼首服，已允不再滋扰	17日在商会开茶话会，县长、警、学、商各界60余人参加，宣讲总团经过事迹，各界储金踊跃及各处之分团能否普设，即可占国家之强弱存亡。一致赞成组织分团，投票选举正干事长邓元升，副干事长李如荋、聂岭松。并有正副干事长指定各股干事，确定以商会为分团事务所，城内交通银行为收款机关，21日开成立大会	320余元
元氏	8月27日	29日在城隍庙对台演说，听讲者为各乡村正副及城商民，宣讲储金及维持国货，会后有乡民拦路自称董世昌，伊兄因劝人储金现被收押，乞代昭雪	士绅明达，惟县长王炎性情狡顽，言多阻挠，对要加保护一层，不肯担负，警佐张俊德对托其遇事保维一节传言不会	28日召商学界座谈组织分团大家均赞成，惟所虑开办经费无人担任，后决定先将干事举出，俟商会成立再继续进行，后县长王炎云演说不可涉及范围以外，不同意组织分团，因此后来对组织分团互相推诿，经调查前曾有人劝办储金与官长互闹意见，当受锁押，判八年监禁，故在城各绅对组织分团，不奉到县长公文，皆不肯出头	

续表

所属县份	到县日期	演说员活动情况与结果			储金数量
^	^	商务情形及宣讲宗旨	商会绅学各界态度	成立分团情况	^
赞皇	9月8日	9日假高等小学开学界演讲会,勉励学生勿忘今年5月7日之耻,并述中日交涉颠末,是救国储金与维持国货二事能否坚持到底,与国家能否存在有莫大关系	学界首先组织演说大会,全体参加,会议热烈。因为蝗灾严重,县长暂时无法召集四乡村正、副大会	分团成立前学界筹备之储金会稍有端倪,此处蝗灾颇烈,待息灭后开分团成立大会。10日与劝学所郭凤五磋商,据云此县他界并无团体,由学界公同议决推郭凤五与高等小学堂长张占鳌为分团正副干事长,待蝗灾消灭后再开成立大会	
高邑	9月12日	13日在明伦堂开演说会,各村正及他界到会者六七百人,宣讲国家要素详述越南亡国史,推至中国现象,必不可不思抗敌,故储金与维持国货为当今要务 14日到东关关帝庙演说,正值庙会,听者颇众。19日在万城镇演说,着重维持国货	绅学各界组织了储金会,实际主持为宋文华,此人颇具热诚	此地六月间已成立储金会,附设劝学所内,经洽商改名为储金分团,隶属总团	300吊
柏乡	9月21日	24日在城隍庙开演说会,政、学、商、警各机关全体及村正、副等听者千余人,宣讲外货与外债,病人与病国之比较,推至救国储金维持国货,25日到大郝村戏场演说,宣讲维持国货	商会及劝学均参加,轮日下乡演说颇具热心,县长储金20元,并助以车马,并有按月认长期储金者,可谓最开通之区域	22日、23日会同各机关人员商议组织分团,均各赞成 24日在城隍庙开分团成立大会	100余元
宁晋	9月26日	27日在宣讲所开演说会,细述中日交涉始末记及储金团发起时之情况及其效果,婉劝组织宁晋分团。29日到东汪镇演说某国谋我之野心,劝导储金及维持国货	县长倪桂殿对组织分团不表同情,经会同商会会长李森、劝学所长范瑞卿劝导才肯为襄助	27日演说会成立分团,举定干事长宋凤长,靳文林及干事,演说员等,议定事务所设于商会,拟定分团章程	100余元

续表

所属县份	到县日期	演说员活动情况与结果			
^	^	商务情形及宣讲宗旨	商会绅学各界态度	成立分团情况	储金数量
赵县	10月2日	3日在城隍庙开演说会,政、学、商、警各机关及村正、副等百余人参加,宣讲国家之原质及民与国治关系,并述中日交涉始末,鼓吹分团兼说中国人之依赖性 4日在换马店镇演说,注重维持国货。近日正定以南盗风颇炽,以致各县戒严,天未昏黄即锁城门 5日在高等小学开演说会,到学生三百余人,讲述外人对我自野心及交涉始末	县长赵文粹此处除劝学所长李康年稍觉开通外,他无可与之人,商会会长靳如宾表示此地过穷,事事不易,劝学所长云此邑学界已办储金,惟绅商鄙塞已极;警局与劝学所公告发起组织国货维持会	5日与学界磋商将旧有之储金会改作分团,渐由学界分任演劝,推广各界,议决劝学所李康年为分团干事长,高、初各堂长均为干事	
藁城	10月20日	22日在高等小学堂开演说会,到者颇多,县长及警佐未到,宣讲储金发起之因及效力,与将来之关系,并近日纷传解散之谣言,解释日人之条件	县长杨铣与演说员杨生池发生意见,拒不出面	21日与各机关人员提及分团组织,均各赞成。22日大会后与诸绅磋商分团之组织,据云今年六月间曾由各界提倡,认储者已有数千元储金册存公署,如成立分团须将册索出继续办理,但现在托故未出来,次日去函索要也未见答复	3000余元
无极	10月27日	28日在农会开演说会,村正副到者百余人,宣讲救国储金发生之原因及经过之成绩,未来之关系,并说维持国货尤为富强之大计。29日在农会开演说会,到农商两界二百余人,宣讲储金与维持国货关系国家之存亡及民人之苦乐,午后在劝学所开会,到学界约四百人,宣讲五月七日为吾国历史上未有之耻辱,报仇雪耻之责任全在青年学生	县长杨其焕颇热心,亲自偕同参加	商会会长久住乡间,劝学所长郝士芬只要商会长到城,分团即易成立,县长应允函约其来城共同磋商	

续表

所属县份	到县日期	演说员活动情况与结果			
^	^	商务情形及宣讲宗旨	商会绅学各界态度	成立分团情况	储金数量
正定	11月1日	2日在明伦堂开演说会，各界到会四五百人，宣讲救人救火与救国之比较，解释日人要求条件之重要各点兼说民气与国家存亡之关系。3日在中学堂开演说会，到会均系学生，宣讲五月七日为中国外交史上未有之奇辱，将来报仇雪耻，舍学生莫属	学、商两界已办储金，2日开会后县长促令乡绅继续照办	此邑储金分团已成立，今复公决推及四乡继续进行	

附录十一　直隶救国储金团第九区演说员周毓朴所至地点及活动情况

（1915年9—11月）

所属县份	到县日期	演说员活动情况与结果			
^	^	商务情形及宣讲宗旨	商会绅学各界态度	成立分团情况	储金数量
磁县	9月21日	商务总会在彭城镇，商业多在该地，县城系商务分会，25日在分会召集各界开分团成立会，县长及商学警各界参加，宣讲亡国惨状，提倡救国储金。27日在彭城镇召集各界二十余人开演说会，宣讲国势强弱各比较	选出的分团干事长对储金事甚为赞成，各界诸君热心无涯	25日在商务分会开分团成立会，推陈绍唐、王振家为干事长，各界均有干事员，分团设在磁县商务分会内	

续表

所属县份	到县日期	演说员活动情况与结果			储金数量
^	^	商务情形及宣讲宗旨	商会绅学各界态度	成立分团情况	^
邯郸	9月28日	10月1日在城隍庙内开演说会,各界到会七百余人,宣讲提倡救国储金,演说票再由各村分发。3日在城隍庙再开演说会,宣讲储金将来效果。4日会同商会王梦符在苏曹镇及北片桥演说,宣讲提倡储金,维持国货	该县公署商会、及各界公民对此事均热诚	已设储金分团	大洋572元 小洋195角 钱252吊
永年	10月5日	10日在商会开演说大会,各机关冒雨前来,绅、学、工、商、公民及四乡各村正、副约计三百余人,宣讲储金为救国急务,维持国货为富强要图,劝学所长及宣讲员相继演说,激发人民储金之志气	该县人民较他县开通,各界进行提倡,甚为热诚	储金分团已成立	
曲周	10月11日	22日在关帝庙开分团成立大会,悬灯结彩,军乐齐鸣并用洋戏助兴,城乡到会者三百余人,宣讲救国储金发起之原因及维护国货之理由,并由宣讲员,副干事长演说亡国过去之历史,中国危机现状以及人民与国家之关系,当场收储金洋一百数十元	此县地瘠民贫,风气不开通,分团两干事长热心提倡,诸干事咸抱爱国热诚	12日商会会长召各机关开茶话会,讨论设立分团手续,学界未参加,其原因据云巡按使教育科曾通函提倡此举,学界储金也直接报告教育科未便加入分团。会议推定正干事长王松岭,副干事长刘廷弼,附设商务会内。22日开分团成立大会	洋100余元 钱40余吊
鸡泽	10月25日	28日在警务局开演说会,到政、学、警、农各界及公民人等一百余人,县长李毓文报告救国储金分团成立之原因,演说员宣讲国与家密切关系,受外人种种之要求,储金为救国之急务	该县商、学、农警界及公民人等实不开通,对此举皆不为然,县长云当设法劝导,并在28日大会上当场自己慨助洋十元	25日召商、学、农、警各界茶话会,到场数人讨论成立分团办法,各界均不肯出首,据云该县地瘠民贫无法办理,经县长劝导,28日开大会成立分团,公推农会长叶玉珂为干事长,附设农会内	数十元

续表

所属县份	到县日期	演说员活动情况与结果			
^	^	商务情形及宣讲宗旨	商会绅学各界态度	成立分团情况	储金数量
平乡	10月29日	商会未成立,各机关及村正副均到河工督修,无法联络,街市冷落		30日在劝学所开茶话会成立分团,推定王延祉为干事长,附设劝学所内	
广宗	11月1日	四五日在赵伏城村开农林大会,演说救国储金。7日在高学校内开演说大会,县长及绅、商、警、学、农、工各界,各村正副,公民人等计二百余人参加,宣讲我国被外强迫要求,政府无礼对待,爱国志士发起储金救国	7日大会,门外高悬国旗灯彩,内外遍设座位,学生唱爱国歌曲,秩序井然,县长参加,当场储金踊跃	该县分团已成立,干事长张继良	钱90余吊
威县	11月8日	10日召各界在商会开座谈会,宣布演说员来意及介绍各县情形,各界云刻下国体未定,兼道路不平,难以襄同各处开会,俟大局稍定无不积极进行		分团已成立,干事长张翰如	
清河	11月11日	推定分团干事长后同商会会员田子元等去南路前后坝营等村演劝。21日在高小学校开演说大会,到会政、军、商、学、警、农各界及各村团长、团副三百余人,宣讲东三省人民受外人虐待情形及政府承认条件,激发人民储金救国之志气;25日在油坊镇召集公民人等数十人宣讲提倡救国储金及维持国货之宗旨	商会会长及各界人员均表热诚,21日大会会场布置颇极盛况,有洋戏助兴,县长参加	14日由商会会长马蓝田召各机关人员茶话会,到20余人,经宣布储金团简章后,各界推马蓝田为分团干事长,干事20余人,21日开成立大会	洋40余元钱150余吊

附录十二　直隶救国储金团第十区演说员程锡铎所至地点及活动情况

（1915年9—10月）

所属县份	到县日期	演说员活动情况与结果			储金数量
^	^	商务情形及宣讲宗旨	商会绅学各界态度	成立分团情况	^
肥乡	9月27日	29日于城内城隍庙农务分会开会，宣讲以开通民智，使知亡国奴苦惨，必须储金救国为宗旨，到会五百余人。30日下午偕同分团干事长往新安镇鼓吹储金利益	该县民风顽固	29日大会即成立分团，附设商务分会，30日由分团召集各界人员推选农务分会长王赐爵为干事长，劝学所长李国铎为副干事长	
成安	10月1日	3日于城隍庙开储金大会兼演义务戏一天，到会各界六百余人，宣讲振作尚武精神热心爱国，人民咸为感动	该县无商会，知事钟刚中及学、警各界对储金均尚赞成，劝学所长组织救国储金义务戏	3日储金大会即于是日成立分团，公举刘正域为干事长，王树棠为副干事长，附设于警察所内	京钱130余吊
广平	10月4日	6日于本城模范学堂开演说会，各界到会约一百五十余人，宣讲亡国惨状，急于储金救国保家	该县无商会，民气闭塞，七月间曾有一二热心志士组织开储金会一次，迄无效果	6日演说会即成立分团，附设劝学所内，公举劝学所长杨荫陆为干事长	京钱35吊
大名	10月7日	9日在关帝庙开储金进行会，各界到会者一百余人，商界居多，以联络感情，协力储金救国为演说宗旨。10日又在关帝庙开演说会一次，宣讲亡国苦惨，救国即救家。11日偕同警佐申奏璋往龙王庙镇演说一次，宣讲储金救国，提倡国货	该处风气半属开通，各界俱分党派，商会对于救国提倡认储颇具热心，多数绅、学及村社均以国体问题及公债捐项担负甚重为词，阻滞进步，均经婉言劝诫开导	该县分团已于七月间成立，附设于商会，此次又组织常年游行演说员，不时往各乡鼓导提倡	350余元

续表

所属县份	到县日期	演说员活动情况与结果			
^	^	商务情形及宣讲宗旨	商会绅学各界态度	成立分团情况	储金数量
南乐	10月15日	17日于城内初等小学开储金救国会，各界到会百余人，宣讲救国保家保种，痛陈亡国奴利害。18日于城隍庙开会，正值连台庙会，各乡到会者四五百人，宣讲爱国救国可保子孙，保财产	该处风气甚不开通，一言储金均裹足，商会及县知事实力维护提倡	17日大会成立分团，附设商务分会，推举魏丕振为干事长，并组织常年演说员，不时往乡宣讲爱国大义，鼓吹救国储金，车马费由县署发给	大洋21元京钱8吊500文
清丰	10月19日	20日在明伦堂开演说会，适逢办理初选投票，各界到会三百余人，宣讲储金救国可免危亡，提倡国货可致富强。21日仍在明伦堂开会一次，各界到会四百余人，宣讲亡国惨状，非储金救国无第二法门	该处风气闭塞，21日大会后各社首均允回乡后，必须积极进行鼓导，非达美满之目的不可，商会长胡魁凤对储金救国极表同情，绅、警、学各界尚能联络一气协力提倡。有南大街兴盛纸烟公司承办人朱天祥向办外国货品，现将款五千元改办中国"飞艇"，实为提倡国货	20日大会即成立分团，附设商务分会，公推商会长胡魁凤为干事长，并由知事于宣讲所指定六人不时往各乡演说爱国救国大义，车马费由县署发给	大洋5元铜圆3650枚
濮阳	10月22日	24日在关帝庙开演说会，适逢庙会，各界到会三百余人，外县居大半，宣讲节俭储金为救亡之举，维持国货尤为致强之基	该县二次水患，村庄被害者约四分之三，各界均云无论被灾如何，所有储金救国之举，不能不维持提倡，定于旧历十月间开储金会	24日大会即成立分团，附设商务分会，干事长为商务主任王天雄	
东明	10月26日	28日在城内文昌阁开储金大会，适逢集期，各界到会约三四百人，演说痛陈历来亡国惨状，详说储金救国利益	商界风气十分闭塞，商会正改租，官、警各界尚能实力提倡	28日大会即成立分团，附设宣讲所内，举刘庆甫为干事长，知事于宣讲所内指定4人按日轮流往各乡劝导，车马费由县署发给	大洋108元京钱31吊500文

续表

所属县份	到县日期	演说员活动情况与结果			
^	^	商务情形及宣讲宗旨	商会绅学各界态度	成立分团情况	储金数量
长垣	10月30日	11月2日于城内西大寺开演说会,各界到会二百余人,宣讲注重公益,协力自强,节俭储金,维持国货	商会因款项无着已解散,民气愚昧,一语救国储金莫不互相推诿,幸有该县学界尚知发起提倡	2日大会成立分团,附设劝学所,推劝学所王汝赓为干事长	

附录十三 直隶救国储金团第十一区演说员杜瑾所至地点及活动情况

（1915年9—12月）

所属县份	到县日期	演说员活动情况与结果			
^	^	商务情形及宣讲宗旨	商会绅学各界态度	成立分团情况	储金数量
怀来	9月24日	该县商情不畅,民气不开,学校除小学外别无他校。28日到集场演说国家立此危急时代,国民应有救国之责,并述朝鲜越南亡国惨状,同日下午在商会会场开演说会,各界到会二百余人,宣讲大众务为国家为立身之基础,有爱国之热忱即救国救身,并提倡国货之利益	警长王步云对储金非常赞成,县知事张蓬仙因有6月5日巡按使之密饬不准官长出首提倡储金,故开会均未到场。各商铺均设储金箱,各商均认可	26日在商会邀各界代表廿余人开秘密会议,宣讲国家立此危急时代,国民应提倡救国储金,并公推学界白楚才,商界任玉衡二人为分团干事	
赤城	10月4日	9日在财神庙开演说大会,各界到会者五百余人,宣讲现在国家之危亡情形及人民应负储金义务,不致陷国家于外人之手,提倡国货与国家之利害	该县地居山边,商民素性骠野,向对公共事业不加正眼,县知事朱逸馨对救国储金非常赞成,参加大会并演说,商、学、警各界均参加大会演说,并大半预储金,各村正副均应回里相凑	6日开秘密会,到会县知事及各界共卅余人,报告直隶储金团成绩,并演说储金,提倡国货与国家、已身之利益,成立储金分团,公推高小校长马会嘉为干事长,事务所设在商会	

续表

所属县份	到县日期	演说员活动情况与结果			储金数量
^	^	商务情形及宣讲宗旨	商会绅学各界态度	成立分团情况	^
龙关	10月10日	此处民素闭塞,地方非常苦,商家共有十四五家,均系小本经营			
万全	10月27日	此处商界因对察哈尔在大境门外现设值百抽二皮毛、蘑菇、药材之厘卡有忿怒态度,此地皮毛行在商界最有势力,十月镖期恐怕因此不能收好结果,前救国储金团与察哈尔储金总团开大会时发生意见。11月1日在商会开十七行董讨论会,到会百余人,宣讲救国与己身之关系,提倡国货与国家金融之利害	11月1日讨论会,各商董表示因此处现盖改良监狱需款万余元在各行筹凑,并大家对大境门外厘卡均有不平之态度,祈勿开大会,恐不得好结果,前储金筹备过义务戏统被禁止		
怀安	11月3日	9日假财神庙开演说大会,县长及各界,各村正副听讲者约千余人,宣讲不提倡国货足可经济亡国,救国储金乃直接救国,间接保存先人子孙己身	绅、学各界均参加大会并演说,各商正拟成立商会	9日大会后各界即拟设立分团,立在商会内	
阳原	11月27日	12月4日在宣讲所开大会,各界及村正、副,商民等到会千余人,宣讲自道光至今七十余年中国所失土地,赔款无算,外货外债足可亡国,详细推论至救国储金,维持国货为当今最要之事,各界人士也均上台演说	各界对救国储金均抱乐观态度,出力者多,捐金者少,金融困苦于此可见一斑	12月4日大会成立分团,公举干事长李起严,事务所附设东街儒学内城关学务处	

续表

所属县份	到县日期	演说员活动情况与结果			储金数量
^^^	^^^	商务情形及宣讲宗旨	商会绅学各界态度	成立分团情况	^^^
蔚县	12月7日	9日在商会开演说会,到会学、商界数百人,宣讲储金乃强国之根本,并提倡国货,各界人士也加演说	商会总理及各界人士均参加大会并演说救国储金	9日大会成立分团,又在商会召集商学各界重要人二十五人开会选举劝学总董薛华屿为干事长,商会特别会员任佐清为副干事长,附设商会内	
涿鹿	12月13日	19日在文庙宣讲所开演说会,各界到会者千余人,宣讲提倡救国储金,提倡国货		19日大会前在文庙开讨论会,公推商会会长杨宝臣为干事长并确定长期演说员三人,事务所附设商务会内,下午大会即分团成立大会	

附录十四　直隶救国储金团第十二区演说员朱丹所至地点及活动情况

(1915年9—12月)

所属县份	到县日期	演说员活动情况与结果			储金数量
^^^	^^^	商务情形及宣讲宗旨	商会绅学各界态度	成立分团情况	^^^
长辛店	9月28日	据崔乐泉云此处商会以一县不能存在两商会之故,与庞各庄商会正在争执,俟解决后必首先提倡进行	此处人趋向只在见利益,凡公益事项悉退缩不前,接到函件讨论数次多不到会,到会者亦不加可否,崔乐泉人极开通,许以稍迟必办		

续表

所属县份	到县日期	演说员活动情况与结果			
^	^	商务情形及宣讲宗旨	商会绅学各界态度	成立分团情况	储金数量
良乡	9月30日	10月4日在县署大堂开演说会，因民智未开，先说明必须储金之大致及储金之意义，县长演说朝鲜亡国情形。5日在琉璃河商务分会开演说会，正值选举商会会长，商会会员、商团警董及附近村正副参加者一百余人，宣讲商人现居之地位及村正、副为一村之人望，必须提倡救国之必要	县知事王承谷、商会临时正副会长李如宾、熊丹承皆担任帮同筹办，学、警、绅士势甚趋避不参加大会	大会后表示一定组织分团	100元
房山	10月5日	8日上午开干事讨论进行会，下午开演说会，宣讲储金预定之数为五千万元，若四万万人每人储一角余实非困难，可由奢侈品搏节之。9日在周口店镇商会开演说会，因大雨到会人数太少，变为讨论进行会，商妥组织救国储金分团分事务所，众煤行共认储一百元	分团各干事皆异常开通，极力辅助进行	该县已成立分团，并商妥在周口店镇设立分事务所	229.5元 小洋15角 铜圆100枚
涿县	10月11日	13日在相公庙戏场演说，听讲各界约四百人，宣讲将来能否仍在此庙自由演戏为一大感痛，并引证已亡诸国不能自由集会之前鉴，以实其说	县知事正值新旧交替，终未召集大会	拟组织一临时事务所，俟后举出干事	60余元
固安	10月19日	21日在商会前武庙开演说会，正逢大集听讲者五六百人，先说明救国储金之起源及历过情形，反复说明救国储金与否之利害得失及亡国时种种惨状	知事赵石琴及商会会长刘紫宸等均帮助筹办分团。此地风气不开	21日大会成立分团，事务所设在商会，经推荐公民王焕章为干事	38元 钱15吊

续表

所属县份	到县日期	演说员活动情况与结果			
		商务情形及宣讲宗旨	商会绅学各界态度	成立分团情况	储金数量
永清	10月22日	24日关帝庙搭棚开演说会,适逢大集及初选投票日,听讲者先后约三百余人,宣讲救国储金之起源及说明救国储金维持国货之必要	该县安立甘教会及存实学堂(教会成立)前曾储金七十余元,惟以教会向与官绅无往来,无从调查其详,只得之传闻而已	24日大会后与学务主任崔翰缘商酌,俟选举办毕,一定组织分团	
霸县	10月25日	29日上午在国民模范学校开分团成立会,下午在东大街粮食市店旁搭棚开演说大会,前后听讲者约五百人,宣讲救国储金之原理	县长两次会都参加,并自认储金一百元,绅众储金约六十元,该县游行演讲社已成立,兼讲救国储金,演讲员张显亭极愿为担任	29日分团成立讨论进行方法,事务所设在社会教育讲演社内,开办经费由县长与绅、学界各绅担任	160元
安次	11月2日	该县未成立商会,城内商号只二十余家。3日上午在公署开联合会,各保卫团长及警董参加,嘱各位宜担任演说,随时开导农民。下午在警察所开演说会,到会者除官绅各界外,并有附近村正副及赶集人约一百余人,宣讲维持国货为救国之必要,商战为中国最劣败之伤心事,既知储金并宣知商业竞争	县知事陆耘史曾面委县视学王裕斋及城内保卫团长谢墨庄二人筹办进行事宜	该县未成立分团,前报分团成立系一小部分人,不惟学界商界不知,该县长亦茫然,直不知所出报告系何人虚捏	
通县	11月27日			该县已于旧历四月间成立分团,曾开干事会三次,29日在商会开干事会,讨论组织演说团分赴各村劝导长期储金,提倡国货	1224.81元

续表

所属县份	到县日期	演说员活动情况与结果			
		商务情形及宣讲宗旨	商会绅学各界态度	成立分团情况	储金数量
三河	11月30日		县知事汪仁溥及警务长张汪言及该县风气过于闭塞,既无商会,又无领袖之商号,即通知村正副亦畏葸不到,因此无法请求其召集开会,绅界亦皆拒而不纳,县长无所可否		
香河	12月1日	3日在西街集市开演说会,听讲者有赶集农民,附近村正副约一百人,宣讲长期救国储金将来组织纺织厂与维持国货有莫大关系,并为提倡国货之根本基础	该县正值新旧知事交替,官绅各界非常忙迫,俟稍定后商会副会长周恩溥及警佐李裕垒即面谒新县长商议组织分团		
武清	12月4日	6日在西街关岳庙开演说会,听者寥寥,黄花店商会来函声明不参加,城绅仅二人参加,演讲上海此次开会已改为长期储金并增加利息五厘,将来兴办实业全凭储金,以立基础	此县风气闭塞,县长复苦于召集,开会听者寥寥		

附录十五　直隶救国储金团第十三区演说员杜瑾所至地点及活动情况

（1915年10月）

所属县份	到县日期	演说员活动情况与结果			储金数量
		商务情形及宣讲宗旨	商会绅学各界态度	成立分团情况	
龙关	10月10日	12日在宣讲所开演说大会，县知事于各界及村正、副到会五百余人，宣讲直隶居吾国之首，我直隶人民应速作领袖，抱定一致宗旨，方能唤起全国热心。13日至周村八里庄演说，14日在高等学校开讨论会，到会三十余人，均系各机关重要份子，会后与分团干事至各处劝储		12日演说大会前开秘密会，县知事及商学各界参加，成立分团，推举高校教员严怀绪为干事长，事务所立在劝学所	82元
宣化	10月16日	18日在财神庙开储金大会，到会者千余人，宣讲现在国家之危亡情形，及人民应负何种义务能使国家不致陷于外人之手。20日在兴华茶园演义戏，十多年来未演戏之艺员宋瀛海艺名十七生也参加演出，宣讲救国储金与己身之关系，提倡国货之利，戏资共收铜圆7805枚，储金洋50元	各商家均在柜上摆设金箱。20日演义务戏，县知事等政界共到20余人，巡防帮统梅殿臣储金20元，知事张轩骞储10元		50元 铜圆 7805枚

注：附录七至附录十五均来源于天津市档案馆，天津社会科学院历史研究所，天津市工商业联合会.天津商会档案汇编（1912—1928）：第4册[M].天津：天津人民出版社，1992.其中，第二、三、五、八区的史料缺失。